International Federation of Library Associations and Institutions
Fédération Internationale des Associations de Bibliothécaires et des Bibliothèques
Internationaler Verband der bibliothekarischen Vereine und Institutionen
Международная Федерация Библиотечных Ассоциаций и Учреждений
Federación Internacional de Asociaciones de Bibliotecarios y Bibliotecas

Serie IFLA sobre control bibliográfico vol 28

Principios de Catalogación IFLA : Hacia un Código Internacional de Catalogación, 2

Informe de la 2a Reunión IFLA de Expertos sobre un Código Internacional de Catalogación, Buenos Aires, Argentina, 2004

Editado por Barbara B. Tillett y Ana Lupe Cristán

K · G · Saur München 2005

IFLA Series on Bibliographic Control Vol 28

IFLA Cataloguing Principles: Steps towards an International Cataloguing Code, 2

Report from the 2nd IFLA Meeting of Experts
on an International Cataloguing Code,
Buenos Aires, Argentina, 2004

Edited by Barbara B. Tillett and Ana Lupe Cristán

K · G · Saur München 2005

IFLA Series on Bibliographic Control

The "IFLA Series on Bibliographic Control" continues the former "UBCIM Publications – New Series".

Bibliographic information published by Die Deutsche Bibliothek
Die Deutsche Bibliothek lists this publication in the Deutsche Nationalbibliografie; detailed bibliographic data is available in the internet at http://dnb.ddb.de.

Printed on acid-free paper / Gedruckt auf säurefreiem Papier

© 2005 by International Federation of Library Associations
and Institutions, The Hague, The Netherlands
All rights strictly reserved / Alle Rechte vorbehalten
K. G. Saur Verlag GmbH, München 2005

Printed in Germany

No part of this publication may be reproduced without permission
in writing from the publisher / Jede Art der Vervielfältigung ohne Erlaubnis
des Verlags ist unzulässig.

Printed and Bound by Strauss GmbH, Mörlenbach

ISBN 3-598-24277-8

CONTENTS = CONTENIDO

Welcome 9

Palabras de Bienvenida 11

Acknowledgements 12

Reconocimientos 13

Introduction 14

Introducción 19

Statement of International Cataloging Principles (Final Draft Based on Responses through December 2004 from the IME ICC2 changes to the IME ICC1 approved version, Frankfurt, Germany, 2003, updated January 2005) 24

Declaracion de Principios Internacionales de Catalogacion (Borrador final basado en la respuestas hasta diciembre 2004 de los participantes de la IME ICC2 cambios al borrador final de la IME ICC1, Francfort, Alemania, 2003; actualizado enero 2005) 33

PRESENTATION PAPERS = PONENCIAS 51

Mauro Guerrini por John D. Byrum
Programa ISBD de IFLA: Objetivo, Proceso y Perspectivas de Futuro 52

Patrick Le Bœuf
El "Informe final de FRBR": maldición eterna a quien... ¿NO lea esas páginas? 61

Barbara B. Tillett
Un Archivo de Autoridades Internacional Virtual 72

BACKGROUND PAPERS = DOCUMENTOS DE ANTECEDENTES 91

Declaración de Principios (París, 1961) 92

Pino Buizza y Mauro Guerrini
Control de los puntos de acceso de autor y título 98

Mauro Guerrini
Entidades corporativas de la Conferencia Internacional sobre Principios de Catalogación (ICCP) al 2003 120

Ann Huthwaite
Concepto de clase de materiales y designación general del material (DGM) ... 145

Tom Delsey
Comentarios al Documento de Ann Huthwaite (4JSC/ACOC rep/1) 152

Ingrid Parent
De la ISBD(S) a la ISBD(CR) Una travesía de descubrimiento y sincronización.. 157

Barbara B. Tillett
Resultados de las Comparaciones de los Códigos de Catalogación 164

RECOMMENDATIONS FROM THE IME ICC2 WORKING GROUPS = RECOMENDACIONES DE LOS GRUPOS DE TRABAJO DE LA IME ICC2 .. 171

Working Group 1A – Personal Names 172

Grupo de Trabajo 1A – Nombres Personales... 174

Working Group 1B – Personal Names 176

Grupo de Trabajo 1B – Nombres Personales... 181

Working Group 2 – Corporate Names 186

Grupo de Trabajo 2 – Entidades Corporativas 188

Working Group 3 – Seriality.. 190

Grupo de Trabajo 3 – Serialidad 191

Working Group 4 – Multipart Structures 192

Grupo de Trabajo 4 — Estructuras Multiparte.. 195

Working Group 5 – Uniform Titles and GMDs 198

Grupo 5 – Títulos Uniformes y DGMs 204

APPENDICES = APENDICES 211

Agenda = Programa 212

Web site = Sitio Web 216

IMEICC2 Planning Committee Members =
Miembros del Comite de Planeamiento.. 217

Working Group members = Miembros de los Grupos de Trabajo 218

Working Group 1A – Personal Names =
Grupo de Trabajo 1A – Nombres Personales... 218

Working Group 1B – Personal Names =
Grupo de Trabajo 1B – Nombres Personales 219

Working Group 2 – Corporate Names =
Grupo de Trabajo 2 – Entidades Corporativas 220

Working Group 3 – Seriality = Grupo de Trabajo 3 – Serialidad 221

Working Group 4 – Multipart Structures =
Grupo de Trabajo 4 – Estructuras Multipartes 222

Working Group 5 – Uniform Titles =
Grupo de Trabajo 5 – Títulos Uniformes y GMDs 223

Participants = Participantes 224

Authors, Editors, Contributors, and Translators =
Autores, Redactores, Colaboradores y Traductores 227

2004, Buenos Aires, Argentina

WELCOME

Ladies and Gentlemen,

Dear Colleagues,

Welcome to the second IFLA Meeting of Experts on an International Cataloging Code, organized by the IFLA Cataloguing Section that is to contine the work initiated at the meeting held in Frankfurt, Germany in 2003.

It is an honor for the Universidad de San Andrés and the Latin American community, to serve as host for the very important discussions that will take place within these walls as you work toward a consensus on a cataloging code that is uniquely international. It is the expectation that this code will foster and facilitate the sharing of cataloging resources and help to better the quality of bibliographic records worldwide. We hope to establish a comfortable environment for this dialogue that will continue on to the meetings in Asia, Africa and the Middle East over the next few years. I take this opportunity to express my appreciation of all librarians and catalogers in particular who perform the valuable task of providing users, students, researchers, and scholars access to information found not only in books but in all formats.

In the coming days you will be working to reaffirm and consolidate the work that started in 2003 at the meeting in Europe. We expect that you will provide a Latin American perspective through your analysis of cataloging codes used in our region and it is our hope that Argentina in particular and Latin America in general will greatly benefit from your efforts.

Thank you very much.

Eduardo Zimmermann
Rector
Universidad de San Andrés

2004, Buenos Aires, Argentina

PALABRAS DE BIENVENIDA

Señoras y Señores,

Estimados asistentes,

Quisiera darles la bienvenida a la segunda reunión IFLA de Expertos sobre un Código Internacional de Catalogación, organizada por la Sección de Catalogación de la IFLA, continuando con el trabajo realizado en Francfort, Alemania en el año 2003. Es un honor para la comunidad de la Universidad de San Andrés, ser sede anfitriona de tan importante espacio de diálogo para el consenso en el Código único de catalogación internacional, para poder compartir recursos y mejorar la calidad de registros. El ámbito de dialogo continuará, sin duda, en Asia, Africa y Medio Oriente en las próximas reuniones.

Quisiera agradecer el trabajo de los catalogadores en particular, y de los bibliotecarios en general, brindando acceso a los investigadores, estudiantes y académicos, a toda la información contenida en los libros y en otros formato

En estos días trabajarán revisando lo ya realizado en 2003, en la reunión en Europa, y analizando los códigos de catalogación actualmente en uso de nuestra región. Argentina en particular, y América Latina en general se ven altamente beneficiadas por estos esfuerzos.

Muchas gracias

Eduardo Zimmermann
Rector
Universidad de San Andrés

ACKNOWLEDGEMENTS

The Second IFLA Meeting of Experts on an International Cataloguing Code was sponsored by the IFLA Cataloguing Section with the assistance of the Library of Congress and the generous hospitality of the Universidad de San Andrés.

The IME ICC2 Planning Committee received administrative funding for the meeting from IFLA to subsidize the cost of simultaneous translations, plus very generous support from OCLC for the conference dinner. The Universidad de San Andrés provided food and beverages for the breaks and lunch, as well as the personal time of many of their staff to assure the success of this meeting. The organizers are very grateful. We also thank our colleagues on the Planning Committee for also contributing to the success of this meeting: first those from the IFLA Cataloguing Section – Elena Escolano Rodriguez, Mauro Guerrini, Gunilla Jonsson, Patrick Le Bœuf. Special thanks also to Irene Münster and Carlos Zapata Cardenas for initial contacts with colleagues in South America. It was Irene who facilitated the support of the Universidad de San Andrés and Estela Chabendarian who valiantly continued in that role after Irene moved to the United States. Other members from Argentina included Norma Mangiaterra, Ana María Martínez, and Graciela Spedalieri. Planning Committee member Ageo García along with Elena Escolano Rodríguez provided the bulk of the translations of presentation documents, and Ageo coordinated the translations of the background documents and made them available in a published format for use at the meeting.

Beth Davis-Brown and Ana Cristán, both from the Library of Congress, managed the Web site and the online discussion list, and they both continue to help with monitoring the voting process and the ongoing discussions. During the meeting, Ana Cristán acted as moderator, guiding the progress of the meeting in both Spanish and English. Beth Davis-Brown added her energy and calming influence to the meeting, assuring that it ran smoothly. The Planning Committee was joined by Jaesun Lee from the National Library of Korea who added a different perspective to the proceedings and charmed everyone with her eagerness to learn in preparation for the future IME ICC meeting in 2007.

We are also grateful to Susanne Oehlschläger of Die Deutsche Bibliothek, who provided coordination with the IME ICC1 Web site and continues to mount translations of the Statement of International Cataloguing Principles, to Marie-France Plassard, editor of the IFLA publication, *International Cataloguing and Bibliographic Control* (ICBC), and to Fernanda Guedes de Campos, from the National Library of Portugal.

Barbara B. Tillett, Ph.D.
Chair, IFLA Cataloguing Section
and
Chair, IME ICC Planning Committee

RECONOCIMIENTOS

La Segunda Reunión IFLA de Expertos sobre un Código Internacional de Catalogación fue patrocinada por la Sección de Catalogación de la IFLA, con el apoyo de la Library of Congress y la generosa hospitalidad de la Universidad de San Andrés.

El Comité de Planeamiento de la IME ICC2 recibió de la IFLA un fondo administrativo para subsidiar los costos de la traducción simultánea de la Reunión, más un generoso aporte de OCLC para la cena de la conferencia. La Universidad de San Andrés contribuyó aportando los alimentos y bebidas de los recesos y almuerzos, como así también el tiempo libre de parte de su personal para asegurar el éxito del encuentro.

Los organizadores estamos muy agradecidos por estos aportes y también deseamos agradecer a los colegas del Comité de Planeamiento por contribuir a los buenos resultados de la reunión.

Por empezar, aquellos quienes son miembros de la Sección de Catalogación de la IFLA: Elena Escolano Rodríguez, Mauro Guerrini, Gunilla Jonsson y Patrick Le Bœuf.

Un agradecimiento especial a Irene Münster y Carlos Zapata Cárdenas por ser quienes comenzaron los primeros contactos con los colegas de Sudamérica. Fue Irene quien facilitó el apoyo de la Universidad de San Andrés y Estela Chahbenderian quien, esforzadamente, continuó con esa función después que Irene se mudó a los Estados Unidos.

Otros miembros de la Argentina, incluyendo a Norma Mangiaterra, Ana María Martínez y Graciela Spedalieri, como así también el miembro del Comité de Planeamiento Ageo García quien, junto a Elena Escolano Rodríguez, aportó la mayor parte de las traducciones de los documentos presentados. Ageo a su vez coordinó la traducción de los antecedentes y documentos preliminares, editándolos para que estén disponibles durante el encuentro.

Beth Davis-Brown y Ana Cristán, ambas de la Library of Congress, administraron el sitio web y la lista de discusión electrónica, y continuaron brindando su ayuda en la supervisión del proceso de votación y discusiones subsiguientes.

Durante el encuentro, Ana Cristán actuó de moderadora, orientando el desarrollo de la reunión tanto en inglés como en español. Beth Davis-Brown aportó su energía y templanza contenedora asegurando que el encuentro se desenvuelva con tranquilidad y fluidez. Jaesun Lee, de la Biblioteca Nacional de Corea, se unió al Comité de Planeamiento agregando una perspectiva diferente y agradando a todos en su ansiedad por aprender sobre la organización del evento para preparar la futura reunión del IME ICC en 2007.

También estamos muy agradecidos a Susanne Oehlschläger, de Die Deutsche Bibliothek, quien aportó la coordinación con el sitio web de la IME ICC1 y continúa agregando traducciones a la Declaración de Principios Internacionales de Catalogación. También a Marie-France Plassard, editora de la publicación de IFLA, *International Cataloguing and Bibliographic Control* (ICBC), y a Fernanda Guedes de Campos, de la Biblioteca Nacional de Portugal.

Barbara B. Tillett, Ph.D.
Presidenta, Comité de Planeamiento de la IME ICC
Presidenta, IV División de la IFLA: Control Bibliográfico

INTRODUCTION
Barbara B. Tillett

The Second IFLA Meeting of Experts on an International Cataloguing Code (IME ICC2) was held at the Universidad de San Andrés in downtown Buenos Aires, Argentina. This meeting continued the series of regional meetings worldwide to discuss a new statement of cataloguing principles with the rule makers around the world. It followed on the great work of the European participants in Frankfurt in August 2003. As in Europe, this second meeting provided a wonderful opportunity to get the cataloging experts from the Caribbean and Latin American countries together, most of them meeting for the first time, to get to know each other and to discuss together the basic principles of cataloguing in today's environment.

Initially, invitations went out to 95 experts and country representatives from 32 countries in Central and South America and the Caribbean. The participants actively discussed issues on a listserv prior to the meeting. Due to the shortage of travel funds, some participants were not able to come to Argentina. Even so, thirty-one participants joined us in Buenos Aires, representing 14 countries in Latin America and the Caribbean: Argentina, Barbados, Bolivia, Colombia, Costa Rica, Ecuador, Jamaica, Mexico, Panama, Peru, Puerto Rico, Trinidad & Tobago, Uruguay, and Venezuela. The members of the Planning Committee added 6 more countries: the United States of America, Spain, France, Italy, Sweden, and Korea for a total of 45 registered attendees.

Spanish was chosen as the official language of the meeting in respect for the predominance of the Spanish language in this part of the world. Hence, this report on the meeting is being presented in a bi-lingual format. Simultaneous translation between English and Spanish was provided during the meeting itself.

The goal of this series of IFLA regional meetings is to increase the ability to share cataloguing information worldwide by promoting standards for the content of bibliographic and authority records used in library catalogues. This goal continues the goal of the 1961 International Conference on Cataloguing Principles (also under the auspices of IFLA) to provide international standardization of cataloguing rules and principles. Objectives for this second meeting in Buenos Aires were to review and update the 2003 draft Statement of Principles from the 2003 Frankfurt meeting of European rule makers and country representatives, and to see if the experts could get closer together in Latin America and the Caribbean in cataloging practices. Another objective was to make recommendations for a possible future International Cataloguing Code. The recommendations are being forwarded to a new IFLA Cataloguing Section Working Group devoted to this task.

The draft Statement of Principles will replace the 1961 Paris Principles and broaden them to cover all types of materials, not just books, and to cover description and access. The Paris Principles were limited to choice and form of entry. Like the Paris Principles the current draft principles build on the great cataloging traditions of the world as well as the newly developed conceptual models from IFLA: FRBR (Functional Requirements for Bibliographic records), FRAR (Functional Requirements for Authority Records), and a future functional requirement expected from IFLA on subject authority records. A new IFLA group will be starting during 2005 to address subjects. First and foremost the principles are intended to serve the convenience of the users as the primary goal.

The 1961 Paris Principles statement includes: scope, function, structure of the catalogue, kinds of entry, use of multiple entries, choice of uniform heading, single personal author, entry under corporate bodies – very limited situations, multiple authorship, works entered under title, including principles for uniform headings for works and other issues related to serials, and finally the entry word for personal names. The 2003 draft from the Frankfurt meeting (Statement of International Cataloguing Principles) covers

1. Scope
2. Entities, Attributes, Relationships
3. Functions of the Catalogue
4. Bibliographic Description
5. Access Points
6. Authority Records
7. Foundations for Search Capabilities.

The version of the draft Statement provided in this report shows the lined-through portions and new text suggested by the IME ICC2 participants. Discussion continues to reach consensus on the proposed language.

The meeting in Buenos Aires was structured a little differently from the European meeting, because unlike Europe that has several rule making bodies and different cataloguing rules, Latin America and the Caribbean countries typically follow the *Anglo-American Cataloguing Rules* or the *Spanish Cataloguing Rules*. Unlike Europe with its centuries of cataloguing theory and tradition, the cataloguing tradition in Latin American and the Caribbean is much newer and takes a very practical approach based on applying the rules and making practical local decisions.

In preparation for the meeting, as in Europe, the participants read the background papers and at the meeting heard presentations on how current cataloguing codes compare to the Paris Principles (Barbara Tillett), and an update on the International Standards for Bibliographic Description (Mauro Guerrini), and the FRBR (Patrick Le Bœuf) and Virtual International Authority File (VIAF) concepts (Barbara Tillett), and then began to discuss the draft Principles. There were Working Groups on the same 5 topics as in Europe. These Groups met for a half a day to develop specific recommendations for changes to the Frankfurt draft. They reported out during a final plenary session to discuss their recommendations to improve the draft Statement of Principles, to modify the Glossary (particularly recommendations on terminology between Spanish as spoken in Spain and in Latin America/Caribbean), and to recommend specific cataloguing rules for an International Cataloguing Code.

The reports from each of the Working Groups are included in this volume, but briefly described here.

Working Group 1 covered issues related to personal names. There was an English-speaking group (A) and a Spanish-speaking group (B). The English speaking group was led by Kazuko Rankin from Trinidad & Tobago and Nel Bretney from Barbados with assistance from Rosemarie Runcie from Jamaica. Working Group 1A reaffirmed that the user comes first and addressed an issue related to the basis for decisions on personal names that include more than a single word in the surname, preferring to follow the agreed usage of the language that the person uses on manifestations of their works. Remarkably the Spanish-speaking Working Group 1B made the same recommendation, completely independently. Working Group 1A also was eager to begin a regional shared authority file for the English-speaking Caribbean countries that would build on existing files.

Working Group 1B was led by Julia Margarita Martínez from Mexico assisted by Estela Chahbendarian from Argentina and Elena Escolano Rodríguez from Spain. Elena also was a participant representing Spain at the European meeting (IME ICC1). Similar to Working Group 1A, they suggested following agreed conventions for the language used in the manifestations of a persons' works when there are multiple words in a surname. They had some specific suggestions on Spanish terminology and basically reaffirmed the Frankfurt principles. They also offered some specific suggestions for an international cataloguing code: to include rules on authority control, to differentiate personal names to remove options so there would be more consistency, and to move (from the draft Statement to the International Cataloguing Code) the differentiation of names, rule of 3, and treatment of names. For the Glossary, they recommended to add nationality to specify the meaning of culture. Additionally they encouraged the building of a virtual international authority file and affirmed the basic principle of "Universal Bibliographic Control" (UBC) for each country to establish authorized forms for its authors to be shared worldwide.

Working Group 2 covered corporate names. Their leader was Norma Mangiaterra from Argentina, assisted by Felipe Martínez from Mexico and Mauro Guerrini from Italy, who was also on the parallel working group in Europe and a member of the Planning Group. They suggested several key recommendations regarding improvements to the draft Statement of Principles, such as to bring back the Paris Principle about entering corporate names in direct order as commonly found on manifestations. That proposal is still be discussed by the participants to assure it reflects the approach most members wish to take.

Working Group 3 was on seriality, led by Ageo García Barbabosa from the United States and assisted by María Ramos from Panama. IFLA introduced the idea of 'continuing resources' a few years ago, and this change was harmonized with the AACR2 and ISSN communities. However, in Latin America the change has not yet been realized in practice. The group basically endorsed the draft Statement of Principles and suggested ways to help inform catalogers in Latin America about the changed approach, such as through providing translations of the IFLA standards and the AACR2 revised chapters, as well as ongoing training and workshops.

Working Group 4 was on multipart structures, led by Catalina Zavala from Peru and assisted by Ariel Rodríguez of Mexico and Gabriela Jaureguiberry from Uruguay. Gunilla Jonsson, the IFLA Cataloging Section chair, also joined this group to share her experience leading the European group on this topic. The group generally agreed with the draft Statement of Principles and suggested some additions to the Glossary, and these additions will need further discussion. Gunilla's influence was closely felt, via the recommendation to work with IFLA's Cataloguing Section to promote the idea of getting publishers to work with libraries in each country to help with bibliographic control and to work with system vendors to implement these principles in future systems. They observed that it has been a great disappointment to see the current OPACs that have really taken us a giant step backward in fulfilling the objectives of catalogues form the Paris Principles and meeting users' needs. There is hope that future systems will be developed to greatly improve those capabilities.

Working Group 5 covered uniform titles and the General Material Designators (GMDs). Sonia Gutíerrez from Costa Rica led this group assisted by Miriam Pirela from Venezuela and Aurora Serrano of Mexico. Patrick Le Bœuf from the Bibliothèque nationale de France also joined the group and shared his experiences from participating in the European meeting. One of the main recommendations from this group was about Statement 5.5.1 that says the uniform title is based on the predominant title found on manifestations, preferring the original language. This group felt we should always add the language and date as standard practice when forming uniform titles. This issue continues to be discussed with the European participants to reach consensus. The group also made several suggestions for a future International Cataloguing Code, and they recognized that rules can never cover every situation, so they recommended following the principles and then use common sense and critical judgment to solve special cases. Others at the meeting strongly agreed with this point of view.

In general there was agreement with the European draft with a few suggestions for improvements. Those suggestions from the participants were then shared with the other Latin American and Caribbean participants who were unable to come to Buenos Aires to be sure everyone agreed (a Web ballot was used to determine opinions and areas needing further discussion). The resulting recommendations were then shared during December 2004 with the European participants to get their reaction, and discussion continues on some specific points that have not yet been resolved.

The Buenos Aires meeting was full of excitement and a lot of enthusiasm on the part of the participants, who made some excellent suggestions that will further the development of these principles.

Next steps

The IME ICC2 recommendations on the future International Cataloguing Code will be forwarded to a new IFLA Cataloguing Section Working Group that will be starting its work at the Oslo IFLA conference. That group will be working closely with rule makers and with the future regional meeting participants to compile suggestions for a simple cataloguing code to be used as a content standard for bibliographic and authority records worldwide – mainly a code for code makers.

The revised draft statement has been publicly posted on the Web sites for IME ICC1 and IME ICC2 as well as printed in this publication for discussion and comment. We continue to share it within the appropriate IFLA sections and members as well as with various professional library organizations throughout the world. The original draft statement has now been translated and is available on the Web site in the following languages: Bulgarian, Croatian, Czech, Finnish, French, German, Greek, Hungarian, Italian, Japanese, Korean, Lithuanian, Portuguese, Romanian, Russian, Slovak, Spanish (Spain), and Spanish (Latin America). Additional translations are encouraged and will be posted on the Web site.

A brief report of the meeting was given at the IFLA Buenos Aires conference and published in ICBC (*International Cataloguing and Bibliographic Control* – an IFLA newsletter). We encourage participants to publish articles and to give presentations about the draft statement and recommendations.

Next meetings are planned for December 2005 among cataloguing experts in the Arabic-speaking Middle East, then 2006 in Seoul (again with rule makers) hosted by the National Library of Korea, and a final meeting for African cataloguing experts in 2007 in South Africa before the IFLA meeting in Durban. This is a very exciting process, intended to provide guidance to simplify cataloging practices and improve the user's experience in finding information they need. We also hope the basic principles will be useful to other communities.

As noted for the first meeting, although this is a long process and a lot of work has yet to be done, we are all hopeful that these meetings and the resulting international agreement on a Statement of International Cataloguing Principles will lead to greater ability to share cataloguing information – bibliographic and authority records around the world.

Barbara Tillett

INTRODUCCION

La Segunda Reunión IFLA de Expertos sobre un Código Internacional de Catalogación (IME ICC2) se realizó en la Universidad de San Andrés en el centro de la Ciudad de Buenos Aires, Argentina. Esta reunión da continuidad a la serie de reuniones regionales para la discusión de una nueva declaración de los principios de catalogación con los creadores de reglas del mundo; y continúa la magnífica labor de los participantes europeos en Francfort en agosto del 2003. Al igual que en Europa, esta segunda reunión creó una maravillosa oportunidad para congregar a los expertos de catalogación de los países del Caribe y América Latina, la mayoría de ellos se encontraron por primera vez para conocerse y para discutir en forma conjunta los principios básicos de catalogación en el ambiente de hoy en día.

Inicialmente se enviaron invitaciones a 95 expertos y representantes de 32 países de Centroamérica, Sudamérica y el Caribe. Los participantes debatieron activamente algunos asuntos antes de la reunión a través de una lista de discusión electrónica. Debido a la insuficiencia de financiamiento para gastos de viaje algunos participantes no pudieron asistir a Argentina. Sin embargo, treinta y uno de ellos se reunieron en Buenos Aires, representando a 14 países de Latinoamérica y el Caribe: Argentina, Barbados, Bolivia, Colombia, Costa Rica, Ecuador, Jamaica, México, Panamá, Perú, Puerto Rico, Trinidad y Tobago, Uruguay y Venezuela. Los miembros del Comité de Planeamiento incorporaron 6 países más: Los Estados Unidos de América, España, Francia, Italia, Suecia y Corea, sumando un total de 45 asistentes registrados.

El Español fue elegido como el idioma oficial de la reunión en deferencia al predominio de este idioma en esta área del mundo; por lo que este reporte de la reunión se presenta en un formato bilingüe. Durante la reunión misma se dispuso de traducción simultánea entre los idiomas inglés y español.

El objetivo de esta serie de reuniones regionales de IFLA es incrementar la capacidad de compartir información catalográfica a nivel mundial, mediante la promoción de la normativa para el contenido de los registros bibliográficos y de autoridades que se utilizan en los catálogos de bibliotecas. Dicho objetivo continúa el propósito de la Conferencia Internacional sobre Principios de Catalogación de 1961 (también bajo los auspicios de la IFLA) de dotar a los principios y reglas de catalogación de normalización internacional. Los objetivos de ésta segunda reunión en Buenos Aires fueron revisar y actualizar el documento preliminar de la Declaración de Principios de la reunión de expertos y representantes europeos de Francfort en 2003; y ver si los expertos podían armonizar sus posiciones en las prácticas catalográficas en Latinoamérica y el Caribe. Otro objetivo fue presentar recomendaciones para un posible futuro Código Internacional de Catalogación. Las recomendaciones han sido transmitidas a un nuevo Grupo de Trabajo dedicado a esta tarea dentro de la Sección de Catalogación de la IFLA.

El documento preliminar de la Declaración de Principios reemplazará los principios de Paris de 1961 y los extenderá para que cubran todos los tipos de materiales, no solamente libros, y para que abarquen su descripcion y acceso. Los principios de Paris estaban limitados a la elección y forma de entrada. Al igual que los principios de Paris el borrador actual de los principios se construye tomando en cuenta las grandes tradiciones catalográficas del mundo así como los nuevos modelos conceptuales desarrollados recientemente por la IFLA: FRBR (Requerimientos Funcionales de los Registros

Bibliográficos), FRAR (Requerimientos Funcionales de los Registros de Autoridades) y un futuro requerimiento funcional para registros de autoridades de materias que surgiría de la IFLA. Un nuevo grupo de IFLA iniciará la consideración de las materias en el transcurso del 2005. Los principios están inicial y principalmente orientados a satisfacer la conveniencia de los usuarios, como objetivo primordial.

La declaración de los Principios de Paris de 1961 incluye: alcance, función, estructura del catálogo, tipos de asientos, uso de asientos múltiples, elección del asiento uniforme, autor personal individual, asiento bajo entidades corporativas (en situaciones muy limitadas), autoría múltiple, obras que se asientan bajo su título, incluyendo principios para los asientos uniformes de obras y otros asuntos relativos a publicaciones seriadas; y finalmente la palabra ordenadora para nombres personales. El borrador de 2003 de la reunión de Francfort (Declaración de Principios Internacionales de Catalogación) cubre:

1. Alcance
2. Entidades, Atributos, Relaciones
3. Funciones del Catálogo
4. Descripción Bibliográfica
5. Puntos de Acceso
6. Registros de Autoridades
7. Fundamentos de las Capacidades de Búsqueda.

La version del borrador de la Declaración provista con este reporte muestra las porciones cruzadas por una línea y el nuevo texto que han sugerido los participantes de la IME ICC2. El debate continuará hasta alcanzar un consenso sobre la redacción propuesta.

La reunión de Buenos Aires se estructuró un tanto diferente a la reunión europea, debido a que a diferencia de Europa que cuenta con distintas entidades creadoras de reglas y diferentes reglas de catalogación, los países de América Latina y el Caribe han típicamente seguido las Reglas de Catalogación Angloamericanas o las Reglas de Catalogación de España. Y a diferencia de Europa con una teoría y tradición catalográfica centenaria, en Latinoamérica y el Caribe la tradición es mucho más reciente y adopta una aproximación muy pragmática que se basa en la aplicación de las reglas y la toma de decisiones prácticas locales.

Como preparación para la reunión, igual que en Europa, los participantes leyeron los documentos de antecedentes; y durante la reunión escucharon presentaciones sobre comparaciones de los códigos de catalogación actuales con los Principios de Paris (Barbara Tillett) y actualizaciones sobre las Normas Internacionales para la Descripción Bibliográfica (Mauro Guerrini), el modelo FRBR (Patrick Le Boeuf) y sobre conceptos del Archivo Internacional Virtual de Autoridades VIAF (Barbara Tillett); e iniciaron entonces la discusión del borrador de los Principios. Hubo Grupos de Trabajo relacionados con los mismos 5 tópicos que en Europa. Dichos grupos se reunieron durante medio día para desarrollar recomendaciones específicas para enriquecer el borrador de Francfort. Los Grupos presentaron reportes durante una sesión plenaria para debatir sus recomendaciones para enriquecer el borrador de Principios, modificar el Glosario (particularmente recomendaciones sobre terminología utilizada en el español hablado en España y en el área Latinoamérica/Caribe); y presentar recomendaciones sobre reglas específicas de catalogación para el Código Internacional de Catalogación.

Se incluyen en este volumen los reportes de cada uno de los Grupos de Trabajo; pero se les describe brevemente a continuación.

El Grupo 1 de Trabajo trató los asuntos relacionados con los nombres personales. Hubo un grupo angloparlante (A) y un grupo hispanoparlante (B). El grupo angloparlante estuvo dirigido por Kazuko Rankine de Trinidad y Tobago y Nel Bretney de Barbados con el apoyo de Rosemarie Runcie de Jamaica. El Grupo de Trabajo 1A reafirmó que el usuario es la primera prioridad y presentó el asunto relativo a la base para la toma de decisiones sobre nombres personales que incluyen más de una palabra individual como apellido, prefiriendo que se siga el uso acordado en el idioma que la persona utiliza en las manifestaciones de sus propias obras. En forma notable el Grupo hispanoparlante de Trabajo1B hizo la misma recomendación en forma completamente independiente. El Grupo de Trabajo 1A mostró también gran disposición para iniciar un archivo regional compartido de autoridades para los países angloparlantes del Caribe que sería construido a partir de archivos ya existentes.

El Grupo de Trabajo 1B fue dirigido por Julia Margarita Martínez de México con apoyo de Estela Chahbenderian de Argentina y Elena Escolano Rodríguez de España. Elena también fue representante de España en la reunión europea (IME ICC1). En la misma forma que el Grupo de Trabajo 1A, ellos sugirieron que se sigan las convenciones acordadas en el idioma utilizado en las manifestaciones de las obras de una persona cuando existen palabras múltiples en un apellido. También presentaron algunas sugerencias específicas sobre terminología en español y básicamente reafirmaron los principios de Francfort. También ofrecieron algunas sugerencias específicas para que el código internacional de catalogación: incluya reglas para el control de autoridades, permita diferenciar nombres personales, remueva opciones de manera que haya más consistencia, y se traslade (del borrador de la Declaración al Código Internacional de Catalogación) la diferenciación de nombres de la regla 3 y el tratamiento de los nombres. Para el Glosario recomendaron agregar la nacionalidad para especificar el significado de cultura. Adicionalmente, se manifestaron a favor del desarrollo de un archivo internacional virtual de autoridades y afirmaron el principio básico del "Control Bibliográfico Universal" (UBC) de que cada país establezca las formas autorizadas de sus propios autores para compartirlas a nivel mundial.

El Grupo 2 de Trabajo trató los nombres corporativos. Su conductora fue Norma Mangiaterra de Argentina con el apoyo de Felipe Martínez de México y Mauro Guerrini de Italia quien participó en el grupo de trabajo paralelo en Europa y como miembro del Grupo de Planeamiento. Ellos sugirieron diversas recomendaciones claves en relación a la mejora del borrador de la Declaración de Principios, tales como reintegrar el Principio de Paris sobre el asiento de los nombres corporativos en orden directo tal como se encuentre comúnmente en sus manifestaciones. Los participantes continúan debatiendo la propuesta para asegurar que refleja el enfoque que la mayoría de los participantes desean emplear.

El Grupo 3 de Trabajo sobre Serialidad fue dirigido por Ageo García de los Estados Unidos con el apoyo de María Ramos de Panamá. La IFLA introdujo la idea de 'recursos contínuos' hace pocos años, y este cambio fue armonizado junto con las comunidades de las RCA2 y del ISSN; sin embargo en Latinoamérica este cambio no se ha realizado todavía en la práctica. El Grupo básicamente avaló el borrador de la Declaración de Principios y sugirió vías para ayudar a transmitir información a los catalogadores de Latinoamérica sobre el cambio de enfoque, tales como la provisión de traducciones de las normas de la IFLA y de los capítulos revisados de las RCA2, así como llevar a cabo sesiones y talleres de capacitación.

El Grupo 4 de Trabajo sobre Estructuras Multiparte, dirigido por Catalina Zavala de Perú con el apoyo de Ariel Rodríguez de México y Gabriela Jaureguiberry de Uruguay. Gunilla Jonsson, presidenta de la Sección de Catalogación de la IFLA, también se integró en este grupo para compartir su experiencia como conductora del grupo europeo sobre este tópico. El grupo estuvo en general de acuerdo con el borrador de la Declaración de Principios y sugirió algunas adiciones al Glosario que requieren mayor discusión. Se puede percibir que Gunilla estaba en el grupo, ya que una de las recomendaciones fue colaborar con la Sección de Catalogación de la IFLA en la promoción de la idea de lograr que los editores trabajen conjuntamente con las bibliotecas en cada país para ayudar en el control bibliográfico, y de trabajar con los distribuidores de sistemas en la implementación de estos principios en los sistemas del futuro. Presentaron la observación de que ha sido una gran decepción darse cuenta de que los OPACs actuales nos han llevado un paso gigante hacia atrás en el cumplimiento de los objetivos de los catálogos y la satisfacción de las necesidades de los usuarios. Existe la esperanza de que los sistemas del futuro serán desarrollados para mejorar enormemente esas capacidades.

El Grupo 5 de Trabajo cubrió los Titulos Uniformes y los Designadores Generales del Material (DGMs). Sonia Gutiérrez de Costa Rica dirigió este grupo con el apoyo de Miriam Pirela de Venezuela y Aurora Serrano de México. Patrick Le Boeuf de la Biblioteca Nacional de Francia también se incorporó al grupo y compartió las experiencias de su participación en la reunión europea. Una de las recomendaciones principales de este grupo fue acerca del punto 5.5.1 de la Declaración que dice que el título uniforme debe tomar como base el título predominante localizado en las manifestaciones dando preferencia al idioma original. Este grupo sintió que se debe agregar siempre el idioma y la fecha, como práctica estandar, cuando se da forma a los títulos uniformes. Este punto continuará siendo discutido con los participantes europeos hasta alcanzar consenso. El grupo también hizo varias sugerencias para el futuro Código Internacional de Catalogación; y, reconociendo que las reglas no podrían nunca cubrir cada situación, recomendaron seguir los principios y luego utilizar el sentido común y el juicio crítico para resolver los casos especiales. Otros presentes en la reunión concordaron totalmente con este punto de vista.

De manera que en general hubo acuerdo con el borrador europeo, con algunas sugerencias de mejoras. Dichas sugerencias de los participantes fueron entonces compartidas con los otros participantes latinoamericanos y del Caribe, quienes no pudieron asistir a Buenos Aires, con el propósito se segurar que todos estaban de acuerdo (se utilizó una votación vía la Web para determinar que opiniones y áreas requerían mayor discusión). Las recomendaciones resultantes fueron compartidas con los participantes europeos para obtener su reacción; y la discusión continúa sobre algunos puntos que no han sido todavía resueltos.

La reunión de Buenos Aires estuvo llena de entusiasmo por parte de los participantes, quienes hicieron excelentes sugerencias que harán avanzar el desarrollo de estos principios.

Los pasos siguientes

Las recomendaciones de la IME ICC2 sobre el futuro Código Internacional de Catalogación serán remitidas al nuevo Grupo de Trabajo de la Sección de Catalogación de la IFLA que iniciará sus labores en la conferencia de IFLA en Oslo. Ese grupo estará trabajando cercanamente con los creadores de reglas y con los participantes de las futuras reuniones regionales en la compilación de sugerencias para un código de catalogación que sea utilizado a nivel mundial como norma para el contenido de los registros biblográficos y de autoridades, principalmente como un código para los creadores de códigos.

El borrador revisado de la declaración estará disponible al público en los sitios Web de las reuniones IME ICC1 y IME ICC2, así como en forma impresa en la presente publicación, para su discusión y comentario. Nosotros continuaremos compartiendo con las secciones y miembros apropiados de la IFLA, así como con varias organizaciones bibliotecológicas de todo el mundo. El borrador original de la declaración está siendo traducido y está disponible en los siguientes idiomas: búlgaro, croata, checo, finlandés, francés, alemán, griego, húngaro, italiano, japonés, coreano, lituano, portugués, rumano, ruso, eslovaco, español (España) y español (Latinoamérica). Se alientan traducciones adicionales que serán incluídas en el sitio Web.

Un reporte breve sobre la reunión fue presentado en el congreso de IFLA en Buenos Aires y publicado en el boletín informativo "ICBC" (*International Cataloguing and Bibliographic Control*) de IFLA. Alentamos a los participantes a publicar artículos y hacer presentaciones sobre el borrador de la declaración y las recomendaciones.

Las próximas reuniones están programadas para diciembre del 2005 con los expertos de catalogación árabehablantes del Medio Oriente, después en 2006 en Seúl (nuevamente con los creadores de reglas) teniendo como sede a la Biblioteca Nacional de Corea; y una reunión final con los expertos de catalogación de Africa el 2007 en Sudáfrica antes de la reunión de la IFLA en Durbán. Este es un proceso muy emocionante, que tiene como propósito proveer una guía para simplificar las prácticas de catalogación y mejorar las experiencias de los usuarios en la búsqueda de la información que necesitan. Esperamos también que los principios básicos sean de utilidad a otras comunidades.

Tal como se hizo notar en la primera reunión, este es un proceso largo y aún queda mucho trabajo por realizar, tenemos puestas todas nuestras esperanzas en que éstas reuniones y el acuerdo internacional resultante sobre una Declaración de Principios Internacionales de Catalogación conducirán hacia una mayor capacidad para compartir la información catalográfica (los registros bibliográficos y de autoridades) en todo el mundo.

Barbara Tillett

STATEMENT OF INTERNATIONAL CATALOGUING PRINCIPLES

Final Draft Based on Responses through December 2004 from the IME ICC2 Changes to the IME ICC1 approved version, Frankfurt, Germany, 2003, updated January 2005

Introduction

The Statement of Principles – commonly known as the "Paris Principles" – was approved by the International Conference on Cataloguing Principles in 1961[1]. Its goal of serving as a basis for international standardization in cataloguing has certainly been achieved: most of the cataloguing codes that were developed worldwide since that time followed the Principles strictly, or at least to a high degree.

Over forty years later, having a common set of international cataloguing principles has become even more desirable as cataloguers and their clients use OPACs (Online Public Access Catalogues) around the world. Now, at the beginning of the 21st century, an effort has been made by IFLA to adapt the Paris Principles to objectives that are applicable to online library catalogues and beyond. The first of these objectives is to serve the convenience of the users of the catalogue.

These new principles replace and broaden the Paris Principles from just textual works to all types of materials and from just the choice and form of entry to all aspects of the bibliographic and authority records used in library catalogues.

The following draft principles cover:

1. Scope
2. Entities, Attributes, and Relationships
3. Functions of the Catalogue
4. Bibliographic Description
5. Access Points
6. Authority Records
7. Foundations for Search Capabilities

These new principles build on the great cataloguing traditions of the world,[2] and also on the conceptual models of the IFLA documents *Functional Requirements of Bibliographic Records* (FRBR) and *Functional Requirements and Numbering of Authority Records* (FRANAR), which extend the Paris Principles to the realm of subject cataloguing.

---

[1] International Conference on Cataloguing Principles (Paris : 1961). *Report*. – London : International Federation of Library Associations, 1963, p. 91-96. Also available in: *Library Resources and Technical Services*, v.6 (1962), p. 162-167; and *Statement of principles adopted at the International Conference on Cataloguing Principles, Paris, October, 196.* – Annotated edition / with commentary and examples by Eva Verona . – London : IFLA Committee on Cataloguing, 1971.

[2] Cutter, Charles A.: *Rules for a dictionary catalog*. 4th ed., rewritten. Washington, D.C.: Government Printing office. 1904,

Ranganathan, S.R.: *Heading and canons*. Madras [India]: S. Viswanathan, 1955, and

Lubetzky, Seymour. *Principles of Cataloging. Final Report. Phase I: Descriptive Cataloging*. Los Angeles, Calif.: University of California, Institute of Library Research, 1969.

It is hoped these principles will increase the international sharing of bibliographic and authority data and guide cataloguing rule makers in their efforts to develop an international cataloguing code.

STATEMENT OF INTERNATIONAL CATALOGUING PRINCIPLES
Draft of January 2005

1. Scope

The principles stated here are intended to guide the development of cataloguing codes. They apply to bibliographic and authority records and current library catalogues. The principles also can be applied to bibliographies and data files created by libraries, archives, museums, and other communities.

They aim to provide a consistent approach to descriptive and subject cataloguing of bibliographic resources of all kinds.

The highest principle for the construction of cataloguing codes should be the convenience of the users of the catalogue.

2. Entities, Attributes, and Relationships

2.1. Entities in Bibliographic Records

For the creation of bibliographic records the following entities, covering products of intellectual or artistic endeavour, are to be considered:

Work
Expression
Manifestation
Item.[3]

2.1.1. Bibliographic records should typically reflect manifestations. These manifestations may embody a collection of works, an individual work, or a component part of a work. Manifestations may appear in one or more physical units.

In general, a separate bibliographic record should be created for each physical format (manifestation).

2.2. Entities in Authority Records

Authority records should document controlled forms of names at least for persons, families, corporate bodies[4], and subjects. Entities that serve as the subjects of works include:

Work
Expression
Manifestation
Item
Person
Family
Corporate Body
Concept
Object
Event
Place.[5]

---

[3] Work, expression, manifestation, and item are the Group 1 entities described in the FRBR/FRANAR model.
[4] Persons, families, and corporate bodies are the Group 2 entities described in the FRBR/FRANAR model.

2.3. Attributes

The attributes that identify each entity should be used as data elements in bibliographic and authority records.

2.4. Relationships

Bibliographically significant relationships among the entities should be identified through the catalogue.

3. Functions of the Catalogue

The functions of the catalogue are to enable a user[6]:

3.1. to **find** bibliographic resources in a collection (real or virtual) as the result of a search using attributes or relationships of the resources:

    3.1.1. to **locate** a single resource

    3.1.2. to **locate** sets of resources representing

        all resources belonging to the same work

        all resources belonging to the same expression

        all resources belonging to the same manifestation

        all works and expressions of a given person, family, or corporate body

        all resources on a given subject

        all resources defined by other criteria (such as language, country of publication, publication date, physical format, etc.) usually as a secondary limiting of a search result.[7]

~~It is recognized that, due to economic restraints and cataloguing practices, some library catalogues will lack bibliographic records for components of works or individual works within works.~~

3.2. to **identify** a bibliographic resource or agent (that is, to confirm that the entity described in a record corresponds to the entity sought or to distinguish between two or more entities with similar characteristics);

3.3. to **select** a bibliographic resource that is appropriate to the user's needs (that is, to choose a resource that meets the user's requirements with respect to content, physical format, etc. or to reject a resource as being inappropriate to the user's needs);

3.4. to **acquire** or obtain access to an item described (that is, to provide information that will enable the user to acquire an item through purchase, loan, etc. or to access an item electronically through an online connection to a remote source); or to acquire or obtain an authority record or bibliographic record.

3.5. to **navigate** a catalogue (that is, through the logical arrangement of bibliographic information and presentation of clear ways to move about, including presentation of relationships among works, expressions, manifestations, and items).

---

[5] Concept, object, event, and place are the Group 3 entities described in the FRBR/FRANAR model . *[Note: Additional entities may be identified in the future, such as FRANAR's Trademarks, Identifiers, etc. (to update as needed when the FRANAR report is 'final.')]*

[6] 3.1-3.5 are based on: Svenonius, Elaine. The Intellectual Foundation of Information Organization. Cambridge, MA: MIT Press, 2000. ISBN 0-262-19433-3

[7] It is recognized that, due to economic restraints and cataloguing practices, some library catalogues will lack bibliographic records for components of works or individual works within works.

4. Bibliographic Description

4.1. The descriptive portion of the bibliographic record should be based on an internationally agreed standard.[8]

4.2. Descriptions may be at several **levels of completeness**, based on the purpose of the catalogue or bibliographic file.

5. Access Points

5.1. General

Access points for retrieving bibliographic and authority records must be formulated following the general principles (see 1. Scope). They may be controlled or uncontrolled.

Uncontrolled access points may include such things as the title proper as found on a manifestation or keywords added to or found anywhere in a bibliographic record.

Controlled access points provide the consistency needed for locating sets of resources and must be normalized following a standard. These **normalized forms** (also called "authorized headings") should be recorded in authority records along with **variant forms used as references**.

5.1.1. Choice of access points

5.1.1.1. Include as access points to a **bibliographic record** the titles of works and expressions (controlled) and titles of manifestations (usually uncontrolled) and the controlled forms of names of the creators of works.

In the case of corporate bodies as creators, access by corporate name is limited to works that are by their nature necessarily the expression of the collective thought or activity of the corporate body, even if signed by a person in the capacity of an officer or servant of the corporate body, or when the wording of the title, taken in conjunction with the nature of the work, clearly implies that the corporate body is collectively responsible for the content of the work.

Additionally provide access points to bibliographic records for the controlled forms of names of other persons, families, corporate bodies, and subjects deemed to be important for finding, identifying, and selecting the bibliographic resource being described.

5.1.1.2. Include as access points to an **authority record**, the authorized form of name for the entity, as well as the variant forms of name. Additional access may be made through related names.

5.1.2. Authorized Headings

The authorized heading for an entity should be the name that identifies the entity in a consistent manner, either as predominantly found on manifestations or a well-accepted name suited to the users of the catalogue (e.g., 'conventional name').

---

[8] For the library community that currently is the *International Standard Bibliographic Descriptions*.

Further identifying characteristics should be added, if necessary, to distinguish the entity from others of the same name.

5.1.2.1. If a person, family, or a corporate body uses variant names or variant forms of names, one name or one form of name should be chosen as the authorized heading for each distinct persona.

5.1.2.2. If there are variant titles for one work, one title should be chosen as the uniform title.

5.1.3. Language

When names have been expressed in several languages, preference should be given to a heading based on information found on manifestations of the expression in the original language and script; but if the original language and script is one not normally used in the catalogue, the heading may be based on forms found on manifestations or in references in one of the languages and scripts best suited to the users of the catalogue.

Access should be provided in the original language and script whenever possible, through either the authorized heading or a reference. If transliterations are desirable, an international standard for script conversion should be followed.

5.2. Forms of Names for Persons

5.2.1. When the name of a person consists of several words, the choice of entry word should ~~be determined by~~ conventions of the **country and** ~~person's country of citizenship, or~~

5.2.2. ~~when that country of citizenship is not determinable, by agreed usage in the country in which the person generally resides or~~

5.2.3. ~~if it is not possible to determine where the person generally resides, choice of entry word should follow agreed usage in the~~ language **most associated with** that person ~~generally uses,~~ as found in manifestations or ~~general~~ reference sources.

5.3. Forms of Names for Families

5.3.1. When the name of a family consists of several words, the choice of entry should ~~be determinded by conventions of the country most associated with that family or~~

5.3.2. ~~if it is not possible to determine the country most associated with that family, choice of entry word should~~ follow ~~agreed usage in~~ **the conventions of** the **country and** language **most associated with** that family ~~generally uses,~~ as found in manifestations or general reference sources.

5.4. Forms of Names for Corporate Bodies

5.4.1. The corporate name should be given in direct order, as commonly found on manifestations.

5.4.2. For jurisdictions, the authorized heading should include the currently used form of the name of the territory concerned in the language and script best suited to the needs of the users of the catalogue.

5.4.2.3. If the corporate body has used in successive periods different names that cannot be regarded as minor variations of one name, each significant name change should be considered a new entity and the corresponding authority records for each entity should be linked by see-also (earlier/later) references.

5.5. Forms of Uniform Titles

A uniform title may either be a title that can stand alone or it may be a name/title combination or a title qualified by the addition of identifying elements, such as a corporate name, a place, language, date, etc.

5.5.1. The uniform title should be the original title or the title most frequently found in manifestations of the work. Under certain defined circumstances, a commonly used title in the language and script of the catalogue may be preferred to the original title as the basis for the authorized heading. **Always add language and date.**

6. Authority Records

6.1. Authority records should be constructed to control the authorized forms of names and references used as access points for such entities as persons, families, corporate bodies, works, expressions, manifestations, items, concepts, objects, events, and places.

6.2. ~~If a person, family, or a corporate body uses variant names or variant forms of names, one name or one form of name should be chosen as the authorized heading for each distinct persona. If there are variant titles for one work, one title should be chosen as uniform title.~~ [See 5.1.2.1]

7. Foundations for Search Capabilities

7.1. Search and Retrieval

Access points are the elements of bibliographic records that 1) provide reliable retrieval of bibliographic and authority records and their associated bibliographic resources and 2) limit search results.

7.1.1. Searching devices

Names, titles, and subjects should be searchable and retrievable by means of any device available in the given library catalogue or bibliographic file, for example by full forms of names, by key words, by phrases, by truncation, etc.

7.1.2. Indispensable access points are those based on the main attributes and relationships of each entity in the bibliographic or authority record.

7.1.2.1. Indispensable access points for **bibliographic records** include:
the name of the creator or first named creator when more than one is named
the title proper or supplied title for the manifestation
the year (s) of publication or issuance
the uniform title for the work/expression
subject headings, subject terms
classification numbers
standard numbers, identifiers, and 'key titles' for the described entity.

7.1.2.2. Indispensable access points for **authority records** include:
> the authorized name or title of the entity
> variant forms of name or title for the entity.

7.1.3. Additional access points

Attributes from other areas of the bibliographic description or the authority record may serve as optional access points or as filtering or limiting devices when large numbers of records are retrieved. Such attributes in bibliographic records include, but are not limited to:

> names of additional creators beyond the first
> names of performers or persons, families, or corporate bodies in other roles than creator
> parallel titles, caption titles, etc.
> uniform title of the series
> bibliographic record identifiers
> language
> country of publication
> physical medium.

Such attributes in authority records include, but are not limited to:

> names or titles of related entities
> authority record identifiers.

APPENDIX

Objectives for the Construction of Cataloguing Codes

There are several objectives that direct the construction of cataloguing codes[9]. The highest is the convenience of the user.

* *Convenience of the user* of the catalogue. Decisions taken in the making of descriptions and controlled forms of names for access should be made with the user in mind.
* *Common usage.* Normalized vocabulary used in descriptions and access should be in accord with that of the majority of users.
* *Representation.* Entities in descriptions and controlled forms of names for access should be based on the way an entity describes itself.
* *Accuracy.* The entity described should be faithfully portrayed.
* *Sufficiency and necessity.* Only those elements in descriptions and controlled forms of names for access that are required to fulfill user tasks and are essential to uniquely identify an entity should be included.
* *Significance.* Elements should be bibliographically significant.
* *Economy.* When alternative ways exist to achieve a goal, preference should be given to the way that best furthers overall economy (i.e., the least cost or the simplest approach).
* *Standardization.* Descriptions and construction of access points should be standardized to the extent and level possible. This enables greater consistency which in turn increases the ability to share bibliographic and authority records.
* *Integration.* The descriptions for all types of materials and controlled forms of names of entities should be based on a common set of rules, to the extent possible.

The rules in a cataloguing code should be

* *Defensible* and *not arbitrary*.

It is recognized that at times these objectives may contradict each other and a defensible, practical solution will be taken.

[With regard to subject thesauri, there are other objectives that apply but are not yet included in this statement.]

---

[9] Based on bibliographic literature, especially that of Ranganathan and Leibniz as described in Svenonius, E. *The Intellectual Foundation of Information Organization.* Cambridge, Mass.: MIT Press, 2000, p. 68.

DECLARACIÓN DE PRINCIPIOS INTERNACIONALES DE CATALOGACIÓN

Borrador final basado en la respuestas hasta diciembre 2004 de los participantes de la IME ICC2 cambios al borrador final de la IME ICC1, Francfort, Alemania, 2003; actualizado enero 2005

Traducción de Elena Escolano Rodríguez
Revisión de Ageo García

Introducción

La Declaración de Principios – conocida comúnmente como los "Principios de París" – fue aprobada por la Conferencia Internacional sobre Principios de Catalogación en 1961[10]. Se ha conseguido, sin ninguna duda, su objetivo de servir como base para la normalización internacional de la catalogación: la mayoría de los códigos de catalogación que se desarrollaron en el mundo desde entonces siguieron los Principios estrictamente o, al menos, en un alto grado.

Pasados más de cuarenta años, el contar con un conjunto común de principios internacionales de catalogación se ha convertido en algo más que deseable ya que los catalogadores y sus clientes utilizan OPACs (Catálogos de Acceso Público en Línea) en todo el mundo. Ahora, a comienzos del siglo XXI, la IFLA ha realizado un esfuerzo por adaptar los Principios de París a los objetivos que se aplican a los catálogos en línea de bibliotecas e ir más allá. El primero de estos objetivos es satisfacer la conveniencia de los usuarios del catálogo.

Estos nuevos principios sustituyen los Principios de París y los amplían desde sólo obras textuales a todo tipo de materiales y desde sólo la elección y forma del asiento a todos los aspectos de los registros bibliográficos y de autoridad utilizados en los catálogos de bibliotecas.

Los siguientes principios preliminares incluyen:

1. Alcance
2. Entidades, Atributos y Relaciones
3. Funciones del Catálogo
4. Descripción Bibliográfica
5. Puntos de Acceso
6. Registros de Autoridad
7. Fundamentos para las Capacidades de Búsqueda

Estos nuevos principios se construyen sobre la base de las grandes tradiciones catalográficas del mundo[11] y también sobre los modelos conceptuales de los documentos de la

---

[10] International Conference on Cataloguing Principles (Paris : 1961). *Report*. – London : International Federation of Library Associations, 1963, p. 91-96. Tambien disponible en: *Library Resources and Technical Services*, v.6 (1962), p. 162-167; and *Statement of principles adopted at the International Conference on Cataloguing Principles, Paris, October, 196.* – Annotated edition / with commentary and examples by Eva Verona . – London : IFLA Committee on Cataloguing, 1971.

[11] Cutter, Charles A.: Rules for a dictionary catalog. 4ª ed., rev. Washington, D.C.: Government Printing office. 1904, Ranganathan, S.R.: Heading and canons. Madras [India]: S. Viswanathan, 1955, y
Lubetzky, Seymour. Principles of Cataloging. Final Report. Phase I: Descriptive Cataloging. Los Angeles, Calif.: University of California, Institute of Library Research, 1969.

IFLA *Functional Requirements for Bibliographic Records* (FRBR) y *Functional Requirements and Numbering for Authority Records* (FRANAR), que extienden los Principios de París al campo de la catalogación por materias.

Confiamos en que estos principios incrementarán el intercambio internacional de la información bibliográfica y de autoridad y guiarán a los redactores de reglas de catalogación en sus esfuerzos por desarrollar un código internacional de catalogación.

DECLARACIÓN DE PRINCIPIOS INTERNACIONALES DE CATALOGACIÓN
Documento preliminar conclusivo de enero 2005

1. Alcance

Los principios aquí establecidos tienen la intención de orientar el desarrollo de los códigos de catalogación. Se aplican a los registros bibliográficos y de autoridad y a los catálogos actuales de bibliotecas. Los principios también pueden aplicarse a bibliografías y archivos de datos creados por bibliotecas, archivos, museos y otras comunidades. Intentan proporcionar un enfoque consistente a la catalogación descriptiva y a la catalogación por materias, de los recursos bibliográficos de todo tipo.

El principio fundamental para la elaboración de los códigos de catalogación deberá ser la conveniencia de los usuarios del catálogo.

2. Entidades, Atributos y Relaciones

2.1. Entidades en los Registros Bibliográficos

Para la creación de registros bibliográficos deben considerarse las siguientes entidades, que comprenden los productos del esfuerzo intelectual o artístico:

Obra
Expresión
Manifestación
Item.[12]

2.1.1. Los registros bibliográficos deben reflejar típicamente a las manifestaciones. Estas manifestaciones pueden contener una colección de obras, una obra individual o una parte componente de una obra. Las manifestaciones pueden aparecer en una o más unidades físicas.
Por lo general, se debe crear un registro bibliográfico independiente para cada formato físico (manifestación).

2.2. Entidades en los Registros de Autoridad

Los registros de autoridad deberán documentar las formas controladas de los nombres, por lo menos, de personas, familias, entidades corporativas[13] y materias. Las entidades que sirven como materias de las obras incluyen:

Obra
Expresión
Manifestación
Item
Persona
Familia
Entidad Corporativa
Concepto
Objeto

---

[12] Obra, expresión, manifestación e ítem son las entidades del Grupo 1 que se describen en el modelo FRBR/FRANAR.
[13] Personas, familias y entidades corporativas son las entidades del Grupo 2 que se describen en el modelo FRBR/FRANAR.

Evento
Lugar.[14]

2.3. Atributos

Se deberán utilizar los atributos que identifiquen a cada entidad, como elementos de información en los registros bibliográficos y de autoridad.

2.4. Relaciones

Se deberán identificar a través del catálogo las relaciones bibliográficamente significativas entre entidades.

3. Funciones del Catálogo

Las funciones del catálogo son permitir al usuario[15]:

3.1. encontrar recursos bibliográficos en una colección (real o virtual) como resultado de una búsqueda en la que se utilizan los atributos o las relaciones de los recursos:

3.1.1. para localizar un recurso individual

3.1.2. para localizar conjuntos de recursos que representen a

todos los recursos que pertenecen a la misma obra

todos los recursos que pertenecen a la misma expresión

todos los recursos que pertenecen a la misma manifestación

todas las obras y expresiones de una persona, familia o entidad corporativa determinada

todos los recursos sobre un determinado tema

todos los recursos definidos por otros criterios (tales como lengua, país de publicación, fecha de publicación, formato físico, etc.) normalmente como delimitación secundaria del resultado de una búsqueda[16].

~~Se reconoce que debido a restricciones económicas y prácticas catalográficas, algunos catálogos de bibliotecas carecerán de registros bibliográficos para componentes de obras o para obras individuales contenidas en otras obras.~~

3.2. **para identificar** a un recurso o agente bibliográfico (es decir, confirmar que la entidad descrita en un registro corresponde a la entidad que se busca, o para distinguir entre dos o más entidades con características similares);

3.3. **para seleccionar** un recurso bibliográfico que se ajuste a las necesidades del usuario (es decir, elegir un recurso que satisfaga los requisitos del usuario respecto al contenido, formato físico, etc., o descartar un recurso por ser inapropiado a las necesidades del usuario)

3.4. **para adquirir u obtener** acceso al ítem descrito (es decir, suministrar la información que permitirá al usuario adquirir un ítem por medio de la compra, el préstamo, etc., o acceder al ítem electrónicamente por medio de una conexión en

---

[14] Concepto, objeto, evento y lugar son las entidades del Grupo 3 que se describen en el modelo FRBR/ FRANAR . *[Nota: En el futuro se pueden identificar entidades adicionales tales como las Marcas Comerciales, Identificadores, etc. de FRANAR. (para actualizalas según sea necesario cuando el informe de FRANAR sea 'final.')]*

[15] 3.1-3.5 se basan en: Svenonius, Elaine. The Intellectual Foundation of Information Organization. Cambridge, MA: MIT Press, 2000. ISBN 0-262-19433-3

[16] **Se reconoce que debido a restricciones económicas y prácticas catalográficas, algunos catálogos de bibliotecas carecerán de registros bibliográficos para componentes de obras o para obras individuales contenidas en otras obras.**

línea a una fuente remota); o para adquirir u obtener un registro de autoridad o un registro bibliográfico.

3.5. **para navegar** en un catálogo (es decir, moverse a través de la ordenación lógica de la información bibliográfica y mediante la presentación de vías claras, incluyendo la presentación de las relaciones entre las obras, expresiones, manifestaciones e ítems).

4. Descripción Bibliográfica

4.1. La parte descriptiva del registro bibliográfico deberá basarse en una norma acordada internacionalmente.[17]

4.2. Las descripciones pueden existir en varios **niveles de integridad**, dependiendo de los objetivos del catálogo o archivo bibliográfico

5. Puntos de Acceso

5.1. General

Los puntos de acceso para la recuperación de registros bibliográficos y de autoridad deben formularse siguiendo los principios generales (véase 1. Alcance). Los puntos de acceso pueden estar o no sujetos a control.

Los puntos de acceso no controlados pueden incluir elementos tales como: el título propiamente dicho, tal y como se encuentra en una manifestación; o palabras clave añadidas o localizadas en cualquier parte de un registro bibliográfico.

Los puntos de acceso controlados proporcionan la consistencia necesaria para localizar conjuntos de recursos; y deben normalizarse mediante la aplicación de un estándar. Estas **formas normalizadas** (también llamadas "asientos autorizados") deberán inscribirse en registros de autoridad junto con las **formas variantes utilizadas como referencias**.

5.1.1. Elección de los puntos de acceso

5.1.1.1. Se incluyen como puntos de acceso de un **registro bibliográfico:** los títulos de las obras y expresiones (controlados) y los títulos de las manifestaciones (generalmente sin controlar); y las formas controladas de los nombres de los creadores de las obras.

En el caso de entidades corporativas como creadores, el acceso se limita a obras que por su naturaleza son necesariamente la expresión del pensamiento colectivo o actividad de la entidad corporativa, incluso si están firmadas por una persona en calidad de funcionario o empleado de la entidad corporativa, o cuando la redacción del título, en conjunción con la naturaleza de la obra, implica claramente que la entidad corporativa es responsable colectivamente del contenido de la obra

Adicionalmente se provee a los registros bibliográficos de puntos de acceso correspondientes a las formas controladas de los nombres de otras personas, familias, entidades corporativas y materias que se consideren importantes para localizar, identificar y seleccionar el recurso bibliográfico descrito.

---

[17] Para la comunidad bibliotecaria serán las *International Standard Bibliographic Descriptions*.

5.1.1.2. Se incluyen como puntos de acceso de un **registro de autoridad**: la forma autorizada del nombre de una entidad; así como las formas variantes del nombre. Se pueden crear accesos adicionales a partir de los nombres relacionados.

5.1.2. Asientos Autorizados

El asiento autorizado de una entidad deberá ser el nombre que identifique a la entidad de una manera consistente, ya sea porque aparece en forma predominante en las manifestaciones o porque sea un nombre ampliamente aceptado, que es apropiado para los usuarios del catálogo (p. ej., 'el nombre convencional').

Se añadirán además, si fuera necesario, características adicionales de identificación para distinguir a la entidad de otras con el mismo nombre.

5.1.2.1. <u>Si una persona, familia o entidad corporativa utiliza varios nombres o formas variantes de los nombres, se deberá seleccionar un nombre o una forma del nombre como el asiento autorizado para cada "persona" distintiva. [Sigue bajo debate el cambio recomendado por la IME ICC2 se ha cambiado "persona" por "entidad"]</u>

5.1.2.2. <u>Si existen varios títulos para una obra, se deberá escoger uno como el título uniforme.</u>

5.1.3. Lengua

Cuando los nombres han aparecido en varias lenguas, se dará preferencia al asiento basado en la información encontrada en las manifestaciones de la expresión en la lengua y escritura originales; sin embargo, si la lengua y escritura originales no se usan normalmente en el catálogo, el asiento puede basarse en las formas encontradas en las manifestaciones o en referencias en una de las lenguas y escrituras que mejor convengan a los usuarios del catálogo.Se deberá proporcionar acceso en la lengua y escritura original siempre que sea posible, ya sea mediante el asiento autorizado o a través de una referencia. Si las transliteraciones son convenientes, se deberá aplicar una norma internacional para la conversión de la escritura.

Cuando los nombres han aparecido en varias lenguas, se dará preferencia al asiento basado en la información encontrada en las manifestaciones de la expresión en la lengua y escritura originales; sin embargo, si la lengua y escritura originales no se usan normalmente en el catálogo, el asiento puede basarse en las formas encontradas en las manifestaciones o en referencias en una de las lenguas y escrituras que mejor convengan a los usuarios del catálogo.

5.2. Formas de los Nombres de Personas

5.2.1. Cuando el nombre de una persona consta de varias palabras, la elección de la palabra ordenadora deberá ~~determinarse según~~ <u>seguir las convenciones del país</u> ~~de ciudadanía de la persona o~~

5.2.2. ~~Cuando no sea determinable el país de ciudadanía, de acuerdo del uso acordado del país en el que la persona generalmente resida o~~

5.2.3. ~~si no es posible determinar donde reside generalmente la persona, la elección de la palabra ordenadora deberá seguir el uso acordado en~~ y la lengua que generalmente ~~utiliza~~ <u>se relaciona con</u> la persona, tal como aparece en las manifestaciones o en las fuentes de referencia general.

5.3. Formas de los Nombres de Familias

5.3.1. Cuando el nombre de la familia consta de varias palabras, la elección de la palabra ordenadora deberá **~~determinarse de acuerdo a las convenciones del país mas asociado con esa familia o~~**

5.3.2. ~~si no es posible determinar el país mas asociado con la familia, la elección de la palabra ordenadora deberá~~ seguir el uso ~~de acuerdo a~~ <u>según</u> las convenciones del país y lengua que generalmente ~~utiliza~~ <u>se relaciona con</u> la familia, tal como aparece en las manifestaciones o en las fuentes de referencia general.

5.4. Formas de los Nombres de Entidades Corporativas

5.4.1. <u>Asiente una entidad corporativa directamente bajo el nombre por el cual se identifica generalmente.</u>

<u>**5.4.2.**</u> Para jurisdicciones, el asiento autorizado deberá incluir la forma utilizada actualmente del nombre del territorio del que se trate, en la lengua y escritura que mejor convenga a las necesidades del usuario del catálogo.

5.4.~~2~~<u>3</u>. Si la entidad corporativa ha utilizado diferentes nombres en períodos sucesivos, que no puedan determinarse como variaciones menores de un nombre, cada cambio de nombre significativo deberá considerarse una nueva entidad; y los registros de autoridad correspondientes a cada entidad se vincularán mediante referencias de véase además (anterior/posterior).

5.5. Formas de los Títulos Uniformes

Un título uniforme puede estar constituído por: un título que puede presentarse solo; o por una combinación de nombre/título o un título calificado mediante la adición de elementos de identificación tales como un nombre de entidad corporativa, un lugar, lengua, fecha, etc.

5.5.1. El título uniforme deberá ser el título original o el título que se encuentre más frecuentemente en las manifestaciones de la obra. Bajo ciertas circunstancias predefinidas, puede preferirse, como base para el asiento autorizado, un título comúnmente utilizado en la lengua y escritura del catálogo, en vez del título original. **Se debe agregar la lengua y fecha como una practica usual.**

6. Registros de Autoridad

6.1. Los registros de autoridad deben crearse para controlar las formas autorizadas de los nombres y referencias que se utilizan como puntos de acceso correspondientes a entidades tales como personas, familias, entidades corporativas, obras, expresiones, manifestaciones, ítems, conceptos, objetos, eventos y lugares.

6.2. ~~Si una persona, familia o entidad corporativa utiliza varios nombres o formas variantes de los nombres, se deberá seleccionar un nombre o una forma del nombre como el asiento autorizado para cada persona distintiva. Si existen varios títulos para una obra, se deberá escoger uno como el título uniforme.~~ [véase 5.1.2.1]

7. Fundamentos para las Capacidades de Búsqueda

7.1. Búsqueda y Recuperación

Los puntos de acceso son los elementos de los registros bibliográficos que proveen: 1) una recuperación fiable de los registros bibliográficos y de autoridad y de sus correspondientes recursos bibliográficos asociados; y 2) una delimitación de los resultados de la búsqueda.

7.1.1. Mecanismos de búsqueda

Deberá ser posible poder buscar y recuperar nombres, títulos y materias por medio de algún mecanismo disponible en cada catálogo de biblioteca o archivo bibliográfico; por ejemplo, mediante: las formas completas de los nombres, palabras clave, frases, truncamientos, etc.

7.1.2. **Puntos de acceso indispensables** son aquellos con base en los principales atributos y relaciones de cada una de las entidades contenidas en el registro bibliográfico o de autoridad.

7.1.2.1. Los puntos de acceso indispensables en los **registros bibliográficos** incluyen:
el nombre del creador o primer nombre de creador mencionado cuando se cita más de uno
el título propiamente dicho o el título suministrado a la manifestación
el (los) año(s) de publicación o emisión
el título uniforme para la obra/expresión
los encabezamientos de materia, términos de materia
los números de clasificación
los números normalizados, identificadores y 'títulos clave' de la entidad descrita.

7.1.2.2. Los puntos de acceso indispensables en los **registros de autoridad** incluyen:
el nombre autorizado o el título de la entidad
las formas variantes del nombre o el título de la entidad.

7.1.3. Puntos de acceso adicionales

Los atributos de otras áreas de la descripción bibliográfica o del registro de autoridad pueden servir como puntos de acceso opcionales o como mecanismos de filtrado y de delimitación cuando se recuperan grandes números de registros. En los registros bibliográficos tales atributos incluyen, aunque no se limitan a:

los nombres de los creadores adicionales al primero
los nombres de los intérpretes o personas, familias o entidades corporativas que desempeñan un papel diferente al de creador
los títulos paralelos, títulos de partida, etc.
el título uniforme de la serie
los identificadores de registro bibliográfico
la lengua
el país de publicación
el medio físico.

En los registros de autoridad dichos atributos incluyen, aunque no se limitan a:

    los nombres o los títulos de las entidades relacionadas
    los identificadores de registro de autoridad

APÉNDICE
Objetivos de la Elaboración de Códigos de Catalogación

Existen varios objetivos que dirigen la creación de los códigos de catalogación[18]. El principal es la conveniencia del usuario.

* *Conveniencia del usuario* del catálogo. Las decisiones sobre acceso relacionadas con la creación de las descripciones y las formas controladas de los nombres, deberán tomarse teniendo en mente al usuario
* *Uso común*. El vocabulario normalizado que se utiliza para el acceso y las descripciones debe estar en concordancia con el de la mayoría de los usuarios.
* *Representación*. Las entidades contenidas en las descripciones y en las formas de los nombres controladas para el acceso deberán basarse en la manera en que esas entidades se describen a sí mismas.
* *Precisión*. La entidad descrita debe quedar fielmente representada.
* *Suficiencia y necesidad*. Se deben incluir en las descripciones y en las formas de los nombres controladas para el acceso, únicamente aquellos elementos que son necesarios para satisfacer las tareas del usuario y que son esenciales para identificar unívocamente una entidad.
* *Significación*. Los elementos deben ser bibliográficamente significativos.
* *Economía*. Cuando existan vías alternativas para conseguir un objetivo, se deberá dar preferencia al medio que produzca la mayor economía general (esto es, el menor coste o el método más simple).
* *Normalización*. Se deberán normalizar las descripciones y la creación de puntos de acceso hasta el grado y nivel que sea posible. Esto permite una mayor uniformidad, lo que a su vez incrementa la capacidad para compartir registros bibliográficos y de autoridad.
* *Integración*. Las descripciones para todo tipo de materiales y las formas controladas de los nombres de entidades deben basarse, hasta donde sea posible, en un conjunto común de reglas.

Las reglas contenidas en un código de catalogación deberán ser

* *Defendibles y no arbitrarias*.

Se reconoce que a veces estos objetivos pueden contradecirse, en ese caso se tomará una solución práctica y defendible.

[Con respecto a los tesauros temáticos, se aplican otros objetivos que no están incluídos en esta declaración.]

---

[18] Con base en la documentación bibliográfica, especialmente de Ranganathan y Leibniz según se describe en Svenonius, E. *The Intellectual Foundation of Information Organization*. Cambridge, Mass.: MIT Press, 2000, p. 68.

GLOSSARY
Glossary for IME ICC2, April 2, 2004

This Glossary includes terms found in the Statement of International Cataloguing Principles that are being used in a specific way (not simply the usual dictionary definition).

Access point – A name, term, code, etc., under which a bibliographic or authority record or reference will be found. [Source: FRANAR]

Agent – A person (author, publisher, sculptor, editor, director, etc.) or a group (organization, corporation, library, orchestra, country, federation, etc.) or an automaton (weather recording device, software translation program, etc.) that has a role in the lifecycle of a resource. [Source: DCMI Agents Working Group, working definition]
See also Author, Creator

Attribute – Characteristic of an entity; an attribute can be inherent in an entity or externally imputed. [Source: FRBR]

Author – A creator responsible for the intellectual or artistic content of a textual work. [Source: IME ICC]
See also Agent, Creator

Authority record – A record in an authority file for which the organizing element is the authorized heading for an entity (agent, work/expression, or subject) as established by the cataloguing agency responsible. [Source: IME ICC]
See also Access point, Authorized heading, Controlled form of name

Authorized heading – The uniform controlled access point for an entity. [Source: IME ICC]
See also Access point, Authorized heading, Controlled form of name

Bibliographic description – a set of bibliographic data recording and identifying a bibliographic resource. [Source: ISBD(CR)]

Bibliographic record – The set of data elements that describe and provide access to manifestations and identify related works and expressions. [Source: IME ICC]

Bibliographic resource – A manifestation or item.

Bibliographical unit
See Manifestation

Collection – 1. A set of two or more works combined or issued together. 2. A set of bibliographic resources held or created by a given institution. [Source: IME ICC]

Concept – An abstract notion or idea. [Source: FRANAR, FRBR]

Controlled form of name – Authorized and variant forms of names given to entities, formulated according to a set of rules and recorded in an authority record, in order to provide access to bibliographic and authority records (sometimes also called controlled heading, authorized heading, or variant heading. [Source: IME ICC]
See also Access point, Authorized heading, Authority record, Name

Corporate Body – An organization or group of persons and/or organisations that is identified by a particular name and that acts, or may act, as a unit. [Source: modified from FRANAR, FRBR]

Creator – An entity responsible for the intellectual or artistic content of a work.
See also Author, Agent

Descriptive cataloguing – The part of cataloguing that provides both descriptive data and non-subject access points. [Source: IME ICC]
See also Subject cataloguing

Event – An action or occurrence. [Source: FRANAR, FRBR]

Expression – The intellectual or artistic realisation of a work. [Source: FRANAR, FRBR]

Family – Two or more persons related by birth, marriage, adoption, or similar legal status. [Source: FRANAR, as modified by IME ICC]

Heading
See Access point

Item – A single exemplar of a manifestation. [Source: FRANAR, FRBR]

Key-title – The unique name assigned to a continuing resource by the ISSN Network and inseparably linked with its ISSN. The key title may be the same as the title proper; or, in order to achieve uniqueness, it can be constructed by the addition of identifying and/or qualifying elements such as name of issuing body, place of publication, edition statement, etc. (see ISSN Manual). [Source: ISBD (CR)]

Manifestation – The physical embodiment of an expression of a work. [Source: FRANAR, FRBR]

Name – A character or group of words and/or characters by which an entity is known; includes the words/characters designating a person, family, corporate body, object, concept, event, or place, as well as the title given to a work, expression, manifestation, or item. [Source: FRBR as modified in FRANAR]
See also Controlled form of name.

Object – A material thing. [Source: FRBR]

Person – An individual or a persona established or adopted by an individual or group. [Source: FRBR as modified in FRANAR]

Place – A location. [Source: FRBR]

Physical format (an attribute of original and surrogate manifestations) – The container or medium in/on which an expression of a work is recorded (e.g., book, CD, MP3, videocassette, DVD, microfilm, digital file, map, globe, score, etc.). [Source: IME ICC]

Subject cataloguing – The part of cataloguing that provides subject heading/terms and/or classification [Source: IME ICC]
See also Descriptive cataloguing

Uniform title – 1. The particular title by which a work or expression is to be identified for cataloguing purposes. Examples are collective titles and conventional titles used for collocation, form headings used to organize displays, and unique titles used to distinguish among works with the same title. [Source: modified from AACR2] 2. The authorized form by which variant titles of different manifestations of a work, with or without author, are linked/grouped together for searching/access purposes. [Source: GARR]

Work – A distinct intellectual or artistic creation (i.e., the intellectual or artistic content.). [Source FRANAR, FRBR, as modified by IME ICC]

Sources

AACR2 – *Anglo-American cataloguing rules.* – 2nd edition, 2002 revision. – Ottawa: Canadian Library Association; London: Chartered Institute of Library and Information Professionals; Chicago: American Library Association, 2002-

DCMI Agents Working Group – Dublin Core Metadata Initiative, Agents Working Group. [Web page, 2003]: http://dublincore.org/groups/agents/ (working definitions – report is not yet final)

FRANAR – Functional requirements and numbering of authority records: a conceptual model – draft 2003. (Working definitions, report is not yet final)

FRBR – *Functional requirements for bibliographic records: Final report.* – Munich: Saur, 1998. (IFLA UBCIM publications new series; v. 19)

GARR – *Guidelines for authority records and references.* 2nd ed., rev. – Munich: Saur, 2001. (IFLA UBCIM publications new series; v. 23)

IME ICC – IFLA Meeting of Experts on an International Cataloguing Code (1st Frankfurt: 2003), recommendations from the participants

ISBD (CR) – ISBD (CR): International standard bibliographic description for serials and other continuing resources. – Munich: Saur, 2002. (IFLA UBCIM publications new series; v. 24)

Also see MulDiCat: http://subito.biblio.etc.tu-bs.de/muldicat/

GLOSARIO
Glosario preparado para la IME ICC2, Abril 2, 2004

Traducción al español:
Ageo García-Barbabosa
Versión para Latinoamérica

Este glosario incluye términos tomados de la Declaración de Principios Internacionales de Catalogación, que se han utilizado en un sentido específico (no como definiciones simples de diccionario).

Agente
> Una persona (autor, impresor, escultor, editor, director, etc.) o un grupo (organización, corporación, biblioteca, orquesta, país, federación, etc.) o un programa autómata (mecanismo de registro climatológico, programa lógico para traducir, etc. que tiene un rol en el ciclo de vida de un recurso. [Fuente: "DCMI Agents Working Group, working definition"]
> *Véanse también* Autor, Creator

Asiento
> *Véase* Punto de Acceso

Asiento autorizado
> El punto de acceso, uniforme y controlado, de una entidad. [Fuente: IME ICC]
> *Véanse también* Punto de Acceso, Registro de autoridad, Forma controlada del nombre

Atributo
> Característica de una entidad; un atributo puede ser inherente a una entidad o impuesto desde el exterior. [Fuente: FRBR]

Autor
> Un creador responsable del contenido intelectual o artístico de una obra "textual." [Fuente: IME ICC] *Véanse también* Autor, Creador

Catalogación descriptiva
> La parte de la catalogación que provee tanto los datos descriptivos como los puntos de acceso que no son temáticos.
> *Véase también* Catalogación por materias

Catalogación por materias
> La parte de la catalogación que provee los encabezamientos de materia/términos temáticos y/o clasificación.
> *Véase también* Catalogación descriptiva

Colección
> 1. Un conjunto de dos o más obras combinadas o publicadas juntas. 2. Un conjunto de recursos bibliográficos mantenidos o creados por una institución particular. [Fuente: IME ICC]

Concepto
> Una noción abstracta o idea. [Fuente: FRANAR, FRBR]

Creador
> Una entidad responsable del contenido intelectual o artístico de una obra. *Véanse también* Autor, Agente

Descripción bibliográfica
> Un conjunto de datos bibliográficos que registran e identifican a un recurso bibliográfico. [Fuente: ISBD(CR)]

Entidad corporativa
> Una organización o un grupo de personas y/o organizaciones que es identificado por un nombre particular y que actúa, o puede actuar, como una unidad. [Fuente: modificado a partir de FRANAR, FRBR]

Evento
> Una acto u ocurrencia. [Fuente: FRANAR, FRBR]

Expresión
> La "realización" intelectual o artística de una obra. [Fuente: FRANAR, FRBR]

Familia
> Dos o más personas relacionadas mediante nacimiento, matrimonio adopción o una condición jurídica semejante.

Forma controlada del nombre
> Las formas, autorizada y variantes, de los nombres dados a las entidades; formuladas de acuerdo a un conjunto de reglas y registradas en un registro de autoridad con el propósito de proveer acceso a los registros bibliográficos y de autoridades (algunas veces llamadas también: asiento controlado, asiento autorizado o variante autorizada). [Fuente: IME ICC]
>
> *Véanse también* Punto de Acceso, Asiento autorizado, Registro de autoridad, Nombre

Formato físico (un atributo de manifestaciones originales o subrogadas).
> El recipiente o medio físico en el cual se registra una expresión de una obra (p.ej., libro, Disco compacto, MP3, videocasete, DVD, microfilme, archivo digital, mapa, globo terráqueo, partitura, etc.). [Fuente: IME ICC]

Item
> Un ejemplar individual de una manifestación. [Fuente: FRANAR, FRBR]

Lugar
> Una locación. [Fuente: FRBR]

Manifestación
> La corporización física de la expresión de una obra. [Fuente: FRANAR, FRBR]

Nombre
> Un caracter, o un grupo de palabras y/o caracteres, mediante los cuales se conoce a una entidad; incluye las palabras/caracteres que designa a una persona, familia, entidad corporativa, objeto, concepto, evento o lugar; así como el título dado a una obra, expresión, manifestación o ítem. [Fuente: FRBR modificado en FRANAR]
>
> *Véase también* Forma controlada del nombre

Objeto
> Una cosa material.

Obra
>Una creación distintiva, ya sea intelectual o artística (i.e. el contenido intelectual o artístico). [Fuente: FRANAR, FRBR, modificada por IME ICC]

Persona
>Un individuo, o una persona, reconocido o adoptado por un individuo o grupo. [Fuente: FRBR modificado en FRANAR]

Punto de Acceso
>Un nobre, término, código, etc. bajo el cual se puede encontrar un registro bibliográfico o un registro de autoridad o una referencia.

Recurso bibliográfico
>Una manifestación o ítem.

Registro bibliográfico
>El conjunto de elementos de información que describen y proveen acceso a las manifestaciones; e identifican a las obras relacionadas y a las expresiones.

Registro de autoridad
>Un registro de un archivo de autoridades en el cual el elemento organizador corresponde al asiento autorizado para una entidad (agente, obra/expresión o materia) tal como ha sido establecido por una agencia catalográfica responsable. [Fuente: IME ICC]
>
>*Véanse también* Punto de Acceso, Asiento autorizado, Forma controlada del nombre

Título clave
>Un nombre único asignado por la Red ISSN a un recurso contínuo; e inseparablemente vinculado con su ISSN. El título clave puede ser el mismo que el título propiamante dicho; o, con el propósito de obtener la unicidad puede estar construído mediante la adición de elementos de identificación y/o elementos calificadores, tales como: el nombre de la entidad emisora, el lugar de publicación, la mención de edición, etc. (consultar el Manual ISSN). [Fuente: ISBD(CR)]

Título uniforme
>1. El título particular mediante el cual se identifica una obra o una expresión con propósitos de catalogación. Constituyen ejemplos: los títulos colectivos y los títulos convencionales utilizados para la "colocación", los encabezamientos de forma usados en la organización de despliegues; y los títulos unívocos utilizados para distinguir obras con el mismo título. [Fuente: modificada a partir de RCA2]. 2. La forma autorizada por medio de la cual las variantes del título de las diversas manifestaciones de una obra (con o sin autor) son vinculadas/agrupadas con propósitos de búsqueda/acceso. [Fuente: GARR]

Unidad bibliográfica
>*Véase* Manifestación

Fuentes

RCA2 – Reglas de Catalogación Angloamericanas. 2a ed.

DCMI Agents Working Group – Dublin Core Metadata Initiative, Agents Working Group. [Web page]: http://dublincore.org/groups/agents/ ("working definitions"; el reporte no es final)

FRANAR – Functional requirements and numbering of authority records: a conceptual model - draft 2003 ("working definitions"; el reporte no es final)

FRBR – Functional requirements for bibliographic records Final report. – Munich: Saur, 1998. (IFLA UBCIM publication new series; v. 19)

GARR – Guidelines for authority records and references. 2nd ed., rev. – Munich : Saur, 2001. (IFLA UBCIM publication new series; v. 23)

IME ICC – IFLA Meeting of Experts on an International Cataloguin Code (1st Frankfurt : 2003), recomendaciones de los participantes

ISBD (CR) – ISBD (CR): International standard biblographic decription for serials and other continuing resources. – Munich: Saur, 2002 (IFLA UBCIM publication new series; v. 24)

Véase también "MultiDiCat": http://subito.biblio.etc.tu-bs.de/muldicat

PRESENTATION PAPERS = PONENCIAS

Note: The Presentation Papers are provided only in Spanish; the English versions that have been previously published are available at:

Nota: Los textos de las ponencias se proporcionan sólo en español; las versiones en inglés que han sido previamente publicadas se encuentran disponibles en:

IFLA Cataloguing Principles: Steps towards an International Cataloguing Code. Report from the 1st Meeting of Experts on an International Cataloguing Code, Frankfurt, 2003. Edited by Barbara B. Tillett, Renate Gömpel, and Susanne Oehlschläger. (= IFLA Series on Bibliographic Control Vol. 26) München: K.G. Saur, 2004

Programa ISBD de IFLA: OBJETIVO, PROCESO Y PERSPECTIVAS DE FUTURO

Presentado por Mauro Guerrini

por John D. Byrum, Jr.
Presidente del Grupo de Revisión de las ISBDs

Traducción de Elena Escolano

Empezaré mi presentación hablando de los orígenes, objetivos y alcance de las ISBDs.

El concepto Descripción Bibliográfica Normalizada Internacional ha perdurado durante más de treinta años y se ha demostrado como el esfuerzo de más éxito de la IFLA en la promoción de normas de catalogación. Una razón que explica por qué las ISBDs han tenido tanto éxito y han permanecido esencialmente intactas después de más de una generación, es la constante influencia de los motivos que dieron lugar a su formulación en un primer momento. Esto incluye las demandas y oportunidades surgidas de la automatización del control bibliográfico, y de la necesidad económica de compartir la catalogación. La normalización de la catalogación descriptiva es una necesidad económica y tecnológica en la creación, conversión y uso de registros automatizados. Las ISBDs también fueron concebidas para servir como componente principal del programa de IFLA para la promoción del Control Bibliográfico Universal, cuyo ideal es, en palabras de Dorothy Anderson, "ofrecer acceso rápido y universal, en una forma aceptable internacionalmente, a datos bibliográficos básicos sobre todas las publicaciones en todos los países."

Las ISBDs persiguen tres objetivos básicos: Primero, y de gran importancia, hacer posible el intercambio de registros procedentes de diferentes fuentes. Segundo, y complementario al anterior, las ISBDs han ayudado en la interpretación de registros salvando las barreras del lenguaje, de tal forma que registros producidos por usuarios de una lengua pueden ser interpretados por usuarios de otras lenguas. Y tercero, han facilitado la conversión de registros bibliográficos a formato electrónico.

La primera ISBD que se publicó fue la ISBD (M), Descripción Bibliográfica Internacional Normalizada para Publicaciones Monográficas, en 1971. Le han seguido proyectos de ISBDs para publicaciones periódicas, material no librario, material cartográfico, raros, música impresa y, más recientemente, recursos electrónicos. Para publicaciones a nivel de artículo, se editaron las Pautas para la aplicación de las ISBD a la descripción de partes componentes. Hay un listado en IFLANET del conjunto de las ISBD en todas sus ediciones, con algunos enlaces gratuitos a versiones electrónicas[19]. En este contexto, se veía necesario crear un marco general con el que se conformasen todas las ISBDs, lo que dio como resultado la producción de las ISBD (G); la principal utilidad de G es la de asegurar la armonía entre las otras ISBDs.

---

[19] http://www.ifla.org/VI/3/nd1/isbdlist.htm

Sistemas y procedimientos para la publicación de ISBD nuevas o revisadas

Los procedimientos son esenciales en todo trabajo de normalización para asegurar que los pasos por los que un documento se convierte en norma, nueva o revisada, se conozcan y se sigan de manera sistemática. Las ISBD no son una excepción. Como resultado, en la Conferencia de IFLA de 1989, la Sección de Catalogación adoptó un programa y estableció unos procedimientos de desarrollo y distribución de documentos sobre las ISBDs nuevas o revisadas. En 2002, estos procedimientos se actualizaron para aprovechar la oportunidad de publicar los textos en formato electrónico, tanto el borrador como el texto final; utilizando el correo electrónico para anunciar la disponibilidad de los borradores para agilizar el proceso de revisión, y para garantizar respuestas rápidas con comentarios y sugerencias a los borradores del Grupo de Revisión de las ISBDs.

En un principio, se pensó que cada ISBD debía actualizarse cada cinco años. Pero en la práctica, se han revisado según se ha tenido la necesidad de implementar cambios de aplicación general o ante la evolución de los materiales bibliotecarios, como la publicación de las ISBD (ER) y, más recientemente, las ISBD para los recursos continuados.

Esencialmente, hay cinco fases en el desarrollo de una ISBD nueva o revisada:

- Creación del borrador. En esta fase, se designa un grupo de trabajo formado por expertos en catalogación y, cuando se necesita, especialistas sobre el formato de dentro y fuera de IFLA, a no ser que el Grupo de Revisión crea que tiene los conocimientos suficientes para cumplir los objetivos de la revisión. Por regla general, para cada proyecto se designa un editor que prepara el texto de acuerdo a las decisiones del grupo de trabajo.

- Revisión internacional. Cuando el borrador se ha completado, ya está listo para ser revisado y comentado en todo el mundo, es entonces cuando el texto se envía a IFLANET. Inmediatamente después, se envía un aviso a IFLA-L y a otras redes electrónicas, así como a los miembros con derecho a voto de las secciones que patrocinan el proyecto. Normalmente, se establece un plazo de dos meses para la revisión de una ISBD y casi siempre se añade un mes más si el texto es completamente nuevo.

- Revisión final. Se tienen en cuenta todas las aportaciones. El editor revisa el borrador de acuerdo con las decisiones del grupo. Llegados a este punto, se cuida mucho que en el texto y en la preparación del índice haya ejemplos en diferentes lenguas. Cuando se llega al texto definitivo, el Grupo de Revisión de las ISBDs al completo revisa el texto, sobre todo para asegurar su coherencia con las ISBD(G).

- Votación. La versión definitiva de una ISBD nueva o revisada se envía al Comité Permanente de la Sección de Catalogación y a las Secciones copatrocinadoras. El voto permite sólo dos opciones: aprobar o desaprobar, aunque también se aceptan y se tienen en cuenta comentarios sobre la edición literaria. Los votos que no se envían antes del plazo fijado se consideran votos de aprobación. Esta fase dura un mes.

- Publicación y talleres. Si como resultado de la votación es aprobado, como suele ser el caso, se programa la publicación del texto. Actualmente, en todos los casos, el texto se publica en formato electrónico, aunque puede retrasarse a petición del editor si el texto va a publicarse también en papel. Y dicho esto, permítanme mencionar que se ha comenzado, como proyecto a largo plazo, a convertir en formato PDF la última edición de las ISBDs que hoy por hoy sólo están disponibles en papel. Como última fase en el proceso de creación de una nueva ISBD o revisión, se puede llegar a crear un taller para promover la comprensión y uso de la publicación.

Como ya he mencionado, aunque algunas ISBDs se han desarrollado o revisado para satisfacer necesidades concretas, se han realizado dos campañas de revisión global que afectaron a toda la Familia de ISBDs. Esto ocurre cuando los cambios afectan a todos por igual.

Primer Proyecto de Revisión General

La primera revisión general dio como resultado la creación del Comité de Revisión de las ISBD, que se reunió por primera vez en agosto de 1981. El Comité estableció tres objetivos principales para el primer proyecto de revisión general:

(1) Armonización de las normas, mejorando la uniformidad

(2) Mejora de los ejemplos

(3) Facilitar la aplicación de las normas a los catalogadores de materiales publicados en caracteres no latinos

Además, dos objetivos más específicos motivaron esta particular revisión:

(1) revisar el uso del signo igual (ya que su uso en las descripciones bibliográficas había sido motivo de controversia); y

(2) retirar de las ISBD para materiales no librarios el tratamiento de los materiales legibles por ordenador

Al final de la década, se habían publicado muchas veces las ISBDs en "Ediciones revisadas". Además, se creó una ISBD diferente para los archivos de ordenador que, debido a los rápidos avances en tecnología, pronto fue suplantada por una ISBD para recursos electrónicos.

Segundo Proyecto de Revisión General

A principios de los 90, la Sección de Catalogación junto a otras Secciones iniciaron el Grupo de Estudio para los Requisitos Funcionales de los Registros Bibliográficos (FRBR). Una consecuencia inmediata de este desarrollo fue la decisión de suspender la mayoría de trabajos de revisión de las ISBDs mientras que el Grupo de los FRBR se hacía cargo de "recomendar un nivel básico de funcionalidad y unos requisitos de datos básicos para registros creados por agencias bibliográficas nacionales." Esta decisión provocó la suspensión de un proyecto para identificar los componentes de una "ISBD(M) concisa", porque se pensó que los resultados de los FRBR aportarían esa base.

En 1998, el Grupo de Estudio de los FRBR publicó su Informe Final[20] y el Grupo de Revisión de las ISBDs fue reconstituido para iniciar una revisión total de las ISBDs con el objeto de implementar las recomendaciones de los FRBR sobre el nivel básico de los registros bibliográficos nacionales.

En las ISBDs, se les pide a las agencias bibliográficas nacionales "preparar la descripción definitiva con todos los elementos obligatorios establecidos en las ISBD pertinentes siempre que la información sea aplicable a la publicación que se describe". Para facilitar la aplicación de este principio, las ISBDs designan como "opcional" aquellos datos que no

---

[20] http://www.ifla.org/VII/s13/frbr/frbr.htm

son de obligatoria aplicación. Por lo tanto, la tarea principal en la segunda revisión general ha permitido centrar la atención en que la información ahora obligatoria de las ISBD se haga opcional cuando es opcional en los FRBR.

El Grupo de Revisión de las ISBDs ha terminado los trabajos en tres ISBDs – ISBD(M), ISBD(CR) e ISBD(G). El Grupo de Revisión está ahora actualizando tres: la ISBD para Materiales Cartográficos, que probablemente se publicarán en 2004: la ISBD para Libros Antiguos y la ISBD para Materiales No Librarios, que parece que se publicarán en 2005; y, la ISBD para Música Impresa que será publicada en 2005 ó 2006.

Así pues, después de 30 años, el programa de las ISBD de IFLA ha producido normas para representar información bibliográfica de todo tipo de materiales de biblioteca y ha mantenido estas normas con una o más revisiones. Las ISBDs se han traducido oficialmente al alemán, árabe, catalán, chino, checo, eslovaco, esloveno, español, estonio, finlandés, francés, holandés, húngaro, italiano, japonés, letón, lituano y ucraniano. A su vez, las ISBDs han servido de guía a los comités nacionales de catalogación en el trabajo de actualizar sus códigos para acoger las prácticas aceptadas internacionalmente, cuestión puesta de relieve en la recopilación de prácticas de las normas europeas y RCA que se preparó para la reunión del año pasado de Expertos en Catalogación[21]. Aunque es verdad que, en algunos casos, las normas nacionales no se ajustan a las normas de las ISBDs en todo, la impresión global es de cumplimiento general y de considerable armonía entre ellas y con las prácticas recomendadas por la IFLA. Los modelos actuales de publicación están cambiando, sobre todo como consecuencia del contexto informático en el que nos movemos. Cuanto mayor sea el interés en los metadatos para el control y acceso a recursos electrónicos, más oportunidades tendrán las ISBDs para influir en el contenido y uso de esos esquemas, ya que muchos definen elementos de información de sobra familiares para las ISBDs. Por otro lado, no sólo hay nuevas situaciones bibliográficas que considerar sino que tampoco toda práctica bibliográfica todavía en uso sigue siendo útil ahora como lo era antes.

Por lo tanto, es necesario que IFLA siga manteniendo a la Familia de las ISBDs al día de los requisitos actuales y seguir aplicándolos en colaboración con las bibliotecas nacionales y con los comités de catalogación nacionales y multinacionales.

Prioridades y actividades actuales

Veamos ahora las prioridades y actividades actuales del Grupo de Revisión de las ISBDs. En primer lugar, está el asunto de la terminología empleada en las ISBDs, en contraste con la usada en los FRBR, que ha suscitado la cuestión de si términos como "obra", "expresión", "manifestación" e "item", deberían ser introducidos en lugar de "publicación". Por un lado, estos cambios serían una consecuencia lógica de la tarea del Grupo de Revisión de implementar los FRBR lo más completamente posible. Se podría pensar que, dado que los principios de los FRBR son ampliamente entendidos y aplicados, la incorporación de su terminología podría fomentar una mejor asimilación de las ISBD por parte de la comunidad de la información, y animar a su interoperabilidad con otros standards. Sin embargo, por otra parte, como expuso Patrick Le Boeuf en el IME ICC en Frankfurt, en su trabajo "El nuevo mundo FRBR: "La terminología FRBR no debería ser meramente incorporada como tal a las ISBDs y a las reglas de catalogación, sino que éstas deberían mantener su propia terminología, proporcionando definiciones precisas que

---

[21] http://www.ddb.de/news/pdf/code_comp_2003_europe_2.pdf

muestren cómo cada término de esta terminología específica se relaciona conceptualmente con los términos de FRBR".

El Grupo de Revisión concluyó que era esencial para la IFLA clarificar la relación entre las ISBDs y el modelo FRBR. El grupo encontró dificultades al intentar llevar a cabo este alineamiento, debido en gran parte al hecho de que los términos usados en FRBR fueron definidos en el contexto de un modelo entidad-relación, concebido a un nivel mayor de abstracción que las especificaciones para las ISBDs. Mientras que las entidades definidas en el modelo FRBR se refieren claramente a los elementos que conforman la descripción ISBD, ambos no son necesariamente congruentes en todos los aspectos, y las relaciones son demasiado complejas como para que se pueda expresar mediante una simple sustitución de términos. El grupo, pues, decidió que la elaboración de una tabla, en la que se detallase la relación de cada uno de los elementos especificados en la ISBD con su correspondiente atributo de entidad o relación definida en los FRBR, satisfaría la necesidad de dejar claro que las ISBD y los FRBR disfrutan de una armoniosa relación. Desde el momento en que Die Deutsche Bibliothek se ha prestado voluntariamente, como parte de su responsabilidad en ICABS[22], a apoyar el mantenimiento y desarrollo de las ISBDs, la Sección de Catalogación de la IFLA pidió a la DDB la realización de un proyecto para establecer una correspondencia que detallara la relación de cada uno de los elementos especificados en las ISBDs con su correspondiente atributo de entidad o relación del modelo FRBR. Tom Delsey fue contratado para elaborar esta correspondencia, y el Comité Permanente de la Sección de Catalogación aprobó, el 9 de julio de 2004, el documento resultante: "Correspondencia de los elementos ISBD y los Atributos y Relaciones de FRBR" que en breve será publicado en la Web de IFLA.

Sin embargo, El Grupo de Revisión de las ISBDs decidió introducir algunos cambios terminológicos, comenzando con la recientemente revisada ISBD (G). Entre ellos está el uso del término "recurso", en lugar de "item" o "publicación". En el apartado 0.2 de las ISBD (G), se da una definición de "recurso". El uso del anterior término "item" es distinto del "item" de los FRBR, aunque es fácil confundirlos. Esto llevó a la decisión de usar "recurso". Esta decisión es congruente con la del Joint Steering Committee for Revision of AACR (Comité Conjunto Directivo para la Revisión de RCA), que también está considerando "recurso" como término general.

Otra línea de trabajo es el intento del Grupo de Revisión de las ISBDs de proporcionar una mejora de las pautas de uso de las ISBDs en la descripción bibliográfica de publicaciones en múltiples formatos, por ejemplo, un libro electrónico o mapas publicados de forma seriada. Considerando la creciente existencia de recursos publicados en más de un medio físico, y los retos que estas publicaciones suponen para el control bibliográfico, el Grupo de Revisión nombró un grupo de trabajo con el fin de centrarse en estos tres temas en particular:

1- Uso de múltiples ISBDs y utilización de múltiples designaciones generales de material ([gmds]).

2- El orden en el que deberían tratarse los elementos en los casos de formatos múltiples, y

3- El número de registros bibliográficos a crear en el caso de múltiples versiones.

---

[22] IFLA-CDNAL Alliance for Bibliographic Standards (Alianza para las Normas Bibliográficas IFLA-CDNAL)

El grupo de trabajo propuso una serie de adiciones o cambios a la ISBD (M), que se pusieron a disposición en IFLANET el año pasado para su revisión internacional.

Estos son, brevemente, algunos de los aspectos más destacados de esta revisión. En general, hubo acuerdo con la propuesta de reunir las diferentes ISBDs en una publicación "que contenga las características para la descripción en los casos en que se deba aplicar más de una ISBD". También hubo acuerdo general en restringir la repetición de la designación general de material (gmd) al caso en que una sola manifestación tenga características de más de un formato, y que esta distinción específica sea articulada firme y claramente en el texto de las ISBD. Y, en tercer lugar, hubo consenso absoluto en cuanto a realizar un registro independiente para cada versión (esto es, múltiples registros bibliográficos), preferible a un solo registro bibliográfico, en el cual se detalle cada versión.

El Grupo de Revisión reflexionó sobre estos asuntos en su reunión del verano pasado en Berlín y llegó a la conclusión de que las ISBDs deberían requerir a la Agencias Bibliográficas Nacionales y bibliotecas integrantes de redes el crear descripciones bibliográficas independientes para obras publicadas en múltiples formatos. Esta práctica facilitaría el intercambio de registros, que es uno de los objetivos básicos de las ISBDs. Se autoriza que otras bibliotecas opten por hacer un único registro si así lo desean. Esta recomendación, de hecho, recoge otra emanada del Grupo de Trabajo 4 del IME ICC de Frankfurt. (Volveré de nuevo a este tema cuando trate de los nuevos desarrollos sobre la revisión de las ISBD (ER)) El Grupo de Revisión también debatió sobre el uso de múltiples *descripciones generales de material*, decidiendo posponer su decisión sobre el tema hasta que este se identificara y evaluara a nivel más general.

Como resultado de estas deliberaciones, el Grupo de Revisión estableció un Grupo de Estudio sobre la Designación de Material para desarrollar un estudio general del tema y sus problemas, teniendo en cuenta las recomendaciones del Grupo de Trabajo 5 del IME ICC de Frankfurt, que estudió detenidamente el asunto y emitió conclusiones muy útiles. El Grupo de Estudio sobre la Designación de Material también tendrá en cuenta las decisiones más relevantes de la revisión de las RCA. El grupo de estudio se reunirá durante la Conferencia de la IFLA en 2004 con el propósito de emitir un estudio preliminar sobre el tema y sus problemas, junto con los próximos pasos a seguir, bien en la forma de nuevas tareas para el Grupo de Estudio a realizar el siguiente año, o bien en la forma de recomendaciones para que las considere, apruebe e implemente, el Grupo de Revisión de las ISBD.

Centrándonos en otro área de interés, el Grupo de Revisión estableció en 2002 el Grupo de Estudio ISBD de Series. Este esfuerzo reflejaba la preocupación que había por algunas inconsistencias y ambigüedades, que parecían haberse desarrollado respecto a algunas reglas, referentes al registro de información en el Área 6 de Series y a la información relacionada con ello presentada en el Área 7 para Notas. La misión del Grupo de Estudio consiste en exponer cómo se tratan estas áreas en todas las ISBDs y proponer una redacción común para las reglas examinadas. El Grupo de Estudio también tendrá en cuenta los preceptos más relevantes de las RCA2 y Pautas ISSN.

Específicamente, la tarea se estructura en tres fases:

- clarificar el propósito del área 6 y su relación con el área 1 en la ISBD(CR) y con el ISSN: identificación o trascripción;
- verificar la compatibilidad de las fuentes de información recomendadas o prescritas para el área 6 en todas las ISBDs y para el área 1 en la ISBD(CR) y en el ISSN, y

- proponer una redacción común para el área 6 en todas las ISBDs.

Tras la circulación de los documentos a debatir que clarificaban la complejidad de los temas a investigar, el Grupo de Estudio se reunió el pasado año durante la Conferencia de IFLA en Berlín. El Grupo acordó que el Área 6 en todas las ISBDs es principalmente para la trascripción de datos del documento que se está catalogando y en menor medida para la identificación, y que no se debían corregir los errores tipográficos obvios. A comienzos de este año, el Grupo de Revisión de las ISBDs consideró una propuesta de cambio para la ISBD de los Recursos Continuados, sin embargo se plantearon algunas reservas a considerar por el Grupo de Estudio. Entretanto, el Grupo de Estudio también está investigando los problemas relativos a las fuentes de información para el Área 6, teniendo en cuenta la gran variedad de prácticas de publicación en todo el mundo en la presentación de la información bibliográfica relativa a las series y subseries, y la variedad de las distintas prácticas entre las agencias bibliográficas nacionales en el tratamiento de dicha información. Por ejemplo, algunas agencias catalogadoras establecen solo series principales, mientras que otras establecen registros independientes para las series principales y las subseries, dependiendo de que el título de la subserie sea distintivo o de la existencia de numeración.

Otra cuestión es que, al igual que el Joint Steering Committe for Revision of AACR está llevando a cabo una revisión estratégica de la organización y presentación de la Parte I de las RCA, el Grupo de Revisión decidió que también debería considerar la posibilidad de reunir las ISBDs en un único documento. En la Conferencia de IFLA del pasado año en Berlín, el Grupo de Revisión de las ISBDs estableció un Grupo de Estudio sobre la Dirección Futura de las ISBDs, al cargo de las siguientes tareas:

- Estudiar la conveniencia del empleo y la utilidad de una ISBD que reúna las provisiones de la "Familia ISBD" por completo en un único documento, con diferentes capítulos para la información específica de los tipos de materiales especiales;
- Mejorar la consistencia de la terminología y del contenido en las ISBDs;
- Considerar las cuestiones administrativas relativas al incremento de la carga de trabajo del Grupo de Revisión
- Priorizar los proyectos nuevos y en curso para asegurar la realización equilibrada y en tiempo de la agenda del Grupo de Revisión.

Se están llevando a cabo tratos con representantes de Die Deutsche Bibliothek para definir los términos de un proyecto que podría consolidarse en la cración de esta ISBD combinada. Que el documento resultante sustituya a las ISBDs independientes o que sea publicada como adición a estas, es una cuestión todavía no decidida.

Sin duda alguna, la actividad inmediata de mayor urgencia para el Grupo de Revisión de las ISBD es finalizar la revisión de la ISBD para Recursos Electrónicos. A comienzos de mayo, se concluyó la revisión internacional de la versión en borrador puesta a disposición en IFLANET, que obtuvo muchos comentarios procedentes de una gran variedad de fuentes. Este feedback nos mostró claras evidencias de que la evolución de la ISBD(ER) continúa siendo el foco de mayor interés internacional, sin duda debido a la naturaleza compleja y cambiante de los mismos recursos electrónicos. De los comentarios han surgido algunos temas conflictivos que el Grupo de Revisión consideró que no se podían resolver vía correo electrónico, y que por tanto se discutirían durante la Conferencia de IFLA en Buenos Aires.

Aquí se presenta una pequeña lista de las cuestiones más importantes a resolver:

1. ¿Se debe eliminar el Área 3, "Área de tipo y extensión del recurso"? El Grupo de Revisión decidió el año pasado en Berlín que el Área 3 era tan problemática que no debía continuar existiendo, y el Joint Steering Committe for Revision of AACR también decidió su eliminación. Sin embargo algunas respuestas al texto del borrador objetaron esta decisión, por lo que será necesario su confirmación o anulación.

2. La versión de ER propuesta en 2004 también eliminó la lista de materiales específicos a favor de la utilización de terminología convencional en los ejemplos del Área 5. Había algunas objeciones a este cambio, por lo que se necesitará su revisión.

3. En la ISBD(ER) propuesta, se pide a la agencia bibliográfica que considere el "contenido" antes que el "soporte" (por ej. cuando se describe un mapa electrónico, se tenga en cuenta primero la ISBD(CM), y después la ISBD(ER), aunque la revisión propuesta también permite una opción que da prioridad al soporte sobre el contenido. En base a la reacción internacional, ¿se debe omitir la posibilidad de esta opción?

4. Hubo firmes objeciones a ciertas diferencias en el tratamiento de la información bibliográfica entre la ISBD(ER) y la ISBD(CR), específicamente en relación a los acrónimos e iniciales y las formas completas de los nombres de entidades corporativas, mientras que en la ISBD(CR) se pide que se utilice como título propio las iniciales y como información complementaria al título la forma completa del nombre, en las otras ISBDs se requiere el tratamiento contrario. La elección que se presenta al Grupo de Revisión es cambiar la CR para conformarla a la práctica predominante o permitir variaciones entre las ISBDs respecto a esta cuestión.

5. Parece que la revisión propuesta de ER no ha logrado resultados en resolver la cuestión de formular una apropiada Designación General de Material (DGM) en los casos de descripción bibliográfica de materiales de más de un tipo, como los mapas electrónicos publicados seriadamente. El Grupo de Revisión necesitará trabajar más en este aspecto o puede decidir posponer su resolución hasta que el Grupo de Estudio de Designación de Material mencionado antes nos de sus recomendaciones sobre este asunto.

A un nivel más general, hubo comentarios que sugerían que las ISBDs en su conjunto debían permitir menos abreviaturas y que se podría considerar el eliminar la puntuación. Estas sugerencias se han remitido al Grupo de Estudio de Dirección Futura.

A pesar de las cuestiones particulares ya mencionadas, en la revisión mundial se consiguió un gran consenso con las propuestas de revisión y, en conjunto, la reacción fue bastante positiva. Especialmente un punto consiguió bastante apoyo: una recomendación política al efecto de que cualquier diferencia en el medio o soporte (por ej. digitalización de un texto impreso) debería tener como resultado la creación de un nuevo registro para el recurso, mientras que las versiones en formatos diferentes del mismo recurso (como copias pdf, html del mismo recurso) se deberían dar en un único registro para el recurso.

El pasado año, como base para la primera de estas reuniones de expertos sobre un código de catalogación internacional, se llevó a cabo un informe que comparaba los diferentes códigos de catalogación nacionales y multinacionales existentes. Los resultados demostraron de manera concluyente que las ISBDs se usan de forma generalizada como base de la descripción bibliográfica y normalmente con poca modificación[23]. El Grupo de Revisión esta dispuesto a trabajar con los autores de estos códigos de catalogación nacional en el momento en que existan asuntos que podamos tratar por medio de la mejora de las ISBDs. En particular, hemos establecido una eficaz relación de trabajo con el Joint Steering Committee for Revision of AACR sobre temas de interés mutuo. Esta colaboración, así como todo el trabajo invertido en el desarrollo y mantenimiento de las ISBDs y toda energía que actualmente se dedica a los proyectos en curso o a la planificación, han dependido en su mayor parte de los esfuerzos de expertos individuales. Me gustaría terminar estos comentarios expresando mi agradecimiento a estos dedicados profesionales por sus muchas contribuciones al avance del programa ISBD, que incluso hoy continúa representando uno de los primeros logros en el área de la catalogación.

---

[23] http://www.ddb.de/news/pdf/code_comp_2003_europe_2.pdf

EL "INFORME FINAL DE FRBR": MALDICIÓN ETERNA A QUIEN… ¿NO LEA ESAS PÁGINAS?

Patrick Le Bœuf
Traducción de Elena Escolano Rodríguez

Introducción

Ya han oído hablar de los Principios de París y de las ISBDs; ahora me gustaría presentarles el modelo FRBR: contarles lo que es y lo que no es; lo que hace y no hace; y cómo se relaciona con nuestros principales temas de la presente Reunión.

Lo que es FRBR

- **un modelo desarrollado por la IFLA**

FRBR es el resultado del estudio sobre los *requisitos funcionales para los registros bibliográficos* llevado a cabo por un grupo de expertos y consultores entre 1992 y 1997, como consecuencia de una de las 9 resoluciones adoptadas en el Seminario sobre Registros Bibliográficos de 1990 en Estocolmo. Este estudio fue aprobado por el Comité Permanente de la Sección sobre Catalogación de la IFLA el 5 de septiembre de 1997. Su objetivo principal "era producir una *estructura* que permitiera comprender claramente, establecida con precisión y de *forma inteligible por todos*, la esencia misma de la información que el registro bibliográfico aspira a darnos, y qué es lo que esperamos que el registro consiga en cuanto a *responder a las necesidades del usuario*"

- **un modelo E-R**

FRBR es un modelo de entidad-relación. Define un número de clases generales de cosas ("entidades") consideradas relevantes en el contexto específico del catálogo de biblioteca, toda una serie de características ("atributos") que pertenecen a cada una de estas clases generales, y las relaciones que pueden existir entre ejemplos de estas diversas clases.

El verdadero núcleo de FRBR consiste en un grupo de 4 entidades pertenecientes a los documentos mismos (las "cosas" que se están catalogando), desde el soporte al contenido. Estas 4 entidades resaltan los 4 significados distintos que una única palabra como "libro" puede tener en un discurso común:

- cuando decimos "libro", quizás, lo que tenemos en mente es un objeto específico, meramente físico que consiste en papel y una encuadernación (y que ocasionalmente puede servir de cuña a la pata de una mesa); FRBR llama a esto "Ítem";

- cuando decimos "libro", también podríamos pensar igualmente en "publicación", como cuando vamos a nuestra librería y preguntamos por una publicación identificada por un ISBN: la copia particular no nos importa, dado que pertenece a la clase general de copias que nosotros queremos y no faltan páginas; FRBR llama a esto: "Manifestación";

- cuando decimos "libro", como en "¿Quién escribió ese libro?", podemos tener en mente un texto específico, el *contenido* intelectual de una publicación; FRBR le llama: "Expresión";

- cuando decimos "libro", podemos tener en mente un nivel mayor de abstracción, el contenido conceptual que subyace a todas sus versiones lingüísticas, tanto la original como una traducción; la "cosa" que un autor puede reconocer como de su propiedad, incluso si se trata de una traducción japonesa y aunque el/ella no pueda hablar japonés y por tanto no pueda ser considerado responsable del texto japonés; FRBR llama a esto: "Obra".

En atención a la simplicidad, utilizo aquí la palabra "libro" como término paradigmático, pero FRBR se diseñó para modelar cualquier tipo de material encontrado en las bibliotecas: música, mapas, grabados, recursos electrónicos...

Un segundo grupo comprende las dos categorías de actores que pueden estar involucrados en la producción de un documento: Personas y Entidades Corporativas.

Un tercer grupo de entidades, que reflejan la materia sobre la que puede tratar una obra, comprende todas las anteriores, más otras 4 entidades que solamente pueden servir para expresar la materia de una obra: Concepto, Objeto, Suceso y Lugar.

- **un modelo de referencia**

FRBR es un modelo de referencia. Las mismas palabras del Informe Final de FRBR que ya he citado lo ponen claro: no es más que un *marco conceptual para un entendimiento común y compartido*. Nos permite tener en mente la misma estructura y referirnos a los mismos conceptos bajo los mismos nombres. Nos permite comparar la información que puede que no esté estructurada de la misma manera.

Lo que FRBR no es

- **un modelo de datos**

¿Se puede etiquetar FRBR como "modelo de datos"? Parece que los atributos que define para cada entidad son, en muchos casos, demasiado genéricos para permitir una implementación del modelo tal cual se presenta, sin tener que pulirlo. Por ejemplo, los *Títulos* pueden tener diferentes naturalezas; FRBR define un atributo Título para cada una de las 3 entidades Obra, Expresión y Manifestación, pero esta categorización de la "noción de título" no es suficiente para cubrir la tipología de los títulos que nosotros realmente necesitamos y actualmente utilizamos: se debería añadir esta tipología a cada nivel, y hasta podría afinarse un poco más.

- **una ISBD**

¿Se puede etiquetar FRBR como "un nuevo tipo de ISBD"? No, a grosso modo por las mismas razones: FRBR no dice *cómo* estructurar los elementos de datos ni *cómo* presentarlos, FRBR proporciona un marco intelectual para tipificar los elementos de datos y mostrar cómo se interrelacionan entre los distintos registros.

En realidad, FRBR es más amplio en sus objetivos y alcanza un mayor nivel en la abstracción analítica que las ISBDs; esta es la razón por la que he sostenido el año pasado que la terminología FRBR no se debía incorporar tal cual se presenta a las ISBDs, ni a los códigos de catalogación.

- **un modelo "event-aware"**[24]

Contrariamente a otros modelos comparables existentes en el campo de la información cultural, tales como CRM de ICOM/CIDOC, o ABC del Proyecto Harmony, FRBR *no* se afana por dar cuenta *explícitamente* de aspectos temporales, como cambios a lo largo del tiempo. El modelo CRM modela los *acontecimientos* que ocurren a lo largo de la vida de un documento, ABC modela los *estados* que tienen lugar entre dos cambios: estas son dos perspectivas diferentes pero ambas tienen por resultado descripciones dinámicas que dan cuenta de los hechos intuitivos que todos nosotros podemos experimentar en la vida real. FRBR no tiene en consideración más que instantáneas descontextualizadas de los objetos que se supone no se van a mover en el tiempo. El proyecto AustLit Gateway – sobre el que hablaré un poco más en detalle después – ha considerado necesario añadir un nivel de Acontecimiento entre las entidades FRBR del Grupo 1 y Grupo 2, esto es, entre los objetos que describimos y los actores que toman parte en la producción de los objetos y su posterior evolución.

Historia y realizaciones

La historia del modelo FRBR desde que fue aprobado por la Sección de Catalogación de la IFLA se puede ver como la historia de esfuerzos de implementación y de un impacto directo en las ISBDs y códigos de catalogación. Además, la historia no ha acabado, y FRBR es todavía objeto de actuales iniciativas.

- **implementación**

¿Qué significa la frase "implementación FRBR"? Hace unos minutos dije que FRBR *no* era un modelo de datos, por tanto ¿cómo podría implementarse? A lo mejor, diseñando un modelo de datos intermedio, basado en él; a lo peor *confundiéndolo* con un modelo de datos; en cualquier caso haciendo las correspondencias ya sea de un formato existente a FRBR, o de FRBR a un formato nuevo.

AustLit Gateway

AustLit Gateway fue la primera base de datos en presentar un ejemplo de implementación completa de FRBR. Se trata de un experimento atípico, que se aplica a un corpus literario exclusivo de textos australianos, resultante de la combinación de un grupo de conjuntos de datos diferentes y heterogéneos, de los que algunos no están basados en las ISBDs. No es un catálogo, sino más bien una base de datos que intenta suministrar la mayor cantidad de información posible a investigadores y estudiantes sobre escritores australianos y obras literarias australianas. Como tal, está centrado en la obra y muestra para cada obra todas sus expresiones y manifestaciones en una única página web, en vez de presentar al usuario listas de diferentes registros bibliográficos, como nosotros hacemos en los actuales catálogos de bibliotecas. El equipo AustLit ha desarrollado su propio modelo de datos, basado en FRBR, pero no solo en FRBR.

Virtua

VTLS Inc. sacó en 2002 la versión 41.0 del sistema bibliotecario Virtua. Por primera vez, un suministrador de sistemas operativos hacía posible que cada biblioteca creara su propio "catálogo FRBR". Los registros MARC existentes pueden "escindirse" en los 4 niveles del

---

[24] Esta parte no será pronunciada durante la Conferencia.

Grupo 1 de entidades FRBR, y cualquier catalogador puede decidir representar familias bibliográficas mejor que aislar documentos, gracias a la estructura FRBR. Virtua permite la coexistencia de "registros planos" y "registros FRBR" en la misma base de datos. El esquema seguido cuando se "dividen" los registros está basado en el sistema de correspondencia de MARC21 a FRBR de Tom Delsey. Sin embargo, el paradigma de la catalogación está todavía basado en las ISBDs – el "registro a nivel de Manifestación" no es muy diferente de cualquier registro "tradicional" basado en ISBD – y el formato de catalogación es todavía básicamente el formato MARC, incluso si ese formato MARC esta almacenado dentro del sistema, encapsulado en XML, sin que los catalogadores sean conscientes de ello.

OCLC y RLG

Dos grandes bases de datos bibliográficas como WorldCat de OCLC y el Catálogo Colectivo en la Web de RLG (que es denominado RedLightGreen) están investigando actualmente su potencial para la "FRBRización". Ambos pretenden ahorrarle al usuario abrumadoras listas de "registros de manifestaciones" como los que los actuales códigos de catalogación nos obligan a crear.

Sin embargo, el equipo de investigación de la OCLC ha llegado a la conclusión de que el nivel de Expresión se refleja escasamente en los registros bibliográficos existentes, y por el momento, hasta que su investigación no se centre en los documentos musicales, solamente se retiene el atributo "lengua" como diferenciador entre distintas expresiones de la misma obra. Glenn Patton me escribió que esta situación iba a cambiar cuando se tengan en cuenta los documentos musicales.

El prototipo "FictionFinder" de OCLC ya esta disponible en la URL <http://fictionfinder.oclc.org>. Ese prototipo muestra cómo los 177 registros bibliográficos para *Cien años de soledad* de Gabriel García Márquez pueden presentarse al usuario cómo un único registro de obra, bajo el que se agrupan todas las versiones lingüísticas de esa obra, y todas las manifestaciones de cada versión. Esa visualización se hizo trasformando registros MARC "tradicionales". ¿Sería, quizás, mas fácil, seguro y barato tener un código de catalogación que permitiera describir las obras e identificar con mayor precisión sus expresiones?

RedLightGreen de RLG, que se puede consultar en la URL <http://www.redlightgreen.com>, propone una reducción de "los cuatro niveles FRBR en solo dos, mostrando una obra y las diferentes manifestaciones de esa obra". Por ejemplo, podemos ver en RedLightGreen que *Rayuela* de Julio Cortázar "tuvo 72 ediciones entre 1963 y 2001 en cuatro lenguas".

Esos sistemas – el prototipo "FictionFinder" y el OPAC "RedLightGreen" – son impresionantes; sin embargo, no siempre funcionan muy bien, y sus creadores encontraron muchos problemas desarrollandolos: disfunciones y problemas que, a menudo, son debidos a algunas faltas en las mismas reglas de catalogación. ¿Cómo podríamos ayudar a los creadores de tales sistemas? ¿Y a través de ellos, cómo podríamos ayudar a los usuarios de nuestros catálogos?

El software "FRBR Display Tool" de la Library of Congress

La Library of Congress desarrolló un software, llamado "FRBR Display Tool", que permite dar al usuario una visualización jerárquica de una lista de registros bibliográficos probablemente obtenidos por una búsqueda en un catálogo. Los tres niveles superiores del modelo FRBR – Obra, Expresión y Manifestación – sirven para organizar tales listas jerárquicas.

- **impacto en la revisión de las reglas de catalogación**

revisión de las ISBDs

El proceso de revisión de las ISBDs sobre la base de FRBR ya ha comenzado. Primeramente se centró en los capítulos 6 y 7 del *Informe Final FRBR*, convirtiendo en opcionales todos los elementos de información que tenían un valor de relevancia bajo para las cuatro tareas del usuario definidas en el modelo: encontrar, identificar, seleccionar y obtener. Los elementos que están etiquetados como *opcionales*, por supuesto, no están *prohibidos*. Una Agencia Bibliográfica Nacional dada puede elegir el mantenerlos en los registros bibliográficos nacionales básicos, y el tener reflejada esta elección en su código de catalogación nacional, mientras que otra puede elegir considerar cualquier cosa que sea opcional como descartada definitivamente. Por tanto, las ISBDs revisadas tienen el potencial para hacer cada vez más distantes entre sí los códigos de catalogación nacionales a lo largo del tiempo.

revisión de las RCA

Se ha decidido incorporar la terminología FRBR en las RCA. Ha habido largos y acalorados debates para determinar si lo que las RCA denominan "ítem que se está describiendo" era perfectamente equivalente o no a lo que FRBR llama "manifestación", y si un reemplazo sistemático de una palabra por otra, "ítem" por "manifestación" donde apareciese el término "ítem" en las RCA, mejoraría la lógica general del código. El Joint Steering Committee está investigando los títulos uniformes a nivel de obra y a nivel de expresión y el uso de los conceptos FRBR para clarificar qué debería ser la Designación General de Material.

revisión RICA

Las reglas de catalogación nacional de Italia, RICA, están en proceso de revisión desde 1997, y para este propósito se adoptó FRBR como marco general. La Comisión Permanente para la revisión de RICA propone, entre otras cosas, una estructura para títulos uniformes de expresiones, que podría aparecer como:

[Título de la obra] [tipo de versión] [lengua] [responsable de la versión] [fecha]

Esta sugerencia podría servir de base para posteriores discusiones.

- **iniciativas en curso**

FRANAR

En realidad, la fabulosa aventura de FRBR no ha acabado todavía. FRBR sólo cubría el contenido de los registros *bibliográficos* (en contraposición a los registros de autoridad), y los puntos de acceso a los registros bibliográficos (incluso esos puntos de acceso "legados" de los registros de autoridad). Por tanto, podría considerarse que el modelo no cubre el "universo bibliográfico" completo. Faltaba la parte correspondiente a los registros de autoridad. Esta es la razón por la que se creó en 1999 el Grupo de Trabajo FRANAR bajo los auspicios de la División de Control Bibliográfico de la IFLA y el Programa MARC

Internacional y Control Bibliográfico Universal (el último UBCIM). Tom Delsey ha tenido un papel fundamental en el diseño del modelo FRANAR, así como también lo ha tenido en diseñar el modelo FRBR. Las "Personas" y "Entidades Corporativas" que solo se representaban como encabezamientos en FRBR, ahora están completamente modeladas.

Grupo de Revisión de FRBR

La Sección de Catalogación de IFLA constituyó en 2002 un Grupo de Trabajo sobre FRBR, que ahora se ha trasformado en el "Grupo de Revisión de FRBR". Este Grupo de Revisión, a su vez, constituyó cinco Grupos de Trabajo dedicados a algunos puntos particulares: modelización de los recursos continuados, harmonización con el modelo CIDOC CRM (a decir verdad, estos dos primeros grupos son hasta ahora los únicos que realmente han empezado trabajar), clarificación de la entidad Expresión, métodos y contenidos de la enseñanza del modelo FRBR a profesionales y estudiantes, y modelización de los encabezamientos de materia.

El Grupo de Revisión tiene su propio sitio web, hospedado por IFLANET (<http://www.ifla.org/VII/s13/wgfrbr/wgfrbr.htm>). Cualquiera que esté interesado en discusiones sobre FRBR es bien recibido en la lista de distribución <frbr@infoserv.inist.fr>, que fue creada, pero no restringida, para los miembros del grupo.

¿Problemas que FRBR deja sin solucionar?[25]

A pesar del éxito – o al menos, un cierto indicio de interés – uno se pregunta si FRBR nos permite enfrentarnos a todos los retos que nuestros catálogos nos presentan. Tomaré simplemente dos ejemplos.

- **¿Cada contenido es una "obraexpresión"?**

No estoy absolutamente seguro de que FRBR sea suficiente para resolver la cuestión, a menudo debatida, de la relación entre "soporte" y "contenido". En FRBR la obra se define – y se entiende generalmente – como una creación determinada de la mente. Es indudable que como tal, cualquier Obra puede ser un contenido, o formar parte de un contenido. Pero ¿también es verdad lo contrario? ¿Es cada "contenido" una "Obra"? – o para decirlo con más exactitud y pragmatismo, ¿es todo contenido la combinación de *una* Obra y una de todas sus posibles Expresiones, una "Obraexpresión" (si se me permite inventar esta inquietante palabra en una lengua de la que no soy nativo)?

Yo diría que existe un nivel intermedio entre la "Obraexpresión" y la Manifestación, y que este nivel intermedio podría llamarse "Contenido Editorial" o "Contenido Paquete". El modelo FRANAR, tal como fue concebido por Tom Delsey, reconoce una distinción ontológica entre "Contenido" de una parte y "Obra" y "Expresión" de otra, siendo la Obra y la Expresión "reconocidas como" Contenido. Lo que quiero decir con "Contenido Paquete" describiría el contenido total de una Manifestación, el nivel más bajo de abstracción inmediatamente por encima de todo Ejemplar físico que pertenece a una Manifestación. La combinación *Hamlet + Macbeth* tiene todas las características de una obra, sin ser considerada intelectualmente como una obra. Esta es la razón por la que la norma ISTC hace posible asignar o no un ISTC a *Hamlet + Macbeth*, de acuerdo a las necesidades de uno (principio de "granularidad funcional").

---

[25] Este capítulo entero no será pronunciado durante la Conferencia.

La noción "Contenido Paquete" podría ayudar a clarificar la "cuestión de los prefacios" (y la "cuestión de las ilustraciones", etc.). No está claro cuál debería ser el estatus de los prefacios en el *Informe Final* FRBR. Desde un punto de vista intelectual, se puede argumentar que un prefacio sea una obra en sí, pero en FRBR parece que un prefacio sólo forma parte de una expresión dada de la obra a la que introduce. Sería más exacto decir que la reunión de la expresión de la obra principal y la expresión del prefacio constituyen un "Contenido Paquete" – es decir, ni una nueva obra ni una expresión de la obra principal, sino una entidad abstracta relacionada que a su vez podría estar disponible como un todo en diversas versiones lingüísticas.

Cuando creamos un único registro bibliográfico con varios ISBNs calificados debido a que una publicación "está publicada en más de un formato físico", como las ISBDs y reglas de catalogación nos permiten hacer opcionalmente, el registro bibliográfico resultante generalmente refleja un ejemplo de "Contenido paquete" y *varios* ejemplos de "Manifestación" FRBR a la vez.

- **¿Cuál es el estatus de los recursos digitales/digitalizados?**

El *Informe Final* FRBR da cuenta de los recursos electrónicos "nativos", disponibles como tales incluso antes de que entren en la biblioteca y/o su catálogo, pero no aborda explícitamente el tema de los fondos digitalizados. Existen diferentes prácticas en varias instituciones: sólo por dar dos ejemplos, la Library of Congress crea registros bibliográficos independientes para la publicación original, una microforma, y una digitalización de la publicación original (considerando implícitamente ambas, la microforma y la digitalización, como *manifestaciones* distintas), mientras que la Bibliothèque nationale de France crea sólo un registro bibliográfico para la publicación original y considera la copia del original, la microforma y la digitalización, como fondos que ejemplifican esa misma publicación original (consideran implícitamente la microforma y la digitalización como ejemplos de la entidad *ejemplar*).

Hasta donde yo conozco, no existe una normativa aceptada internacionalmente que respalde cada punto de vista, y FRBR mismo no dice *explícitamente* nada sobre cualquiera de los dos enfoques, aunque pueda ser inferido del texto FRBR que cada microforma o digitalización constituye, en cualquier caso, una nueva Manifestación.

Esta falta de una afirmación clara ha probado ser un problema para otros modelos derivados de FRBR y que se mantienen más o menos fieles al modelo original de la IFLA. Vamos simplemente a comparar tres de ellos: el modelo de datos Variation2 elaborado por la Universidad de Indiana (Bloomington) para las bibliotecas digitales especializadas en música; el modelo SMART (Sinica Metadata Architecture and Research Task) desarrollado por la Academia Sinica de Taiwan en Taipei; y el Modelo de Referencia para Objetos de la Biblioteca Digital de Stephen L. Abrams, actualmente en proceso de desarrollo en la Universidad de Harvard (Cambridge, MA).

En el Modelo de Datos Variation2, un objeto digitalizado en una biblioteca digital no es más que un ejemplar de la manifestación a la que pertenece el objeto original (como una microforma en la Bibliothèque nationale de France).

En el modelo SMART, un objeto digitalizado es una nueva manifestación de la obra y expresión contenidas en la manifestación original (como una microforma en la Library of Congress).

En el modelo de referencia de la Universidad de Harvard, un documento maestro del archivo digital es una nueva expresión de una obra gráfica, y tiene una relación tipo "sustituto de" con la expresión original (etiquetada: "analógico").

Por tanto, yo diría que si bien FRBR dan buena cuenta de los recursos electrónicos "nativos", sin embargo no es apropiado para bibliotecas digitales, *ni incluso para las partes digitalizadas de las colecciones en nuestras bibliotecas "tradicionales", cuando los fondos originales coexisten con sus sustitutos digitalizados.*

Si consideramos los objetos digitalizados como expresiones, como en el modelo de la Universidad de Harvard, nuestras recomendaciones para los títulos uniformes a nivel de expresión debería tenerlos en cuenta; si los consideramos como manifestaciones, como en el modelo SMART, nuestras recomendaciones para las citas de manifestaciones deberían tenerlos en cuenta; y si los consideramos como ejemplares, como en el modelo Variation2, debería estar explícito (y justificado) en la documentación FRBR. En cualquier caso, nuestra elección también tiene un impacto en la cuestión de la Designación General de Material.]

FRBR y los 5 "Temas Principales" de la Reunión (que resultan ser 6...)

Mañana, se os invitará a trabajar en los 5 "Temas Principales" que han sido definidos previamente a la Reunión. De hecho, hay 6, ya que el tema de la DGM y el tema de títulos uniformes se han reunido bajo un Tema Principal. Estos 6 temas pueden a grosso modo clasificarse bajo 3 epígrafes generales: "Cuestión de denominación", "Cuestión de clasificación" y "Multiparte frente Continuado". Echémosle una rápida ojeada a cada uno de ellos a la luz de FRBR.

- **"Cuestión de denominación"**

FRBR y los nombres de persona

Los atributos definidos por FRBR para la entidad Persona distinguen entre el "nombre" de una persona, y las "fechas", "título" y "otra designación" de la persona; realmente todos estos elementos son los que constituyen el encabezamiento para una persona en un registro bibliográfico, y seguramente hubiera sido suficiente, para los propósitos de FRBR, definir un único atributo: "encabezamiento". El modelo FRANAR posteriormente hubiera podido perfeccionar el atributo "encabezamiento" en sus componentes. El modelo FRANAR también resuelve algunos problemas no contemplados por FRBR (debido a que estaban fuera de los objetivos, no por deficiencia): ¿una ocurrencia de entidad Persona se supone que es una persona real en el mundo real o "algo" más, y qué? Quiero decir: ¿Puede una persona real estar representada por dos ocurrencias de entidad Persona a la vez?; y a la inversa ¿pueden dos personas reales estar representadas en el universo del catálogo por una sola y única ocurrencia de entidad Persona? El modelo FRANAR, contando con las RCA2, define la noción de *identidad bibliográfica*: la entidad Persona no refleja una persona real en el mundo real. Una persona real puede tener varias identidades bibliográficas (como en el caso de los seudónimos), y se pueden encontrar varias personas distintas juntas en una única identidad bibliográfica (como en el caso de las familias o de los seudónimos colectivos, y también como en el caso de los nombres no diferenciados).

En la mayoría de los casos nos esforzamos por "controlar" las identidades bibliográficas, esto es: nos esforzamos por conocer bien cuándo las distintas identidades bibliográficas corresponden a una persona del mundo real (en cuyo caso nos gustaría ver relaciones entre las identidades bibliográficas), y cuándo una identidad bibliográfica corresponde a distintas personas. *Se pueden* controlar Familias y seudónimos colectivos; los nombres de personas no diferenciados se agrupan y no se distinguen unos de otros. Por tanto, la cuestión es: ¿Hasta qué punto es tolerable la falta de control? ¿Se puede tolerar en absoluto? ¿Tiene un impacto sustancial en la facilidad de utilización de nuestros catálogos por los usuarios? ¿Se quejarán por ello?

FRBR y los nombres de entidades corporativas

Se trata en gran parte del mismo problema. Los atributos FRBR para la entidad Entidad Corporativa realmente se podrían reemplazar, para los propósitos específicos de FRBR, con sólo un atributo, el "encabezamiento"; es papel de FRANAR el definir qué constituye un encabezamiento para las entidades corporativas. Aquí otra vez la entidad Entidad Corporativa no se corresponde a la entidad corporativa del mundo real, sino más bien a la noción de "identidad bibliográfica" según la definen FRANAR y las RCA2. ¿Cada cambio de nombre refleja una transformación de la entidad corporativa en otra nueva? ¿Cada cambio del nombre debería tener como resultado la definición de una nueva identidad bibliográfica, o se deberían registrar todos los cambios de nombres como referencias cruzadas para la misma identidad bibliográfica? ¿Qué sucede con las fusiones y escisiones?

FRBR y los nombres de contenidos (vulgarmente llamados "títulos")

El atributo título se define en FRBR a tres niveles: Obra, Expresión, y Manifestación.

En realidad, algunos atributos definidos para la entidad Obra no existen más que incluidos en los títulos uniformes de obras y no tienen otro interés para el registro bibliográfico; otra vez más, dentro del contexto de FRBR, pienso que habría sido preferible definir solo un atributo "encabezamiento" y dejar los posteriores análisis a FRANAR.

Pienso que es argumentable y razonable decir que el título de una Expresión realmente consiste en el título de la Obra que realiza la Expresión, más toda clase de combinación de elementos adicionales tomados de entre todos los atributos definidos para la entidad Expresión. Los atributos "forma", "fecha", "lengua", "otras características distintivas", "tipo de partitura musical" y "medio de interpretación" son los más adecuados para utilizarse con este propósito. Como ya he indicado más arriba, la Comisión Permanente para revisión de las RICA ha hecho interesantes propuestas dirigidas hacia una estructura normalizada de títulos uniformes para expresiones. Aunque el Proyecto XOBIS no está basado en FRBR, propone títulos uniformes estructurados para un nivel de información que puede ser considerado, a grandes rasgos, equivalente a las Expresiones FRBR, como: "La Dame de Pique (Ópera: Tchaikovsky: 1890) (Partitura para piano: años 1910)"; "La Dame de Pique (Ópera: Tchaikovsky: 1890) (Interpretación: 1906: La Scala: italiano)".[26]

La cuestión es: ¿Qué elementos, y en qué orden, son estrictamente indispensables para citar/hacer referencia a una expresión específica, ya sea en el papel de encabezamiento de título o en el papel de encabezamiento de materia?

---

[26] Aquí tengo que confesar que no sé por que razón los creadores de XOBIS han elegido la forma francesa del título de esa ópera rusa.

- **"Cuestiones de clasificación"**

FRBR y las categorías de contenidos/soportes (alias DGMs)

Las DGMs no se mencionan en el *Informe Final de FRBR*. Quizás a FRBR le falta un atributo "tipo" para cada una de las tres entidades antes mencionadas: Obra, Expresión, Manifestación. Quizás lo que tenemos en mente mientras hablamos sobre DGMs sería una combinación de estos 3 niveles de "tipo", como por ejemplo (estas no son más que sugerencias, soy consciente de que estos ejemplos no son enteramente coherentes):

obra textual – expresada en forma sonora – en soporte físico

obra textual – expresada como palabra escrita – en manuscrito

obra textual – expresada como palabra escrita – en microforma

obra musical – expresada en forma de notación – en material impreso

obra musical – expresada en forma sonora – en recurso electrónico en línea

En algunos casos podría omitirse el nivel de expresión:

obra cartográfica – en recurso electrónico en línea

película – en soporte físico

obra multimedia – en soporte(s) físico(s)

El problema es que nos gustaría que las DGMs fueran tan concisas como fuese posible. Todas estas DGMs sugeridas son demasiado largas.

- **Continuado frente a Multiparte**

FRBR y los recursos continuados

¿Qué es un recurso continuado? Aunque FRBR no lo dice explícitamente, parece que en el modelo se considera a los recursos continuados como obras. La única diferencia entre una publicación periódica y una monografía multi-volumen es que se supone que la publicación periódica continuará indefinidamente, aún si sucede que no continúa después del 1º volumen, e incluso si ninguna actividad humana puede en realidad durar indefinidamente, mientras que una monografía se supone que concluirá un día, incluso si se dan varios años entre los volúmenes. Esta es la razón por la que FRBR define un atributo "terminación prevista" para la entidad Obra, incluso aunque la correspondencia con la práctica bibliotecaria actual, en el Apéndice A del *Informe Final de FRBR*, establece que este elemento "no se define" en las ISBDs ni en el formato UNIMARC: realmente esto pertenece a la naturaleza misma de la distinción entre "recurso continuado" y "monografía".

Una vez más, el problema en la catalogación reside en la correlación de las denominaciones y la naturaleza intrínseca de las entidades que portan esas denominaciones. ¿Cada cambio de título indica siempre una transformación fundamental de un recurso continuado en otro recurso continuado? ¿Por qué el nombre del responsable de un recurso continuado se integra en el título clave como un calificador, mientras que para otro tipo de obras creamos encabezamientos de autor-título? ¿Por qué no tratamos los títulos clave en los registros de autoridad mejor que en los registros bibliográficos? ¿Por qué creamos los registros bibliográficos para los recursos continuados, y los registros de autoridad para las marcas comerciales, que están tan cerca conceptualmente de los recursos continuados? ¿Está totalmente justificado el crear registros bibliográficos para publicaciones periódicas?

FRBR y estructuras multiparte

Las publicaciones periódicas y las monografías multi-volumen se caracterizan por una unidad conceptual a pesar y por encima de la fragmentación física/temporal; se podría clasificar de recursos "patchwork" a esos recursos que se caracterizan por una multiplicidad conceptual a pesar de, y dentro de, la unidad física/temporal.

¿Hasta que nivel de detalle hay que analizar el contenido de un "recurso patchwork"? Por ejemplo, un título propio, encontrado en la portada, como "Cuatro cuentos fantásticos", refleja un Contenido; mientras que los títulos individuales: "¡Escritor! ¡Escritor!" de Isaac Asimov, "El convenio" de Cleve Cartmill, "La bruja Séleen" de Theodore Sturgeon y "El infierno es eterno" de Alfred Bester reflejan Obras. Sin embargo, a nivel de la publicación misma, este Contenido textual, *visto como un todo,* es caracterizado como "recopilación e introducción de D. R. Bensen": ¿se debería, entonces, considerar "Cuatro cuentos fantásticos" como una obra de D. R. Bensen? Intelectualmente es una posibilidad; pero cualquiera que pueda ser nuestra respuesta como bibliotecarios a esta cuestión, existen varias vías diferentes de tratar estas mismas cuatro novelitas, que nosotros consideramos indudablemente obras:

- simplemente ignorarlas, ya que son más de tres;
- mencionarlas en una "información complementaria del título";
- mencionarlas en una nota de contenido. Así es como se ha catalogado en la Biblioteca Nacional de Argentina; pero los cuatro autores y sus obras individuales no fueron indizados;
- asignarles puntos de acceso controlados y estructurados
- ya sea por medio de entradas secundarias de autor/ título,
- a través de registros analíticos (si tenemos la suerte de tener el sistema informático y el formato que nos permita hacerlo).

La cuestión es: ¿Qué es crucial para nuestros usuarios, darles acceso al Contenido en su totalidad, como generalmente hacemos, o darles acceso a un Contenido en su totalidad y a obras (y sus expresiones) individuales, como a menudo omitimos hacer, principalmente a causa de la económica "regla de tres"?

Conclusión

Me gustaría expresar tres sentimientos:

Mi profunda convicción: las ISBDs *tal como las conocemos* están destinadas a desaparecer. No de una vez, por supuesto, y no hoy; pero en algún momento en el futuro. ¿Por qué serán reemplazadas?

Mi punto de vista pragmático (y pesimista): es que podríamos mantenerlo todo sin cambiar sin muchas consecuencias. Podríamos continuar catalogando de acuerdo a las normas ISBDs, RCA2, RICA, RAK, AFNOR, etc., por siglos y siglos sin revisarlas: a nadie le importa, ni el usuario final protestaría.

Mi esperanza práctica: está en algún lugar entre medias... ¿Quizás en un Código de Catalogación Internacional?

UN ARCHIVO DE AUTORIDADES INTERNACIONAL VIRTUAL

Presentación de
Barbara B. Tillett, Ph.D.

Para la IME ICC2, Buenos Aires, Argentina

17 Agosto 2004

Traducción de Ageo García Barbabosa

Diapositiva 1

Véase además:

"Authority Control on the Web," Barbara B. Tillett. En: *Proceedings of the Bicentennial Conference on Bibliographic Control for the New Millennium : Confronting the Challenges of Networked Resources and the Web, Washington, D.C., November 15-17, 2000.* Patrocinado por la Library of Congress Cataloging Directorate. Editado por Ann M. Sandberg-Fox. Washington, D.C.: Library of Congress, Cataloging Distribution Service, 2001, p. 207-220. http://www.lcweb.loc.gov/catdir/bibcontr/tillett.html

A menudo se ha observado que es caótico encontrar información en la Web actual. Se necesita ayuda y ¡nosotros podemos aportarla!

Introducir un elemento de control de autoridades al entorno Web ayudaría a conseguir estos objetivos:

-facilitar el compartir la carga de trabajo para reducir los costos de la catalogación... [Véase diapositiva 2]

Objetivos

- Facilitar el compartir el trabajo para reducir los costos de la catalogación en bibliotecas, museos, archivos, agencias gestoras de derechos, etc.
- Simplificar a nivel internacional la creación y mantenimiento de registros de autoridad
- Permitir a los usuarios tener acceso a la información en la lengua, escritura y forma que prefieran

Diapositiva 2

Nuestra comunidad se ha ampliado, especialmente en Europa en estos días, donde las bibliotecas, junto con los archivos, museos y agencias gestoras de derechos son percibidas como "instituciones de la memoria".

¿Ocurre esto también en los países de Asia? Esperamos que todas las comunidades puedan compartir los archivos de autoridades entre sí. El compartir la información de autoridades tiene el valor agregado de reducir el coste global del trabajo de autoridades, a la vez que permite accesos controlados y una mayor precisión de búsqueda.

Otros objetivos del control de autoridades son

- simplificar la creación y mantenimiento de registros de autoridad a nivel internacional y
- permitir a los usuarios acceder a la información en la lengua, escritura y forma que prefieran o que sus bibliotecas locales les proporcionan.

Se ha debatido y replanteado durante décadas las ventajas del control de autoridades. Se nos ha hablado de cómo, cuando aplicamos el control de autoridades al entorno Web, esto aporta precisión a la búsqueda; de que la estructura sindética de referencias posibilita la navegación y explica las variaciones e inconsistencias; de cómo las formas controladas de los nombres, títulos y materias ayudan a reunir las obras en las visualizaciones; de cómo se puede realmente establecer un enlace con las formas autorizadas de nombres, títulos y materias utilizados en diferentes herramientas como directorios, biografías, servicios de resumen e indización, y demás. [Véase diapositiva 3]

> **Ventajas del Control de Autoridades**
>
> - "Precisión" en la búsqueda
> - Estructura sindética de referencias como ayuda en la navegación (formas variantes de nombre/título/materia/etc.)
> - Reunión de obras en el despliegue visual
> - Enlaces con formas utilizadas en recursos específicos
> - Inserción de los catálogos de biblioteca como herramientas disponibles en la Web

Diapositiva 3

Podemos utilizar la capacidad de establecer relaciones para introducir a los catálogos de biblioteca en el conjunto de las diferentes herramientas que están disponibles en la Web.

Las formas controladas utilizadas en los puntos de acceso y las presentaciones visuales proporcionan uniformidad para los usuarios.

Todos somos conscientes de la gran pobreza de los OPACs que carecen de referencias cruzadas o de vínculos con los archivos de autoridades y, francamente, sin estas características ¡no son Catálogos!

Existen muchos potenciales tecnológicos que se combinan en este momento y, verdaderamente, estamos a punto de hacer realidad un archivo de autoridades internacional virtual. Podemos utilizar la capacidad de establecer relaciones para introducir a los catálogos de biblioteca en el conjunto de las diferentes herramientas que están disponibles en la Web. [Véase diapositiva 4]

Diapositiva 4

Es virtual debido a que no es realmente un archivo en sí mismo, sino un sistema interrelacionado que conecta Archivos de Autoridades existentes.

También estamos efectuando un cambio histórico en la manera en que vemos el Control Bibliográfico Universal (CBU). Los principios de IFLA para el control de autoridades son paralelos a los del control bibliográfico, esto es: [Véase diapositiva 5]

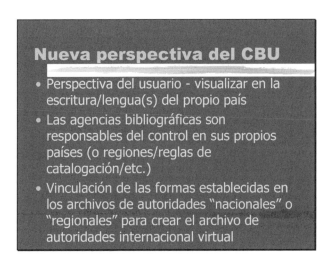

Diapositiva 5

En los años 60 y 70, cuando realmente alcanzó popularidad, la tecnología todavía no había avanzado como para hacer practicable este intercambio a un nivel internacional. Esto, más la falta de fondos para un centro internacional que gestionase tal programa, impidieron que este visionario concepto se convirtiera en realidad. En relación a que se aceptase la misma forma a nivel mundial, los que desarrollaron la idea en el seno de la IFLA en ese momento eran principalmente de Norteamérica y Europa y, aparentemente, no se dieron cuenta de la necesidad de múltiples escrituras.

En los últimos dos años, está surgiendo una nueva visión del Control Bibliográfico Universal por parte de varios grupos de trabajo en el seno de la IFLA. Esta nueva perspectiva refuerza la importancia del control de autoridades, poniendo siempre al usuario en primer término.

Es un enfoque práctico que reconoce que un usuario en China puede no desear ver el asiento de Confucius en alfabeto latino, sino en su propia escritura. Igualmente los usuarios en Japón o Corea querrían ver el encabezamiento en su propia escritura y lengua.

Aún así, podemos beneficiarnos del trabajo de autoridades compartido y de la creación de registros bibliográficos que se puedan reutilizar a nivel mundial, ya que es posible enlazar las formas autorizadas de nombres, títulos e incluso materias procedentes de los archivos de autoridades de las agencias bibliográficas nacionales y de otras agencias regionales, para crear así un archivo de autoridades internacional virtual. Existen varios modelos de la manera en que podría funcionar y necesitamos crear más proyectos pilotos con prototipos de estos modelos para probar en cual de ellos sería mejor concentrarse.

Para ser de mayor utilidad a los usuarios de las bibliotecas de cada país, ¡la escritura debería ser la que ellos puedan leer! ¡Que idea tan novedosa!

La diapositiva que sigue muestra que los nombres que damos a una entidad se pueden expresar en muchas lenguas y escrituras. Por ejemplo, podríamos escribirlo en inglés o alemán con escritura latina, en ruso en escritura cirílica, o en japonés (en cualquiera de estas escrituras) y en muchas otras lenguas y alfabetos.

La transliteración puede servir como medio para que algunos usuarios puedan descifrar los registros, pero la precisión es mucho mejor cuando se utilizan las escrituras originales.

Por el momento deberíamos al menos, suministrar cuando sea apropiado, referencias cruzadas de las formas variantes de los encabezamientos en escrituras diferentes [Véase diapositiva 6]

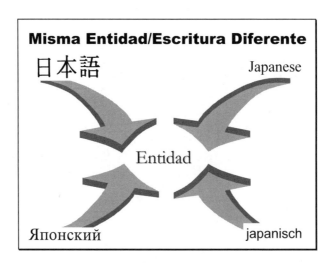

Diapositiva 6

En Estados Unidos, el grupo de la American Library Association responsable de los cambios en el formato MARC 21, conocido como MARBI, ha comenzando a explorar esta posibilidad. Es necesario trabajar más en ello. Con el tiempo deberíamos ser capaces de desplegar un encabezamiento en la escritura y forma que el usuario espera y desea.

Creo que muchos catalogadores en la IFLA se dan cuenta del valor que tiene el mantener registros de autoridad paralelos para la misma entidad. Esto nos permite reflejar las necesidades nacionales y culturales de nuestros usuarios individuales y, al mismo tiempo, nos permite establecer una estructura sindética de referencias cruzadas y formas autorizadas de encabezamientos para utilizarse en nuestros catálogos, con una audiencia específica en mente. También nos permite incluir variantes en una escritura alternativa, al menos por ahora, como referencia cruzada. [Véase diapositiva 7]

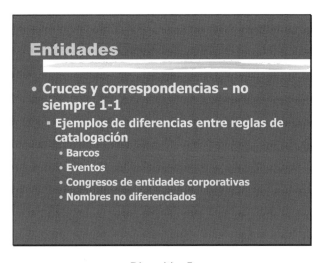

Diapositiva 7

Al analizar detenidamente el establecimiento de relaciones, debemos reconocer que existen variaciones entre lo que las diferentes reglas de catalogación consideran entidades - las decisiones de las RCA2 no son universales, por ejemplo, las reglas alemanas (*Regeln für die alphabetische Katalogisierung*- RAK) no reconocen que los cuadernos de bitácora de un barco puedan aparecer bajo el asiento correspondiente al nombre del barco, por lo que no tendrían registros de autoridad para nombres de barcos. Lo mismo ocurre con los eventos. Para los congresos de las entidades corporativas, las reglas alemanas no crearían un asiento para la entidad que las RCA2 crean como asiento para un congreso subordinado jerárquicamente bajo el nombre de una entidad corporativa.

También existen diferentes prácticas para los nombres no distintivos - hace poco los alemanes cambiaron sus reglas para diferenciar mayormente los nombres - es frecuente que utilicen formas no diferenciadas para nombres de persona que usan sólo iniciales en lugar de su nombre de pila. Todavía no requieren, como lo hacen las Reglas de Catalogación Anglo Americanas, completar un nombre o agregarle calificadores para distinguirlo.

Sin embargo, incluso con las mismas reglas de catalogación, es decir RCA2, cuando conseguimos más información para diferenciar a una persona, podemos crear un nuevo registro de autoridad para diferenciar a esa persona de otras que están agrupadas bajo una forma de nombre no diferenciada. Esto significa también que el registro para nombre personal no diferenciado puede, a lo largo del tiempo, reflejar diferentes entidades.

Algunos sistemas locales nos proporcionan ya mecanismos de ayuda informática para:

> el cotejo automático de encabezamientos contra un archivo de autoridades existente; y, si no se encuentra ningún resultado en dicho archivo, esto podría verse ampliado con la posibilidad de búsqueda en el archivo de autoridades internacional virtual.
>
> También podemos prever la capacidad de visualización de los resultados encontrados en el archivo virtual, para que el catalogador lo edite, o si lo desea, fusione la información dentro del registro de autoridad local, incluyendo la captura de información para futuras relaciones.

Hoy día, algunos sistemas proporcionan recuperaciones específicas en la selección de recursos para búsquedas en línea, que se centran en las materias de interés de una comunidad. Otros sistemas como "my library" o "my opac", van más allá, y atienden las necesidades específicas de cada individuo. En estos sistemas se podrían incorporar las preferencias de autoridades con relación a la escritura y visualización preferidas por el usuario de los vocabularios controlados.

Queremos tener la forma autorizada seleccionada por la biblioteca como la ofrecida por defecto a la mayoría de usuarios, pero también podemos prever el ofrecer preferencias seleccionadas por el usuario por medio de un software cliente, o "cookies" que permitan al usuario especificar cuál es su lengua preferida, escritura, o preferencia cultural - por ejemplo la preferencia ortográfica cuando existen variaciones culturales, como el inglés americano y las preferencias ortográficas en el Reino Unido - labor y labour.

Existen muchas vías en las que esto se puede aplicar, y he sugerido algunas situaciones en documentos anteriores. Vamos a repasar rápidamente dos. [Véase diapositiva 8]

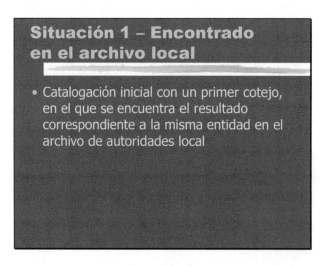

Diapositiva 8

Un catalogador teclea información en un registro bibliográfico y el sistema local comprueba en el archivo de autoridades local. [Diapositiva 9]

Diapositiva 9

El sistema local encontró el registro en el archivo de autoridades local y lo muestra, de esta manera el catalogador puede confirmar que es la misma entidad. [Diapositiva 10]

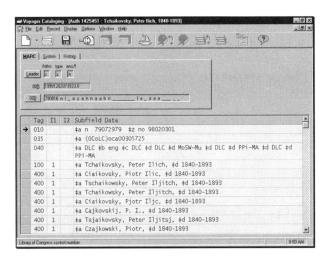

Diapositiva 10

Y una vez que se ha confirmado, nos gustaría entonces, que el sistema actualizase automáticamente el registro bibliográfico con la información autorizada del registro de autoridad encontrado. [Diapositiva 11]

Diapositiva 11

Ahora ¿qué sucede cuando no está en el archivo local? Veamos la segunda situación. [Diapositiva 12]

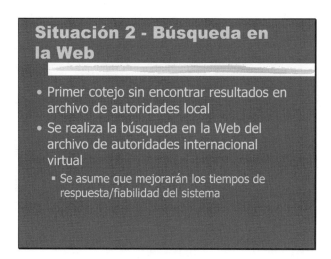

Diapositiva 12

Un catalogador teclea información. El sistema local comprueba en el archivo de autoridades local y no encuentra resultados, entonces informa de ello al catalogador y realiza una búsqueda web en el archivo de autoridades internacional virtual. [Diapositiva 13]

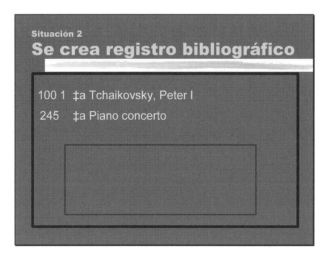

Diapositiva 13

Aparece como resultado un registro creado en la Biblioteca Nacional de Rusia en S. Petersburgo. ¡Lo sorprendente es que realmente busqué este registro utilizando Internet y fue capaz de mostrar los caracteres latinos y cirílicos en mi PC!

Nuestro catalogador echa un vistazo y quizás no quiere toda la información, pero le gustan una o dos referencias y quiere una relación, entonces. [Diapositiva 14]

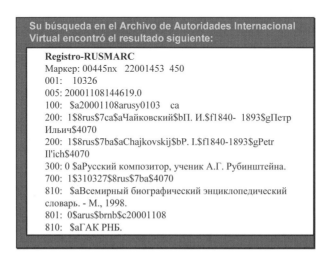

Diapositiva 14

El sistema local le pregunta al catalogador si quiere que el sistema cree un registro de autoridad básico a partir del encontrado y que cree una relación con él y entonces hace clic en el botón "Sí". [Diapositiva 15]

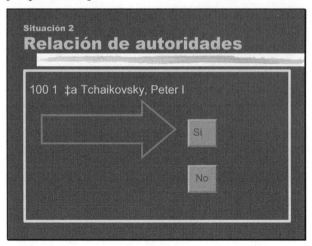

Diapositiva 15

Entonces nuestro sistema local crea automáticamente un registro de autoridad local, capturando la información relacionada del archivo de autoridades virtual - que es el registro procedente de S. Petersburgo, Rusia. El catalogador entonces añade el campo MARC 100, forma autorizada, de acuerdo a las reglas de catalogación usadas localmente, en este caso RCA2. Entonces nuestro catalogador puede añadir otros campos, si es necesario.

El sistema local añade el campo de relación 700 - el formato MARC tiene los campos 7xx en los registros de autoridad en los que podemos poner la forma autorizada relacionada, el número de control del registro y la fuente de información para futuras relaciones. Esta vinculación de archivos de autoridad se establecería, primeramente, entre los archivos de autoridad nacionales (o regionales) de las agencias bibliográficas nacionales - dependiendo del modelo que elijamos. Volveré a ello en un minuto. [Diapositiva 16]

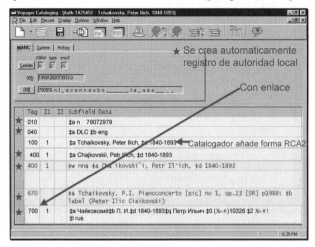

Diapositiva 16

Así, ahora hemos añadido, en el archivo de autoridades internacional virtual, un enlace adicional a la forma autorizada acorde a las RCA2 – fíjense en el número de control del registro de la Library of Congress: (LC) n79072979 - y el registro ruso para la misma entidad siguiendo las reglas de catalogación rusas en escritura cirílica – fíjense en el número de control del registro para la Biblioteca Nacional de Rusia: (RNB)10326. [Diapositiva 17]

Diapositiva 17

Después, nuestro sistema local actualiza nuestro registro bibliográfico local. [Diapositiva 18]

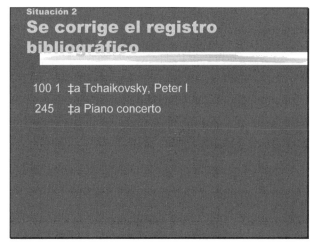

Diapositiva 18

Cuando viene el usuario, el sistema local o las "cookies" en el sistema de usuarios podrían especificar que quieren ver la forma cirílica y podríamos mostrársela. [Diapositiva 19]

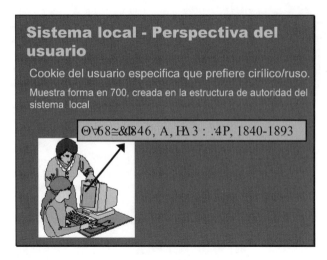

Diapositiva 19

También pueden imaginarse mostrar cualquier escritura o la edición en Braille, o podemos proporcionar respuestas de reconocimiento de voz, basadas en el perfil del usuario o en sus "cookies."

Esto no es el registro VIAF, sino que más bien es un ejemplo de qué aspecto podría tener un registro de autoridad de la Library of Congress con las posibilidades del Unicode para incluir la escritura original como referencia cruzada en el catálogo de la biblioteca. En realidad, con el Unicode los signos diacríticos de la escritura latina aparecerían con la letra, no precediendo la letra como se muestra aquí, pero esto ya os da una idea de cómo sería.

No existe un orden concreto para la colocación de las referencias, excepto situar las escrituras no latinas a continuación de las latinas. Este modelo muestra inglés, alemán, italiano, chino, japonés, coreano, ruso y transliteraciones (incluyendo Wade-Giles y pinyin para el chino, ya que la Library of Congress acaba de elegir usar pinyin).

Dense cuenta, también, de la nueva posibilidad del MARC 21 de incluir el URL de la página Web en el último campo de nota 670. [Diapositiva 20]

Diapositiva 20

También se presenta la utilización de los campos de enlace 700 para mostrarnos que se localizó un registro de autoridad en HKCAN ("Grupo Chino de Hong Kong de Autoridades de Nombre"), y la forma autorizada del encabezamiento de acuerdo a sus reglas. Sé que en HKCAN usan los campos 7XX para las formas autorizadas en la lengua alternativa – inglés o chino - y son capaces de utilizar esta información en las presentaciones del OPAC para dirigir a los usuarios hacia el material adicional catalogado bajo la forma alternativa. Esto capacita el control bibliográfico para la reunión bajo el nombre de la persona o entidad corporativa. Sus registros autorizados podrían ser un recurso potencial para el archivo de autoridades internacional virtual para ayudar al usuario final con presentaciones en la lengua y escritura que prefieran.

Existen varios modelos para un archivo de autoridades internacional virtual.

Para un modelo distribuido, un investigador utilizaría un protocolo normalizado como la próxima generación del Z39.50, para buscar archivos de autoridades independientes en las Agencias Bibliográficas Nacionales o autoridades regionales. [Diapositiva 21]

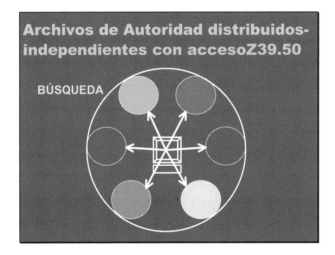

Diapositiva 21

Otro modelo consiste en tener un archivo de autoridades central con el que se relacionan todos los demás, de esta manera no se necesitaría que se realizase el trabajo por cada agencia bibliográfica nacional junto con todos los demás participantes en este universo internacional. [Diapositiva 22]

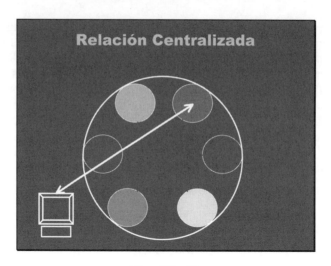

Diapositiva 22

Un catalogador, entonces, accedería a todos los registros de autoridad del mundo existentes para esa entidad con una única búsqueda del archivo central. Si no se encontraran resultados en este archivo central, se podría buscar mediante Z39.50 en los otros archivos.

Estoy segura de que pueden imaginar variaciones de este modelo. Necesitamos ponerlos a prueba para ver cuál nos conviene más en el entorno actual de Internet.

Aquí diapositiva 23 muestra un modelo centralizado:

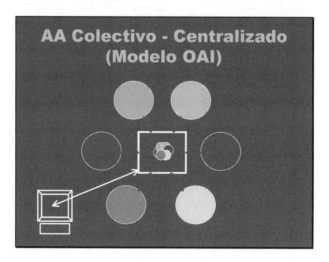

Diapositiva 23

Es posible creer que este modelo constituye el mejor planteamiento en cuanto al mantenimiento de registros - el modelo protocolo Iniciativa de Archivos Abiertos (OAI) utiliza un servidor con metadatos recolectados de los archivos de autoridad nacional. La información se actualiza en el servidor cuando hay cambios en los archivos nacionales. Esto significa que las actividades diarias de mantenimiento del registro continúan siendo gestionadas por la Agencia Bibliográfica Nacional (o la autoridad regional), tal como es ahora. A menos que incorporemos también el enlace, posiblemente perderemos un nivel de precisión en la búsqueda en este modelo; sin embargo también existen vías para incluir los enlaces de entidades en este modelo. Existen muchas variaciones de modelos que podríamos imaginar.

La Biblioteca Nacional Alemana (Die Deutsche Bibliothek) y la Library of Congress junto con OCLC han empezado una prueba del concepto para evaluar el modelo del archivo de autoridades colectivo centralizado, usando protocolos OAI. El primer paso de este proyecto se inició este año con el enlace de nuestros registros existentes de autoridades de nombre de persona, poniendo a prueba los algoritmos de correspondencia para ver cuánto puede hacer la máquina por sí sola y cuánto requeriría de intervención humana para cotejar y relacionar. Se espera que si esto resulta exitoso pueda constituir la base para un verdadero Archivo de Autoridades Internacional Virtual. [Diapositiva 24]

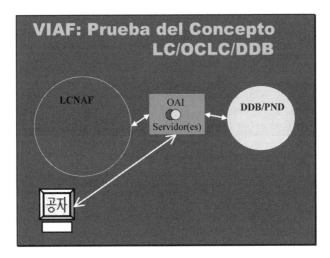

Diapositiva 24

Y si estamos de acuerdo que compartir información de autoridades a escala global es meritorio, ¿cómo lo conseguiremos?

Existen varios archivos de autoridad importantes, creados acordes a sus propias reglas de catalogación e interpretaciones de reglas. Necesitamos un primer proyecto para enlazar los registros existentes para la misma entidad -un proyecto para una relación retrospectiva. Una sugerencia ha sido utilizar algoritmos de correspondencia como los desarrollados por Ed O'Neill y colegas en OCLC, basados en indicadores bibliográficos para la correspondencia automática con un alto nivel de precisión. Se está llevando a cabo un proyecto de "prueba del concepto" para evaluar este enfoque en forma conjunta: OCLC, la Library of Congress, y la Deutsche Bibliothek (Biblioteca Nacional Alemana) en Francfort, Alemania.

Todavía tendríamos que realizar una comprobación y relación manual, pero se espera que la relación automática sea de gran ayuda.

También podríamos tener ayuda informática enlazando cadenas de texto y números de control de registro o un número de identificación de la entidad para facilitar posteriores enlaces y las vías para la presentación de las formas preferidas.

También podemos imaginar un archivo de autoridades internacional compartido como parte integral de una futura "Web semántica". [Diapositiva 25]

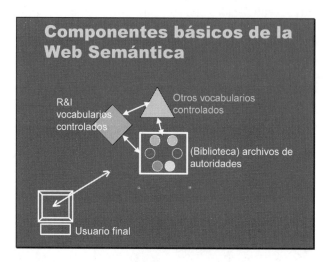

Diapositiva 25

Tal vez han oído hablar de esto en un artículo de hace pocos años en *Scientific American* de Tim Berners-Lee, fundador de Internet. La idea es hacer Internet más inteligente para una navegación automática, más que para una navegación humana de la web. Esto supone crear una infraestructura de recursos enlazados y el uso de vocabularios controlados, llamados "ontologías." Se pueden usar estas ontologías para hacer posibles las presentaciones en la lengua y escritura propia del usuario.

Aquí es donde las bibliotecas tienen la oportunidad de contribuir a la infraestructura de la Web futura - ya tenemos vocabularios controlados en nuestros diferentes archivos de autoridad. Estos se enlazarían con otros vocabularios controlados de servicios de resumen e indización, de diccionarios biográficos, de directorios telefónicos y muchas otras herramientas de referencia y recursos para ayudar a los usuarios a navegar y mejorar la precisión de las búsquedas, de tal forma que los usuarios puedan encontrar lo que buscan.

Pueden ver también que trabajaríamos en los motores de búsqueda y las futuras herramientas que, como un recurso colectivo, nos conectarían por completo al mundo digital. [Diapositiva 26]

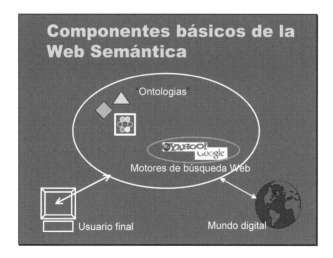

Diapositiva 26

Por supuesto, todo esto tendría que crearse con la seguridad y las garantías de privacidad apropiadas, y las vías para identificar y reconocer los recursos en los que podamos confiar y contar con ellos y, milagrosamente, de alguna manera en la que todos los asuntos de los derechos de autor estén resueltos - ¡definitivamente estamos hablando del futuro!

Sin embargo es estupendo pensar en las posibilidades y oportunidades de probarlo y pensar en cómo podemos mejorar nuestros sueños.

La Web nos ha traído una nueva vía para transmitir información. El nuevo giro es que nuestro catálogo - esto es, nuestra PC, que es donde se presentan nuestros catálogos en línea, es también el dispositivo para ver los objetos digitales y conectarnos con el mundo digital entero.

Por ahora preferimos este modelo, ya que parece el más prometedor para conseguir la escalabilidad - para incluir las conexiones a todos los archivos de autoridades más importantes del mundo. [Diapositiva 27]

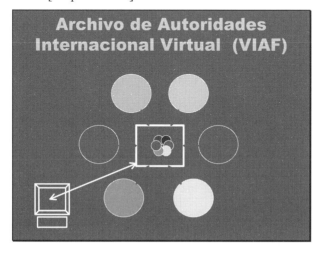

Diapositiva 27

Realmente de esta manera esperamos poder conservar las formas locales y enlazar los diferentes registros que usan códigos de catalogación diferentes y aún así responder a las necesidades del usuario.

La Library of Congress y la Biblioteca Nacional Alemana (Die Deutsche Bibliothek, (DDB)) han comenzado a enlazar nuestros archivos de autoridad de nombres de personas. Hemos firmado un convenio de colaboración en agosto de 2003 en Berlín. Una vez que probemos este modelo, nos gustaría mucho probar el añadir otros archivos de autoridades, pero hay que recordar que nuestra meta es poner disponible esta información libremente a los usuarios de todo el mundo. Tenemos grandes retos por delante pero la tecnología ahora lo hace posible.

BACKGROUND PAPERS = DOCUMENTOS DE ANTECEDENTES

Note: The Background Papers are provided only in Spanish; the English versions that have been previously published are available at:

Nota: Los textos de los Documentos de Antecedentes se proporcionan sólo en español; las versiones en inglés que han sido previamente publicadas se encuentran disponibles en:

IFLA Cataloguing Principles: Steps towards an International Cataloguing Code. Report from the 1st Meeting of Experts on an International Cataloguing Code, Frankfurt, 2003. Edited by Barbara B. Tillett, Renate Gömpel, and Susanne Oehlschläger. (= IFLA Series on Bibliographic Control Vol. 26) München: K.G. Saur, 2004

DECLARACIÓN DE PRINCIPIOS

Adoptados por la Conferencia Internacional sobre
Principios de Catalogación
PARIS, OCTUBRE DE 1961

Traducción de Elena Escolano Rodríguez
Revisión de Ageo García

1. Alcance de la Declaración

Los principios aquí establecidos se aplican sólo a la elección y forma de encabezamientos y palabras de entrada (i.e. a los elementos principales que determinan el orden de los asientos) en los catálogos de libros impresos[27], en los que se combinan en una misma secuencia alfabética los asientos bajo los nombres de autores y, donde estos sean inapropiados o insuficientes, los asientos bajo los títulos de las obras. Están formulados con especial referencia a los catálogos que enumeran los contenidos de bibliotecas generales grandes: sin embargo se recomienda su aplicación a los catálogos de otras bibliotecas y otras listas alfabéticas de libros, con las modificaciones que se requieran según los objetivos de estos catálogos y listas.

2. Funciones del Catálogo

El catálogo deberá ser un instrumento eficaz para determinar:

2.1. si la biblioteca posee un determinado libro especificado por

    a)   su autor y título, *o*

    b)   si no se nombra al autor en el libro, sólo por el título, *o*

    c)   si el autor y el título son inapropiados o insuficientes para su identificación, un sustituto conveniente del título; y

2.2. a)   qué obras hay de un determinado autor y

    b)   qué ediciones de una determinada obra hay en la biblioteca.

3. Estructura del Catálogo

Para cumplir estas funciones el catálogo deberá contener:

3.1. por lo menos un asiento para cada libro catalogado, y

3.2. más de un asiento relativo a cualquier libro siempre que sea necesario en interés del usuario o a causa de las características del libro, por ejemplo:

    3.2.1. cuando el autor es conocido por más de un nombre o forma del nombre, *o*

    3.2.2. cuando se sabe el nombre del autor pero no está en la portada del libro, *o*

    3.2.3. cuando varios autores o colaboradores han compartido la creación de la obra, o

---

[27] En esta Declaración deberá considerarse que la palabra "libro" incluye otro tipo de material bibliotecario que tenga características similares.

3.2.4. cuando el libro se atribuye a diversos autores, *o*

3.2.5. cuando el libro contiene una obra conocida por varios títulos.

4. Tipos de Asientos

Los asientos pueden ser de los siguientes tipos: *asientos principales*, *secundarios* y *referencias*.

4.1. Para cada libro un asiento (el *asiento principal*) debe ser un asiento completo, que dé todos los detalles necesarios para identificar el libro. Los demás asientos pueden ser o bien *asientos secundarios* (i.e. asientos adicionales, basados en el principal y que repiten bajo otros encabezamientos información dada en él) o *referencias* (que dirijan al lector a otro lugar del catálogo).

5. Uso de Múltiples Asientos

Las dos funciones del catálogo (ver 2.1 y 2.2.) se cumplen más eficientemente por medio de

5.1. un asiento para cada libro bajo un encabezamiento derivado del nombre del autor o del título tal como figura en el libro, *y*

5.2. cuando se dan formas variantes del nombre del autor o del título, un asiento para cada libro bajo un *encabezamiento uniforme*, que consista en una determinada forma del nombre del autor o un título determinado, o, en los libros que no se identifican por el autor o por el título, un encabezamiento uniforme que consista en un sustituto apropiado del título, *y*

5.3. asientos secundarios apropiados y/o referencias.

6. Función de los Diferentes Tipos de Asientos.

6.1. El *asiento principal* de las obras que van bajo el nombre del autor deben hacerse por regla general bajo un *encabezamiento uniforme*. El asiento principal para obras que van bajo título puede ser, *o* por el título tal como figura en el libro, con un asiento secundario bajo un título uniforme, *o* bajo un título uniforme, con asientos secundarios o referencias bajo otros títulos. Esto último se recomienda en la catalogación de obras muy conocidas, especialmente de aquellas que se conocen por títulos convencionales (ver 11.3)[28].

6.2. Los asientos bajo otros nombres o formas de un nombre del mismo autor deberán, por regla general, tomar la forma de *referencias*; pero se pueden utilizar *asientos secundarios* en casos especiales.[29]

6.3. Los asientos bajo otros títulos para la misma obra deberán tomar, por regla general, la forma de *asientos secundarios*; pero pueden hacerse *referencias* cuando la referencia pueda remplazar varios asientos secundarios bajo un encabezamiento[30].

---

[28] Los principios establecidos para el tratamiento de las obras que van bajo título pueden seguirse también al crear los asientos bajo un determinado encabezamiento de autor.
[29] Por ejemplo, cuando un determinado grupo de obras se asocia a un nombre determinado.
[30] Por ejemplo, cuando una determinada variante de título se ha usado en varias ediciones.

6.4. Deberán hacerse también *asientos secundarios* (o, en los casos apropiados, *referencias*) bajo el nombre de los coautores, colaboradores, etc., y bajo los títulos de las obras que tengan el asiento principal bajo un nombre de autor, cuando el título es otra forma importante de identificación.

7. Elección del Encabezamiento Uniforme

El *encabezamiento uniforme* deberá ser, por regla general, el nombre (o forma del nombre) más utilizado o título que aparezca en las ediciones de las obras catalogadas o en las referencias a ellas de autoridades aceptadas.

7.1. Cuando las ediciones han aparecido en varios idiomas, en general se dará preferencia al encabezamiento basado en las ediciones en la lengua original; pero si esta lengua no se usa normalmente en el catálogo, el encabezamiento puede derivarse de ediciones y referencias en una de las lenguas normalmente usadas en él.

8. Autor Personal Único

8.1. El *asiento principal* de todas las ediciones de una obra que son de un único autor personal deberá ser bajo el nombre del autor. Se deberá hacer un asiento secundario o referencia bajo el título o de cada edición en las que el nombre del autor no figure en portada.

8.2. El *encabezamiento uniforme* deberá ser el nombre por el que el autor es identificado más frecuentemente en las ediciones de sus obras[31], en la forma más completa que aparezca comúnmente en ellas, *excepto que*

8.2.1. deba aceptarse otro nombre o forma del nombre como encabezamiento uniforme si ha llegado a establecerse de forma generalizada en las referencias al autor en obras biográficas, históricas o literarias, o en relación a otras actividades públicas distintas a la autoría;

8.2.2. se deberá añadir otra característica identificativa, si es necesario, para distinguir al autor de otros del mismo nombre.

9. Asiento bajo Entidades Corporativas

9.1. El asiento principal de una obra deberá hacerse bajo el nombre de una *entidad corporativa* (i.e. cualquier institución, cuerpo organizado o asamblea de personas conocido por un nombre corporativo o colectivo),

9.1.1. cuando la obra es por su naturaleza necesariamente la expresión del pensamiento colectivo o de la actividad de la entidad corporativa[32], incluso si está firmada por una persona en calidad de funcionario o empleado de la entidad corporativa, *o*

9.1.2. cuando la redacción del título o de la portada, tomado en conjunción con la naturaleza de la obra, implica claramente que la entidad corporativa es responsable colectivamente del contenido de la obra.[33]

---

[31] Siguiendo la sección 7.1.

[32] Por ejemplo, informes oficiales, reglas y reglamentaciones, manifiestos, programas y registros de los resultados del trabajo colectivo.

[33] Por ejemplo, series cuyos títulos consisten en un término genérico (Boletín, Transacciones, etc.) precedidos o seguidos por el nombre de una entidad corporativa, y que incluye alguna relación de las actividades de la entidad.

9.2. En otros casos, cuando una entidad corporativa ha realizado una función (como la de editor) subsidiaria a la función del autor, deberá hacerse un *asiento secundario* bajo el nombre de la entidad corporativa.

9.3. En los casos dudosos, el asiento principal puede hacerse *o* bajo el nombre de la entidad corporativa *o* bajo el título o el nombre del autor personal, con un asiento secundario en cualquier caso bajo la otra forma no elegida como asiento principal.

9.4. El *encabezamiento uniforme* para las obras que van bajo el nombre de una entidad corporativa deberá ser el nombre por el que la entidad sea más frecuentemente identificada en sus publicaciones, *excepto que*

9.4.1. si se encuentran frecuentemente en las publicaciones formas variantes del nombre, el encabezamiento uniforme deberá ser la forma oficial del nombre;

9.4.2. si hay nombres oficiales en varias lenguas, el encabezamiento deberá ser el nombre en cualquiera de estas lenguas que se adapte mejor a las necesidades de los usuarios del catálogo;

9.4.3. si generalmente se conoce a la entidad corporativa por un nombre convencional, este nombre convencional (en una de las lenguas normalmente usadas en el catálogo) deberá ser el encabezamiento uniforme;

9.4.4. para estados y otras autoridades territoriales, el encabezamiento uniforme deberá ser la forma usada normalmente del nombre del territorio del que se trate en la lengua mejor adaptada a las necesidades de los usuarios del catálogo;

9.4.5. si la entidad corporativa ha usado en épocas sucesivas diferentes nombres que no pueden considerarse como variaciones menores del nombre, el encabezamiento de cada obra deberá ser el nombre en la época de su publicación, conectando los diferentes nombres mediante referencias;[34]

9.4.6. se deberá añadir otra característica identificadora, si es necesario, para distinguir la entidad corporativa de otras del mismo nombre.

9.5. Constituciones, leyes y tratados, y otras obras de características similares, deberán tener el asiento bajo el nombre del estado apropiado u otra autoridad territorial, con títulos formales o convencionales que indiquen la naturaleza del material. Si es necesario, se harán asientos secundarios de los títulos propiamente dichos.

9.6. Una obra de una entidad corporativa que está subordinada a una entidad superior deberá tener el asiento bajo el nombre de la entidad subordinada, *excepto*

9.6.1. si el nombre mismo implica subordinación o función subordinada, o es insuficiente para identificar la entidad subordinada, el encabezamiento deberá ser el nombre de la entidad subordinada como subencabezamiento;

9.6.2. si la entidad subordinada es un órgano administrativo, judicial o legislativo de un gobierno, el encabezamiento deberá ser el nombre del

---

[34] También se admite, cuando es seguro que los sucesivos nombres designan a la misma entidad, reunir todos los asientos bajo el último nombre con referencias de los otros nombres.

estado correspondiente u otra autoridad territorial con el nombre del órgano como subencabezamiento.

10. Autoría Múltiple

Cuando dos o más autores[35] han participado en la creación de una obra,

10.1. si un autor está representado en el libro como el *autor principal*, y los demás desempeñan un papel subordinado o auxiliar, el a*siento principal* de la obra deberá hacerse bajo el nombre del *autor principal*;

10.2. si no se presenta ningún autor como autor principal, el *asiento principal* deberá hacerse bajo

10.2.1. el *autor nombrado en primer lugar en la portada*, si el número de autores es dos o tres, haciéndose *asientos secundarios* bajo el/los nombre(s) de los otro(s) autor(es);

10.2.2. el *título de la obra*, si el número de autores es más de tres, haciéndose *asientos secundarios* bajo el autor nombrado primero en el libro o bajo tantos autores como pueda considerarse necesario.

10.3. Colecciones[36].

El asiento principal de una colección que consiste en obras independientes o partes de obras de diferentes autores deberá hacerse

10.3.1. bajo el *título de la colección*, si tiene un título colectivo.

10.3.2. bajo el nombre del autor, o bajo el título, de la primera obra de la colección, si no hay título colectivo.

10.3.3. en ambos casos, deberá hacerse un asiento secundario bajo el nombre del compilador (i.e. la persona responsable de reunir el material de la colección de diferentes fuentes) si es conocido.

10.3.4. *Excepción*: si el nombre del compilador aparece prominentemente en la portada, el asiento principal puede hacerse bajo el nombre del compilador, con un asiento secundario bajo el título.

10.4. Si las sucesivas partes de una obra se atribuyen a diferentes autores, el *asiento principal* deberá hacerse bajo el autor de la primera parte.

11. Obras que se Asientan bajo Título

11.1. Las obras cuyo *asiento principal* es el título son

11.1.1. obras cuyo autor se desconoce;

11.1.2. obras de más de tres autores, ninguno de los cuales es el autor principal (ver 10.22);

11.1.3. colecciones de obras independientes o partes de obras, por diferentes autores, publicadas con un título colectivo;

---

[35] En esta sección la palabra "autor" se usa para incluir la entidad corporativa bajo cuyo nombre se hacen asientos (ver sección 9).
[36] Una numerosa minoría de la Conferencia no aceptó el texto de 10.3, sino que prefirió el siguiente texto alternativo (ver 10.3. Texto minoritario).

11.1.4. obras (incluyendo publicaciones seriadas y publicaciones periódicas) conocidas principalmente o convencionalmente por el título más que por el nombre del autor.

11.2. Deberá hacerse un asiento secundario o referencia bajo título para

11.2.1. ediciones anónimas de obras de las que se han llegado a determinar los autores;

11.2.2. obras que tienen el asiento principal bajo autor, cuando el título es una forma alternativa importante de identificación;

11.2.3. obras cuyo asiento principal es bajo entidad corporativa, pero que tienen títulos distintivos que no incluyen el nombre de la entidad corporativa;

11.2.4. colecciones cuyo asiento principal se hace excepcionalmente bajo el compilador.

11.3. El *encabezamiento uniforme* (para los asientos principales o secundarios, ver 6.1) de las obras que van bajo título deberá ser el título original o el título más frecuentemente usado en las ediciones de la obra,[37] excepto

11.3.1. si la obra es generalmente conocida por un título convencional, el encabezamiento uniforme deberá ser el título convencional.

11.4. El *encabezamiento uniforme* para las obras cuyas partes o volúmenes sucesivos lleven títulos diferentes, deberá ser el título de la primera parte, a menos que la mayoría de las partes o volúmenes lleven otro título.

11.5. Cuando una *publicación seriada* se edita sucesivamente con diferentes títulos, se deberá hacer un asiento principal bajo cada título para la serie de publicaciones que lleve ese título, con indicación por lo menos de los títulos inmediatamente precedentes o sucesivos. Para cada una de estas series de publicaciones, puede hacerse un asiento secundario bajo un título seleccionado.[38] No obstante, si las variaciones en el título son sólo pequeñas, puede adoptarse la forma más frecuentemente usada como encabezamiento uniforme para todos los números.

11.6. Los tratados y acuerdos internacionales multilaterales y algunas otras categorías de publicaciones editadas sin título distintivo pueden asentarse bajo un encabezamiento uniforme convencional elegido para reflejar la forma de la obra.[39]

12. *Palabra de Ordenación para Nombres Personales*

Cuando el nombre de un autor personal consta de varias palabras, la elección de la palabra de ordenación se determina en cuanto sea posible por el uso convenido en el país del cual el autor es ciudadano o, si esto no es posible, por el uso convenido en la lengua que el autor usa generalmente.

---

[37] De acuerdo con la sección 7.1.
[38] Si se desea recoger información sobre la publicación seriada en su conjunto en un lugar del catálogo.
[39] Si se desea agrupar estas publicaciones en un lugar del catálogo.

CONTROL DE LOS PUNTOS DE ACCESO DE AUTOR Y TITULO SOBRE LA FORMA EN QUE LAS AGENCIAS BIBLIOGRAFICAS NACIONALES ENFRENTAN LOS PROBLEMAS CUARENTA AÑOS DESPUES DE LOS PRINCIPIOS DE PARIS

Documento por
Pino Buizza and Mauro Guerrini[40]

Traducción de Filiberto Felipe Martínez-Arellano

"La pluralidad de lenguajes [...] es coextensiva a una aptitud inherente de la naturaleza humana, la aptitud del habla; en otras palabras, los lenguajes no son una práctica de la especie humana. Sólo la aptitud del habla pertenece a las especies [...] Lo que es específico es la capacidad humana para comunicarse por medio de signos verbales; encontramos la misma capacidad esparcida por todo el mundo – lo que es demostrado por el mito de la Torre de Babel. [...] La pluralidad de los lenguajes, uno de los temas en el pensamiento de von Humboldt, de una u otra forma está ligada con la universalidad del habla. La relación entre habla y lenguajes es absolutamente única. Mi presente comentario nos lleva más allá del habla. La pluralidad de los seres humanos, en palabras de Annah Harendt, es una manifestación relevante del estatus cultural de la humanidad. Dicha pluralidad no solamente es lingüística sino precisamente cultural. La humanidad al igual que el habla existe solamente en lo plural. [...] El universalismo por el que pugnamos puede ser solamente coextensivo con una pluralidad más o menos controlada".

Paul Ricoeur (traducción de J.-P. Changeux, P. Ricoeur, *La nature et la règle*.
Ce qui nous fait penser. Paris, Odile Jacob, 1998, p. 232-233)

Esquema de problemas

Cuarenta años después encontramos que los *Principios de Paris* han tenido efectos positivos sobre la elección de los puntos de acceso pero no sobre su forma; cada código siguió su desarrollo particular, la mayoría conservando sus tradiciones locales. Una vez que el asiento es elegido – autor personal, corporativo o título – el problema que surge es la adopción de un asiento uniforme, i. e. establecer una forma única para el nombre o el título para que todas las manifestaciones de las obras de un autor aparezcan en un mismo lugar del catálogo (segunda función, 2.2 (a), de los *Principios de Paris)*.

Tres principales problemas se presentan:

1. El primero está relacionado con *cual nombre* o *cual título* deberá ser adoptado, el nombre verdadero, el seudónimo, el nombre convencional, el nombre atribuido, el nombre adoptado, el acrónimo, el nombre completo (e. g., *CGIL* or *Confederazione generale italiana del lavoro*), el titulo original o la traducción del título.

2. El segundo se encuentra relacionado con *cual forma del nombre* o *cual forma del título* será adoptada, decidiendo a favor de un nombre corto o de uno completo (e. g., *Nicolò Ugo Foscolo* or *Ugo Foscolo*), dentro de las variantes lingüísticas o gráficas, incluyendo aquellos que dependen de sistemas de transliteración.

---

[40] Documento presentado en el Workshop Cataloguing and Authority Control, Rome, 21st–22nd November 2002, auspiciado por el ICCU, Istituto centrale per il catalogo unico e le informazioni bibliografiche. Los autores desean expresar su agradecimiento a Barbara Tillett, quién ha discutido con ellos muchas cuestiones. Barbara también ha revisado la traducción al inglés.

3. El tercero, solamente para los autores personales, *la palabra ordenadora* o elemento de acceso que será colocado en primer lugar en aquellos nombres que contienen dos o más términos, optando por la forma directa, por algún tipo de inversión o por la rotación de términos.

Los criterios generales, sección 7 de los *Principios de Paris,* recomiendan el nombre (o forma del nombre) o el título más frecuentemente utilizado en las ediciones originales de las obras, o si no es posible, en las fuentes de autoridad aceptadas. En la sección 12, la elección de la palabra ordenadora se determina de acuerdo al uso común del país del autor, o si esto no es posible, en el idioma que generalmente utiliza.

Formas del nombre e idiomas de los catálogos

Analicemos detalladamente las secciones 7 y 8 para entender correctamente la forma propuesta para el nombre, particularmente para los autores personales.

Los *Principios de Paris,* en la sección 7, establecen que el *asiento uniforme* normalmente deberá ser el nombre (o forma del nombre) más frecuentemente utilizado o el título que aparezca en las ediciones de las obras catalogadas o en sus referencias dentro de las fuentes de autoridad aceptadas," lo que significa que la utilización de referencias tiene lugar cuando los criterios de edición no pueden ser aplicados; 7.1 especifica que "cuando las ediciones han aparecido en varios idiomas [i. e., en el idioma original y en traducciones],[41] generalmente la preferencia deberá ser dada al asiento basado en las ediciones del idioma original. [nosotros agregamos: cuando los criterios de ediciones no son aplicados, los criterios del idioma original se aplican además a las referencias]; pero si este idioma no es normalmente utilizado en el catálogo, el asiento podría ser derivado de las ediciones y referencias utilizadas allí".

La sección 7.1 introduce el principio de la forma original, aquella históricamente, geográficamente y lingüísticamente más relacionada con el autor. Un problema espinoso surge cuando el asiento ha sido escrito en un lenguaje extraño a la cultura de la biblioteca, generalmente un lenguaje en diferente escritura (para los italianos, en alfabetos no latinos o en escrituras no alfabéticas) . Tenemos aquí una dicotomía obvia entre el idioma de las ediciones originales (el criterio básico) y los idiomas utilizados en otras ediciones, entre las formas en las obras de referencia del país de origen y aquellas obras de referencia usadas dentro del ambiente cultural de la biblioteca. En otras palabras, 7.1 establece una regla general y admite como una excepción, la posibilidad de que la biblioteca remplace la forma que aparece en el idioma original, cuando éste no es generalmente utilizado en el catálogo, con una forma traducida a un idioma aceptado en su ambiente cultural.

En 8.2 leemos "El *asiento uniforme* [de un autor personal] deberá ser el nombre por el cual el autor es más frecuentemente identificado en las ediciones de sus trabajos – sujeto a la sección 7.1, esto es, en el idioma original y solamente como una excepción en las traducciones si el idioma original no es generalmente utilizado en el catálogo – en la forma más completa en que aparece en ellas". Resumiendo, *el nombre más frecuentemente utilizado en las ediciones en el idioma original* de las obras catalogadas es elegido. La solución implica cotejar las ediciones en el idioma original, de hecho no en forma directa sino por medio de las autoridades aceptadas – para identificar y adoptar la forma más

---

[41] Esta especificación se encuentra en *Statement of principles adopted at the International Conference on Cataloguing Principles, Paris, October, 1961* / con comentarios y ejemplos por Eva Verona con el apoyo de Franz Georg Kaltwasser, P. R. Lewis, Roger Pierrot. – London : IFLA Committee on Cataloguing, 1971, p. 3.

frecuentemente utilizada, con la posibilidad de adoptar una forma basada en traducciones solamente cuando el idioma original es ajeno al catálogo. Cuando los *Principios de París* mencionan las ediciones de las obras catalogadas, la referencia es hacia las obras que posee la biblioteca que cataloga, en la sección 7 relacionada con los asientos uniformes y en la 8.1 referente a la entrada principal, mientras que en 8.2 la referencia es hacia las ediciones de todas las obras aun cuando no sean poseídas por la biblioteca pero que pertenecen al corpus de la obra de un autor. Resumiendo, la referencia ideal – no siempre aplicable – es *el nombre más frecuentemente utilizado en las ediciones en el idioma original de las obras.*

Haciendo uso de una forma en un idioma generalmente utilizando en el catálogo, cuando el idioma original de la obra siendo catalogada no es empleado, es un criterio que implica un asunto básico: *los idiomas de los catálogos.*[42] La transcripción de la página del título y la descripción bibliográfica estandarizada (excluyendo la designación general de material, y las áreas de la descripción física y de las notas) respetan el idioma y escritura del documento (e. g., un título en Hebreo es registrado en Hebreo, aunque una transliteración de los títulos en alfabetos no romanos es normalmente permitida).

Los asientos también han sido tradicionalmente registrados de acuerdo al idioma del documento, hasta que los *Principios de París* establecieron el asiento uniforme, tomado de las diversas formas presentes en las diferentes ediciones y basado en el idioma original del autor, como hemos visto. De esta forma, el catálogo es multilingüe también en sus asientos, pero para esto se permite a una agencia dar preferencia a los idiomas utilizados, siendo el de la agencia catalogadora, o si no es posible, otro de los idiomas utilizados en el catálogo. Los *idiomas no utilizados normalmente en el catálogo* – no es especificado mas – son aquellos que potencialmente requieren transposición a otra escritura, por ejemplo, transliteración o transcripción a una escritura alfabética, o que podrían ser indescifrables para la mayoría de los usuarios de la biblioteca; esto es, a la larga, no todos los idiomas diferentes de los hablados por la comunidad que sirve la biblioteca (en Italia se habla el italiano, y el francés, el alemán, el inglés y el latín ... no son *idiomas que no se usen normalmente en el catálogo*, mientras que el griego, el árabe, el hebreo, el chino y el japonés ... son *idiomas no usados normalmente en el catálogo*).

El idioma de los asientos continuó siendo un problema aún después de que los *Principios de París* fueron publicados. Las RCA (las reglas españolas también) adoptaron la forma inglesa (y española) de los nombres normalmente presentados en las traducciones hechas por fuentes de referencia en inglés (español).

Este problema fue incluido en la agenda de la *International Meeting of Cataloguing Experts* celebrada en 1969 en Copenhague, debido a que los asientos basados en traducciones podrían impedir seriamente el intercambio internacional de información bibliográfica y hacer el uso de los catálogos y las bibliografías extranjeros más difícil. Para promover la uniformidad internacional, la IMCE recomendó enfáticamente el uso, siempre que fuera posible, de la forma original de los nombres y los títulos, en lugar del uso de las formas en el idioma del país de la biblioteca, con la indicación de utilizar sistemas de

---

[42] Véase *La lingua del catalogo : gli autori greci, latini, dell'Oriente antico, del periodo medievale e umanistico, i papi: forma latina o forma italiana?* / Mauro Guerrini. – p. 21-48. – En: Accademie e biblioteche d'Italia. – Roma, a. 67, n. 3 (luglio-sett. 1999). Después en *Il catalogo di qualità* / Mauro Guerrini ; presentazione di Luigi Crocetti. – Firenze : Pagnini e Martinelli : Regione Toscana, 2002.

transliteración normalizados, sistemas uniformes de transcripción fonética y la aceptación excepcional de los clásicos latinos y griegos.[43]

Regresando a los *Principios de París,* la sección 8.21 lista excepciones: "Otro nombre o forma del nombre deberá ser tomado como el asiento uniforme, si éste ha sido establecido de acuerdo a su uso generalizado en las referencias biográficas, históricas o literarias del autor, o en relación con sus actividades públicas diferentes de las de autoría. "Estas excepciones no son de naturaleza lingüística sino debidas a un tratamiento cultural (Eva Verona se refiere a las obras sin ediciones recientes, como aquellas obras en donde es posible un cambio significativo en el nombre de las ediciones antiguas y en las actuales[44]), o a situaciones particulares no relacionadas con la autoría (e. g., un nuevo oficio o una conversión religiosa) que traen consigo otro nombre o forma del nombre, por lo que se impone un uso incuestionable de otro nombre prefiriéndolo en lugar de aquel por el cual el autor es más frecuentemente identificado en las ediciones de sus obras.

La elección de la forma, por lo tanto, depende de criterios presentados de una forma no lineal y potencialmente antitéticos uno con otro:

a. el criterio de ediciones y el de las fuentes de referencia;

b. el criterio del idioma original, modificado por el criterio de exclusión de idiomas extranjeros en el catálogo, en relación a las ediciones y fuentes de referencia;

c. el criterio del nombre personal completo;

d. el criterio de sustitución por nombres que se han vuelto de uso generalmente aceptado, posteriormente o independientemente de la autoría.

Hemos tratado de encontrar una solución siguiendo la lógica propuesta por la ICCP, confiando en las realidades lingüísticas nacionales que tienen competencia sobre sus propios autores. Si este intento es correcto, quizás podamos lograr mejor claridad, aunque es aún difícil localizar obras de referencia de las cuales se infiera la forma estandarizada, y eventualmente formas diferentes para ser elegidas: ellas son, en primer término las que establecen el uso del idioma del autor; y en segundo lugar, las que establecen el uso del idioma de la biblioteca. La necesidad de listas autorizadas, estableciendo el tratamiento de los idiomas y de los países, ha sido repetidamente señalada, su ausencia lamentada y solo parcialmente corregida (basta dar un vistazo a la obra *Names of persons*[45] para darse cuenta que tan pocas son las obras de referencia citadas, algunas de ellas de dudosa autoridad); todo esto debilita seriamente la factibilidad de seguir coherentemente los criterios de los *Principios de París.*

Palabra ordenadora

La sección 12 de los *Principios de Paris* da respuesta al tercer asunto citado al principio de este documento, el de la palabra ordenadora: "Cuando el nombre de un autor personal consiste de varias palabras, la elección de la palabra ordenadora es determinada, en cuanto sea posible, por la forma aceptada en el país del que el autor es ciudadano, o si esto no es posible, por la forma aceptada en el idioma que generalmente utiliza". Es un principio establecido que las formas relacionadas con la elección de uso lingüístico o nacional, no

---

[43] Véase "Report of the International Meeting of Cataloguing Experts, Copenhagen, 1969"– En: *Libri*, Vol. 20, no. 1 (1970), p. 110 and *Statement of principles*, cit., p. 31-35.

[44] Statement of principles, cit., p. 37

[45] *Names of persons: national usages for entry in catalogues.* – 4th rev. and enlarged ed. – München : Saur, 1996.

pueden ser establecidas como reglas comunes para todos los autores. El único criterio general es la preferencia para el elemento más importante y relevante para nombrar al autor y para buscarlo, pero la determinación de cual es ese elemento varia de acuerdo a los usos lingüísticos y sociales en cada país. Mantener la posición de los prefijos, o su inversión, es parte del problema.

De esta forma, la ICCP confirma la preferencia por las formas de acceso más cercanas a los orígenes del autor y la necesidad de las agencias nacionales de hacer claros y sin ambigüedades los criterios de su país y de su idioma, para que éstas puedan ser compartidas.

Asientos unívocos

Para completar este panorama de los problemas recordemos la necesidad de los *asientos únicos*. Un asiento no deberá representar diferentes autores, tal como los *Principios de París* lo establecen en 8.22 "una característica adicional de identificación deberá ser agregada si es necesario para distinguir dos autores con el mismo nombre". Se establece que los homónimos deberán ser unívocos añadiéndoles calificadores distintivos, aunque el método para hacerlo no es especificado. En la IMCE solamente fue acordado no usar nombres de pila no usados o poco usados, sin tomar en cuenta los dos sistemas más ampliamente difundidos en los códigos de catalogación: las fechas de nacimiento y muerte y los calificadores de la profesión. No existe ninguna indicación acerca del idioma de los calificadores en los *Principios de París*, aunque los códigos que prescriben el establecimiento de la profesión están de acuerdo en el uso del idioma de la biblioteca.[46]

Forma de los nombres de entidades corporativas

Los *Principios de París* en 9.4 dan criterios para los asientos uniformes bajo el nombre de los organismos, similares a los de nombres personales: "El encabezamiento uniforme para las obras que van bajo el nombre de una entidad corporativa, deberá ser el nombre por el que la entidad sea más frecuentemente identificada en sus publicaciones"; conforme a 7.1, esto significa las publicaciones en el idioma original como es también especificado por la IMCE.[47] Las excepciones son:

> 9.41, la forma oficial del nombre si son frecuentemente encontradas variantes de las formas del nombre ("y no formas predominantes", especifica la IMCE [48]); si hay nombres oficiales en varios idiomas la elección es el idioma que mejor se adapte a los usuarios del catálogo (9.42);

> 9.43, un nombre convencional por el cual la entidad corporativa es generalmente conocida; para la uniformidad internacional, la IMCE recomienda evitar en lo posible el uso de nombres convencionales de organismos internacionales (e. g., para los organismos centrales de la Iglesia Católica y para las ordenes religiosas, para las cuales son preferidas las formas latinas [49]);

---

[46] Statement of principles, cit., p. 38.
[47] *Ibid*, cit., p. 54.
[48] *Ibid*, cit., p. 55.
[49] *Ibid*, p. 56-57.

9.44, los nombres geográficos de los territorios en los idiomas que mayor se adapten a los usuarios del catálogo, pero para uniformidad internacional, la IMCE recomienda el uso de las formas originales. [50]

Las entidades subordinadas a otros tienen un tratamiento normal bajo su nombre (9.6), con dos excepciones señaladas en 9.61, que requieren que el asiento bajo el nombre de la entidad superior sea seguido por el nombre de la entidad subordinada:

a.) si el nombre de la entidad subordinada implica una subordinación o funciones de subordinación (e. g., *Società chimica italiana. Divisione di didattica*)

b.) si éste es insuficiente para identificarlo (e. g., *Banca d'Italia. Servizio studi*).

Los órganos administrativos, judiciales y legislativos también son asientos subordinados a la autoridad territorial en lugar de ser asentados directamente por su nombre.

Los criterios para los asientos uniformes de las entidades corporativas son homogéneos a los de los autores personales, aunque podemos detectar un gran tendencia hacia el uso de las formas en los idiomas de la biblioteca en lugar de los nombres originales, una tendencia reducida por las correcciones recomendadas por la IMCE.

El tratamiento de autores personales por las agencias bibliográficas nacionales

Después del análisis de los enunciados preliminares presentados en la ICCP, con referencia a las especificaciones ofrecidas por la IMCE in 1969, vamos a examinar ahora como algunas agencias bibliográficas nacionales han actuado, en una revisión que no pretende ser exhaustiva, la que revela convergencias y desacuerdos. Mostramos las tendencias que prevalecen actualmente para algunas de las categorías más problemáticas de autores personales, haciendo referencia al apéndice para una limitada pero emblemática serie de ejemplos:

a. *Autores clásicos griegos,* toman una forma transliterada de la forma griega o la forma tradicional latina (permitido por la IMCE [51]), o una variedad de formas lingüísticas actuales que corresponden a diferentes usos en los países (véase el ejemplo de *Lucian of Samosata* en el apéndice).

b. *Autores clásicos latinos;* toman la forma tradicional latina o una variedad de formas lingüísticas actuales que corresponden a los diferentes usos en cada país, agregando la variante de que los nombres modernos son reducidos a un solo nombre o mantienen su *tria nomina* en la traducción (véase el ejemplo de *Virgil*).

c. *Padres de la Iglesia y autores occidentales medievales;* toman la forma latina o una de las formas lingüísticas actuales (véase el ejemplo de *saint Augustine*).

d. *Otros autores antiguos y medievales,* conocidos en el Occidente en su forma latina; toman esa forma (permitido por la IMCE [52]), o una variedad de formas lingüísticas actuales que corresponden a diferentes usos en cada país (véase los ejemplos en el apéndice de *Confucius, Avicenna, Maimonides*).

e. *Autores modernos y contemporáneos;* en general presentan un tratamiento más homogéneo, aunque proliferan las variantes en los casos de un autor cuyo nombre se encuentra en un alfabeto no romano. En efecto, los estandares internacionales de

---

[50] *Ibid*, cit., p. 58.
[51] Véase *Libri*. Vol. 20, no. 1 (1970), p. 110.
[52] *Ibid*, p. 110.

transliteración no son universales[53] y los asientos para los autores modernos son dados en una amplia variedad de formas por las diversas agencias bibliográficas, específicamente para los griegos (véase el ejemplo de *Ritsos*), los rusos (véase el ejemplo de *Chekhov*) y eslavos en general (en alfabeto cirílico), los árabes, los turcos, los iraníes, los hindúes, los malayos, los chinos (véase el ejemplo de *Cao Xueqin*), los japoneses, los coreanos, etc. Los autores antiguos y medievales de estas tradiciones presentan numerosas formas a veces incrementadas por la multiplicidad de nombres atribuidos a ellos por las tradiciones de sus países de orígen y por los países de las agencias bibliográficas agencies (véase el ejemplo de *Jalal al-Din Rumi*).

f. *Papas;* toman la forma latina o una de las formas lingüísticas actuales, con el problema adicional del número ordinal usado como elemento propio en el asiento o como un elemento en el calificador; una variante más es presentada en el asiento *Iglesia Católica* con el nombre de los Papas como subencabezamientos, dando prominencia a su rol y no a ellos como individuos, desarrollando en el catálogo el *corpus* de obras adscritas a la Iglesia por medio de una serie de elementos de tipo clasificatorio en el asiento (Iglesia Católica, Papa, años de papado, nombre como Papa) de acuerdo a la secuencia de los Sumos Pontífices (véase el ejemplo de *Paul VI*).

g. *Santos;* toman la forma latina, la forma original del nombre, o una de las formas lingüísticas actuales, con variaciones relacionadas con la palabra ordenadora que varios códigos establecen para el primer nombre en lugar del elemento más relevante, elegidas de acuerdo al uso general en el país al que el santo pertenece (véase los ejemplos de *Thomas More, Edith Stein*[54]).

Los asientos para los autores personales también varían en el uso de los *calificadores de distinción,* en el caso de los homónimos. Además de las diferencias en los idiomas de los calificadores, generalmente el idioma principal del país donde la biblioteca se encuentra localizada, algunos códigos tienen reglas para la calificación sistemática de categorías particulares de los asientos (e. g., *soberanos, santos, papas*) sobre los que no existe un acuerdo general, y por lo tanto, no aplicados por algunas agencias bibliográficas.

En un sentido general, la diferencia se encuentra en la alternación o combinación entre el uso de fechas de nacimiento y muerte, así como en el uso de un título, profesión u otro nombre para distinguir a las personas.

---

[53] La norma ISO para griego, por ejemplo, se remonta a 1997; véase: *Information and documentation: conversion of Greek characters into Latin characters* / International Organization for Standardization. – Gènève : ISO, 1997. La norma remplaza a la editada previamente en 1968. A pesar de que la ISO tiene estandares competentes para la transliteración de algunos idiomas no existe un estandar internacional verdaderamente acordado.

[54] El caso de la filósofa polaca Edith Stein es cúmulo de complicaciones para la regla del nombre de los santos. Ella escribió principalmente en alemán bajo su nombre con la forma alemana *Edith* y no bajo la forma polaca *Edyta*. Cuando ella fue declarada santa (en 1998), el asiento uniforme había sido cambiado por muchas agencias nacionales de *Stein, Edith* a *Edith Stein*. Pero además ella había sido una monja y había cambiado su nombre a Schwester Teresia Benedicta a Cruce (en 1934), por lo que su nombre como santa es *Teresia Benedicta a Cruce*, en Latin, el idioma elegido por la orden de las Monjas Carmelitas, o en otros idiomas a los cuales éste había sido traducido (Teresia Benedicta vom Kreuz, Teresa Benedykta od Krzyza, Thérèse Benedicta de la Croix, Teresa Benedetta della Croce, Teresa Benedicta of the Cross, Teresa Benedicta de la Cruz, Teresa Benedita da Cruz …), pero este nombre solamente apareció en pocas manifestaciones originales de sus últimos trabajos, y en nuestros días, no ha sido establecido como de uso general. Actualmente, la Biblioteca Nacional de Polonia asienta sus trabajos bajo *Teresa Benedykta od Krzyza (œw. ; 1891- 1942)*.

La adición de fechas de nacimiento y muerte para establecer asientos únicos (una opción, por ejemplo, en RCA2R 22.17A) es una divergencia básica (debido a que esto no es previsto en los *Principios de París Principios* y no responde a las funciones del catálogo). Para distinguir a un autor personal que tiene posibles homónimos, reales o aún no conocidos, otras agencies mantienen adiciones de fechas en el *registro de autoridad*.

La adición de la forma completa como un calificador de un asiento con iniciales, cuya forma completa es conocida (e. g., *Johnson, A.H. (Allison Heartz)* and *Johnson, A.H. (Arthus Henry)*, véase AAC2R 22.18A), es también utilizada en algunos países. Esto aparentemente es una solución contradictoria, porque se elige una forma corta que es inadecuada y se necesita hacerla única por la adición de la forma completa, pero es consistente debido a que: primero, obedece a la regla general para utilizar la forma más frecuentemente usado, lo que lleva a uno a seleccionar la forma con iniciales, y entonces, para evitar formas homónimas, distingue los asientos con elemento más obvio – la forma completa del nombre – la mejor solución para identificar a los dos autores. La adición de un calificador a los nombres que no lo necesitan es opcional en la edición de 1988 y en las revisiones posteriores de las RCA2.

El tratamiento de las entidades corporativas por las agencias bibliográficas

Podría ser muy largo analizar todos los tipos de asientos para las obras que entran bajo el nombre de una *entidad corporativa,* evaluando las reglas y prácticas de las agencias nacionales, un cuarto de siglo después del estudio comparativo seminal de Eva Verona, *Corporate headings* y después del trabajo *Form and structure of corporate headings*, ampliamente relacionado con los asientos para entidades corporativas. Estamos liberados de esta tarea debido al trabajo realizado por el Working Group on the Revision of FSCH, *Forim and structure of corporate headings*, IFLA Section on Cataloguing, publicado en 2001 en el reporte *Structures of corporate name headings*, [55] donde las estructuras de los asientos bajo entidades corporativas fueron analizados y revisados en ocho categorías, comenzando desde los nombres simples en forma directa hasta los nombres construidos con la adición de calificadores, haciendo comparaciones con una gran cantidad de ejemplos tomados de varias agencias bibliográficas. El estudio también toma en cuenta aspectos formales como la disposición y uso de signos de puntuación que trabajos previos habían omitido, dejando su tratamiento a las necesidades locales. Se encuentran reportadas las formas particulares de los asientos mencionadas anteriormente y contempladas por las reglas Angloamericanas y en otros códigos nacionales para los ejecutivos de la administración pública y para los dignatarios religiosos, para los sínodos de un organismo religioso y para las conferencias de las compañias, que agregan al nombre del organismo, en el primer caso, un término que establece el cargo, las fechas de ocupación y el nombre de la persona que ocupa u ocupó dicho cargo (e.g., *United States. President (1993- : Clinton)*[56]), en otros casos, el nombre del sínodo o conferencia, su número ordinal, la fecha y el lugar (e.g., *International Labour Organization. Regional Conference (2 : 1968 : Geneva)*[57]). Es inusual y no tradicional para las reglas italianas y otros códigos nacionales, incluir en un asiento el nombre de un organismo y el nombre de una persona ocupando un cargo temporal y actuando en éste, o el nombre de un organismo temporal, aunque esto

---

[55] *Structures of corporate name headings: final report, November 2000* / IFLA Section on Cataloguing, Working Group on the Revision of FSCH ; compiled and introduced by Ton Heijligers. – IFLA UBCIM, 2001.http://www.ifla.org/VII/s13/scatn/final2000.htm
[56] *Pt. B, Survey of structures of corporate name headings*, p. 19.
[57] *Ibid.*, p. 20.

último podría ser considerado como una combinación extensiva de las secciones 9.1 y 9.61 de los *Principios de París*.[58]

Por lo que respecta a las prácticas actuales de las agencias bibliográficas nacionales, podemos notar algunas diferencias representativas debido a los problemas tradicionales relacionados con los asientos para entidades corporativas:

a. el uso de *nombres geográficos* persiste no sólo para las jurisdicciones territoriales y sus órganos, sino también para las entidades de diferente naturaleza localizadas en un lugar o en todo el país, tales como las provincias territoriales de la iglesia, para las cuales las reglas de catalogación italianas (*Regole italiane di catalogazione per autori*, RICA[59]) sugieren un nombre invertido con el nombre del lugar seguido por el calificador; la práctica prevaleciendo en otros códigos prefiere la forma directa subordinada al nombre de la iglesia (véase el ejemplo de *diocese* en el apéndice);

b. para los *entidades subordinadas* encontramos la alternativa de elegir entre la forma directa o la forma con la entidad superior en primera posición y la entidad subordinada como subasiento;

c. el asiento para entidades subdivididas en *secciones* o teniendo *divisiones locales* varía para estas entidades entre tres posibilidades: 1. el uso de un subasiento local; 2. la adición de un calificador geográfico al nombre de la entidad, 3. su incorporación dentro del nombre de la entidad;[60]

d. para las *órdenes religiosas* encontramos el nombre oficial, el nombre corto de la orden, o el nombre actual de sus miembros, con la adición de las variaciones en idioma original y en idioma local para cada una de estas tres soluciones (véase el ejemplo de *Franciscans*).

Entre los *calificadores* para los asientos bajo entidad corporativa, aquellos que se añaden a las entidadess cuando éstas no muestran claramente que se trata precisamente de una entidad corporativa parece ser particularmente problemático: las reglas los establecen pero obviamente, éstos son genéricos y están lejos de hacerlos homogéneos (e. g., *Beatles (Gruppo musicale)* o simplemente *Beatles*).

Funciones como partes de los encabezamientos o como sus relaciones

Encontramos otras diferencias en la formalización de los asientos entre los límites de su elección y de su forma.

Algunos códigos consideran la adición al asiento de una *designación de función (o "papel")*, si existe otra diferente a la autoría, para los compiladores, editores, ilustradores, traductores, arreglistas, etc. RCA2R 21.0D la considera una opción para ser añadida a los asientos; la norma francesa AFNOR Z 44-059, por el contrario, es estructuralmente

---

[58] *Cf. Corporate headings : their use in library catalogues and national bibliographies* / a comparative and critical study by Eva Verona. – London : IFLA Committee on Cataloguing, 1975, p. 22-25 and 129-133. El asiento *Santa Sede. Papa, 1939-1958 (Pius XII)* es un ejemplo propuesto por Diego Maltese para una possible entrada para los actos oficiales de los papas, *cf. Principi di catalogazione e regole italiane* / Diego Maltese. – Firenze : Olschki, 1965, p. 50-51, y la misma estructura es adoptada en *ACOLIT* (e.g., *Chiesa cattolica. Papa (1978- : Giovanni Paolo II)*), *cf. Prefazione* by Mauro Guerrini in *ACOLIT : Autori cattolici e opere liturgiche : una lista di autorità*. – Milano : Editrice bibliografica, 1998- ,vol. 1, p. XXII-XXIV.

[59] *Regole italiane di catalogazione per autori*. – Roma : Istituto centrale per il catalogo unico delle biblioteche italiane e per le informazioni bibliografiche, 1979. Cf. RICA 77.

[60] Véase RICA 59.

dependiente de las diferencias entre asientos con y sin designaciones de función. Estas prácticas no están codificadas en acuerdos internacionales, pudiendo ser justificadas como sistemas para distinguir las diferentes categorías de la responsabilidad de un autor sin separar sus puntos de acceso. Ellas no se encuentran relacionadas con la forma del asiento pero en realidad lo modifican, aunque el asiento uniforme debería ser el mismo para cualquier función ejecutada por la misma persona u organismo; por lo que el lugar conceptual correcto para una designación de función es como un mecanismo para indicar la relación entre una entidad de autor y una entidad bibliográfica (como una norma, la expresión de una obra, en términos de FRBR).

Identidad bibliográfica múltiple

Ni los seudónimos colectivos ni los autores con *doble (o múltiples) identidades bibliográficas* entran bajo diferentes asientos para cada identidad, de acuerdo a RCA2R 22.2B2 reciben un tratamiento homogéneo. Las reglas RCA2R indican: "Si una persona ha establecido dos o más identidades bibliográficas, como se indica en el hecho de que las obras de un tipo aparezcan bajo un solo seudónimo y obras de otros tipos aparezcan bajo otros seudónimos o bajo el nombre verdadero de la persona, elija como la base para el asiento de cada grupo de obras, el nombre por el cual se identifican las obras en ese grupo. Haga referencias para rlacionar los nombres. En caso de duda no considere que una persona tenga identidades bibliográficas separadas". Por ejemplo, a una persona que escribe novelas bajo un seudónimo, además de usar su nombre para publicaciones científicas, le podrían ser dados asientos para su seudónimo y para su nombre, ligados por referencias cruzadas recíprocas.

El problema no es nuevo y puede ser resumido en una cuestión básica: ¿se quieren colocar juntas en el catálogo las obras de un autor personal (una identidad biográfica), independientemente de la variedad de seudónimos, formas de los nombres que ha usado en las publicaciones, o por el contrario, su objetivo es colocar las obras de diversos tipos caracterizadas por diferentes nombres en las publicaciones bajo cada nombre (i. e., cada identidad bibliográfica)?[61]

La solución de la doble (o múltiple) identidad bibliográfica es una versión intermedia entre las dos principales opciones que en la ICCP de Paris se recomendaron: la primera, asientos reflejando el nombre como aparece en las ediciones, con referencias entre las diferentes formas (principio de unidad bibliográfica), y la otra, un asiento uniforme para todas las ediciones de todas las obras, con referencias desde cada una de las formas (principio de unidad literaria).

---

[61] La posibilidad es mencionada por Alberto Petrucciani: "En estos casos no tenemos una variante formal sino una multiplicación de personalidades literarias quienes podrían legítimamente consideradas como autores separados". *Funzione e struttura del catalogo per autore* / di Alberto Petrucciani. – Firenze : Giunta regionale toscana : La nuova Italia, 1984, cit. p. 38. Sobre este punto Michael Gorman, la cita dentro de la autoridad de Charles A. Cutter: "Mi creencia es que los interpretes fundamentalistas de Cutter siempre lo han malinterpretado en ese punto. Cuando Cutter habla de reunir todos los trabajos de un autor; creo que esto puede ser leído con el significado que deberemos reunir todas las obras de una identidad bibliográfica. Si Lewis Carroll es una identidad bibliográfica diferente de la de Charles Lutwidge Dodgson, entonces uno podría tener dos registros, uno para cada uno de ellos. Obviamente, ellos deberían ser ligados para la pequeña minoría que desea leer los trabajos de ambas". *Authority control in the prospective catalog* / Miachael Gorman. // *Authority control : the key to tomorrow's catalog : proceedings of the 1979 Library and Information Technology Association Institutes* / edited by Mary W. Ghiks. – Phoenix : Oryx Press, 1982, p. 173.

Las *ventajas* de la doble (múltiple) identidad bibliográfica son: permitir un acceso inmediato al buscar, empezando con el nombre aparente de un autor tomado de una cita o una manifestación y organizar las entradas relacionadas con un grupo único de obras, las *desventajas*: doble (múltiple) búsqueda para accesar los otras obras de una persona puesto que siempre estarán separadas en el catálogo.

Las *ventajas* de un asiento uniforme en el sentido de los *Principios de París* (la segunda mencionada) es: un inmediato acceso a todas las obras de una persona, colocadas juntas en el catálogo. Las *desventajas*: doble búsqueda por el usuario, empezando por el nombre que no ha sido elegido como asiento uniforme y, dificultad en organizar los subgrupos de obras de esa persona.

La sección 6.2 de los *Principios de París* (en la época de los catálogos de fichas) admite la posibilidad de añadir entradas en lugar de referencias "bajo otros nombres o formas del nombre para el mismo autor [...] por ejemplo cuando un grupo particular de obras es asociado con un nombre particular". En esta forma, obtenemos las ventajas de ambos sistemas con la desventaja de una duplicación de entradas (asiento principal bajo el encabezamiento uniforme y asientos secundarios bajo los otros). A.H. Chaplin ha propuesto "asientos secundarios completos" para los trabajos publicados bajo el nombre no elegido como asiento principal. L. Brummel, director de la Koninklijke Bibliotheek, en la Haya, había propuesto aceptar el deseo del autor y no asentar bajo el mismo nombre obras de diferentes tipos, revelando la identidad que quería esconder bajo un seudónimo. La línea propuesta por S. Lubetzky prevaleció.[62]

Las RCA abandonaron después la línea de Lubetzky y en la regla 42B, nota a pie de página 5, establecen: "Si las obras de una persona aparecen bajo varios seudónimos (o bajo el nombre real y uno o más seudónimos), asiente cada obra bajo el nombre usado en ésta. Haga referencias para conectar los nombres"; y por lo tanto, respaldando totalmente la tesis basada en los nombres encontrados en las manifestaciones, mucho más allá de las excepciones contempladas para los casos de los nombres para los grupos de obras.

La edición anotada de *Statement of principles* remarca el tratamiento disimilar por las reglas Angloamericanas,[63] recordando la validez del principio del asiento uniforme, también para los seudónimos y para los asientos secundarios usados en un tipo particular de obras. El ejemplo de Dodgson/Carroll es claramente presentado: asiento principal para todos los trabajos bajo *Carroll*, asientos secundarios bajo *Dodgson* para los trabajos matemáticos y panfletos.[64]

La regla 22.2C2 de las RCA2 (edición 1978) se adhiere al asiento uniforme: "Si los trabajos de una persona aparecen bajo varios seudónimos (o bajo el nombre real y uno o más seudónimos), elija uno de esos nombre si la persona ha sido predominantemente identificada por ese nombre en las últimas ediciones de sus obras, en los trabajos de crítica, o en otras fuentes de referencia (en ese orden de preferencia). Haga referencias de los otros nombres". Después de eso las reglas indican, "Si una persona utilizando seudónimos no es predominantemente conocida por uno, elija como las bases para el encabezamiento para cada material el nombre que aparece en éste" (22.2C3).

Claramente, el cambio de posición no es totalmente satisfactorio: la revisión de 1988 de las RCA2 (comparada con la edición de 1978) reintroduce asientos múltiples, aunque en la

---

[62] Véase *Report* / International conference on Cataloguing Principles, Paris, 9th-18th October, 1961. – London : IFLA,1961, p. 32-38.
[63] Statement of principles, cit, p. 20.
[64] *Ibid.*, cit, p. 36

forma detalladamente razonada vista anteriormente. La distribución continua y coherente de nombres en grupos de diferentes tipos de trabajos es tomada como una prueba del deseo de los autores para establecer identidades bibliográficas diferentes; las formas apareciendo en los diferentes grupos de trabajo son tomadas como la base para distinguir múltiples, en lugar de la identidad personal única, moviendo la elección del nombre de aquel por el cual la persona es generalmente conocida al nombre por el cual las obras de un tipo dado son conocidos (RCA2R señala la excepción en la regla general sobre la elección de nombre, regla 22.1).

El movimiento es conceptualmente relevante, la identidad bibliográfica y la identidad personal son tratadas como iguales, el problema se centra en la elección del asiento, no en la forma del nombre, por lo que gran parte de un grupo de obras es separada de otras. No es suficiente darse cuenta y confirmar que "El concepto de un autor catalográfico (o el de un autor desde el punto de vista catalográfico) es muy amplio",[65] debido a que la extensión del concepto de autor concierne a la atribución de la relación entre autor y obra más allá de la responsabilidad intelectual, nunca es concerniente a la relación entre la identidad personal del autor y el nombre usado en sus publicaciones (identidad bibliográfica).

La solución es a favor del acceso inmediato por el usuario basado en el reconocimiento del nombre utilizado en las manifestaciones de una obra y con referencias de 'veáse también' para indicar la complejidad y totalidad de la obra de la persona. La solución de las RCA2R parece solamente un poco mejor motivada ideológicamente que la de 6.2 de los *Principios de París,* llegando casi treinta años después, con la única ventaja, la que actualmente casi no tiene utilidad en el catálogo electrónico, de ahorrar unos cuantos asientos secundarios.

Como una consecuencia, la adopción de esta regla posee algunos problemas adicionales: ¿Qué es un tipo de obras? ¿Son grupos de artículos, editoriales, reseñas, etc., tipos diferentes de los libros? ¿Obras textuales versus obras en otras formas de expresión? ¿La doble identidad bibliográfica no también es válida para la gente que cambia su nombre (quién, en cierta forma, también cambia de identidad)?, ¿proporcionar ésto se encuentra asociado con una diferencia en los tipos de obras? ¿La regla es válida para quién usa diferentes nombres para diferentes tipos de obras en una forma completamente casuística o bajo presión, sin ningún deseo de establecer una identidad bibliográfica diferente, excepto en algunos casos para evitar un fin trágico? ¿Muchos autores pasados tienen sus obras redistribuidas bajo los seudónimos que ellos utilizaron a pesar de que éstas son unánime y abiertamente atribuidas a ellos y nadie recuerda que fueron publicadas bajo un seudónimo? ¿Es un autor múltiple quién ha escrito únicamente dos obras de diferente tipo bajo diferentes nombres? ¿A que identidad bibliográfica debemos atribuir trabajos póstumos de ediciones de notas, cartas, diarios, que representan al autor como un ser humano y sobre el cual no se ha establecido ninguna identidad bibliográfica? ¿Son obras completas, las colecciones de trabajos pertenecientes a dos tipos, asentadas bajo el título con asientos secundarios para las dos identidades bibliográficas, como si éstas fueran colecciones de trabajos de dos personas diferentes (de acuerdo a AACR2R 21.7B1)? El deseo del autor parece ser un medio para cubrir la razón real de esta regla: el predominio de los nombre usados en los diferentes tipos de obras.

---

[65] "Una etiqueta que puede ser utilizada como una herramienta efectiva para recuperar obras por un autor, trabajos atribuidos a éste, trabajos espurios asentados bajo él, colecciones of imágenes de sus obras artísticas (e .g., reproducciones de los dibujos de Michelangelo, esculturas de Niccolò Pisano), aún publicaciones ocasionales, homenajes en su honor y publicaciones de cartas dirigidas principalmente o solamente a él". *Catalogazione* / Mauro Guerrini. – Roma : Associazione italiana biblioteche, 1999, p. 56-57.

La identidad bibliográfica doble (múltiple) es un criterio anormal en el catálogo, el que quizás confunde más que brinda ayuda: con los otros autores que escribieron diferentes tipos de trabajos no existe ninguna forma para colocar sus obras por tipo; para cada uno de los otros autores, la regla es encontrar todas las obras y ediciones bajo un mismo nombre. Considerando nuestra solución al problema discutido, la correspondiente regla italiana de las *Regole italiane di catalogazione per autori*, por el contrario, parece muy rígida. Esta establece, "Di un autore che usa uno pseudonimo per un certo tipo di opere e il nome reale per tutte le altre, si preferisce il nome reale"[66] [cuando un autor utiliza un seudónimo para un tipo particular de obras y el nombre real para otro tipo de trabajos, el nombre real es preferido], por lo tanto debemos elegir un nombre poco conocido (*Dodgson*), no utilizado en la obra más conocida y ampliamente difundida (*Alice*), en lugar del nombre con el que es más identificado (*Carroll*) relacionado con las obras más conocidas. Sin embargo, la mejor solución es quizás es tratar los casos de identidad múltiple con las reglas para "autores cuyo nombre varía" (el nombre por el cual el autor es más frecuentemente identificado ...).

La siguiente regla de RCA2R, "Si un autor contemporáneo usa más de un seudónimo o su nombre verdadero y uno o más seudónimos, use como base para el asiento de cada obra el nombre que aparece en ésta. Haga referencias que relacionen los nombres."(22.2B3) toma en su extremo la preferencia por los datos bibliográficos puros lo que implica el fin del principio del asiento uniforme para una persona. La contemporaneidad podría significar que el autor y sus nombres aún no son perfectamente establecidos, pero el hecho mismo de que la identidad personal de dos seudónimos ha sido reconocida como concurrente parece ser una razón suficiente para reunir las obras en el catálogo. De otra forma no se enfatiza la información obtenida y verificada en la búsqueda catalográfica y ofrecerla solamente por referencias podría parecer una capitulación errónea. [67]

Consideraciones

Después de presentar las soluciones, parcialmente concordantes y parcialmente discordantes, a los problemas relacionados con la forma de los asientos, vamos a buscar y dar algunas consideraciones concluyentes sobre este asunto. Una cuestión básica es: ¿a que catálogo nos estamos refiriendo? Una tensión constante se percibe entre las demandas locales (las de las bibliotecas) y las internacionales (las de las agencias bibliográficas) y una dificultad para reconciliarlas. En efecto, la preferencia ha sido dada, por turnos, a las formas vernáculas de los países y al idioma de los compiladores del catálogo, o a las formas originales y al idioma de los países de origen de los autores. Como una consecuencia tenemos, en el primer caso, asientos sin uniformar en el campo internacional pero de utilidad para el local, y en el segundo, asientos uniformes funcionales para el intercambio internacional pero más complejos para los usuarios locales. En la situación actual, donde tenemos intercambio global de información a través de redes y protocolos de comunicación, ¿el *control de autoridad* puede ser limitado al horizonte local del sistema bibliotecario o su panorama debe ampliarse al universo bibliográfico? ¿la agencia bibliográfica nacional controla a los autores nacionales o a todos los autores? De acuerdo al programa original para el control bibliográfico universal, los nombres de todos los autores deberán ser controlados de hecho, aunque de diferentes formas:

---

[66] Véase RICA 51.6.
[67] La debilidad teórica y práctica del concepto de identidad bibliográfica en la catalogación Angloamericana es mencionado por Elaine Svenonius en *The intellectual foundation of information organization* / Elaine Svenonius. –Cambridge (Mass.); London : The MIT Press, 2000, p. 212, n. 16.

1. a nivel nacional con un "poder para tomar decisiones" sobre las formas autorizadas de los nombres de los autores y los títulos de obras anónimas, conferido a cada agencia bibliográfica con el consentimiento y aprobación de otras agencias;
2. a nivel internacional por la aceptación de los asientos producidos por las agencias "hermanas" con el consecuente intercambio de asientos entre ellas.

Se nos ha dejado el problema de los autores no confinados a una nación (o previos al nacimiento de las naciones) y dado que nadie tiene competencia sobre ellos y si el criterio del idioma no puede aplicarse, existe la duda entre la adopción de la forma local o la tradicionalmente aceptada.[68]

Las *Guidelines for authority and reference entries*, GARE (1984) establecen la necesidad de actividades de control para las formas de los nombres y ofrecen opciones metodológicas a la luz de producir registros uniformes que puedan ser intercambiados y compartidos, pues como hemos señalado:

1. las formas originales no son siempre respetadas y son substituidas por formas vernáculas;
2. las escrituras usadas en diferentes países varían y la transliteraciones son diferentes;
3. la identificación de asientos producidos por diferentes agencias no es totalmente segura.

Es objetado, en contra de los motivos estrictamente bibliográficos, que no es adecuado imponer sobre los usuarios locales, el uso de formas adoptadas a un nivel internacional. El intento de reconciliar las necesidades culturales lingüísticas locales con las necesidades que corresponden a otros países es también una gran desventaja para las funciones de uso. Después de años de experiencia, la consideración del IFLA UBCIM Working Group on Minimal Level Authority Records y del ISADN enriquecieron esta conclusión: el objetivo de la adopción mundial de asientos idénticos para todos no es viable. La edición revisada en 2001 de las *Guidelines for authority records and references*, GARR, cambió la filosofía del control del *autoridad* y del acceso a los registros bibliográficos.

El criterio de "uniformidad" fue abandonado en favor de uno o más asientos autorizados para la misma entidad, iguales uno a otro, pero cada uno de ellos adaptable a diferentes ambientes culturales y compilado de acuerdo a reglas diferentes. Su equivalencia a nivel internacional corresponde al registro de una agencia única que establece relaciones de sus formas autorizadas a formas autorizadas "paralelas", compiladas de acuerdo a otras reglas, a otros idiomas y a otras escrituras. Las relaciones de formas diferentes en el registro de autoridad es la condición para transferir las formas académicas válidas internacionalmente (la *forme savante à valeur internationale* que podemos ver en los registros de la Bibliothèque nationale de France) y a otras formas locales o viceversa. El método permite gran libertad para satisfacer las necesidades locales además del reconocimiento de formas equivalentes en varios idiomas y tradiciones nacionales. El objetivo de la uniformidad lingüística es derivado a nivel internacional.

No perseguimos un idioma único (el latín de ayer o el inglés de ahora) ni colocar a los idiomas lado a lado, donde cada quién hable su propio idioma y deberá entender el de los otros, lo que realmente termina en ninguna comunicación. Entonces, el trabajo del control

---

[68] "Ein Gesamtkatalog der Druckwerke des 16. Jahrhunderts (Möglichkeiten und Pläne)" / Gedeon Borsa. – En: *Libri antichi e catalogazione: metodologie e esperienze : atti del seminario di Roma, 23-25 settembre 1981* / a cura diClaudia Leoncini e Rosaria Maria Servello. – Roma : [ICCU], 1984, p. 67. Italian title: *Per un catalogo collettivo delleopere a stampa del XVI secolo (possibilità e piani di lavoro)*.

de los puntos de acceso se convierte en el trabajo de un interprete, quién ya no únicamente establece el nombre correcto (*autoridad*), sino también debe establecer relaciones entre los diferentes nombres utilizados (*autorizados*). Quién efectúa una búsqueda, ya no debe adivinar el nombre correcto en su forma precisa, sino que tiene al interprete a su disposición, quién traduce su cuestionamiento dentro del catálogo.

En cada contexto nacional, aún enfrentamos el problema de cual forma debe ser definida como el estándar, un asunto teórico y práctico a la luz de su funcionalidad efectiva. El catálogo electrónico proporciona acceso directo a todos los registros relacionados con un autor (o con un título), a través de cualquier forma incluida en el registro de autoridad, por lo que el *asiento grupal* reduce una gran cantidad de problemas relacionados con la recuperación de la información respecto a la primera y la segunda función de los *Principios de París*. Esto no significa que la tarea de elegir una forma estándar autorizada, contra otra forma no estandarizada para ser utilizada como punto de acceso secundario no tenga utilidad. Eligiendo la forma estandarizada de acuerdo a criterios consistentes, produce asientos ordenadamente arreglados en listas para ser revisados, con la ventaja de implementar la identificación y selección de nombres automáticamente para los usuarios y para el mantenimiento del catálogo por los bibliotecarios.

El *trabajo de autoridad*, especialmente la atención a los términos exactos y la secuencia de los elementos continúa siendo la misma, la adopción de formas locales y las equivalencias de formas extranjeras limita el peso de esta actividad básica y puede, al mismo tiempo, llevar a mejores resultados:

    a. más facilidad al utilizar el catálogo,

    b. mayor seguridad de investigación.

No debemos olvidar al concluir, que fuentes de referencia inciertas e inadecuadas han estado a nuestra disposición para las actividades de catalogación[69], lo que ha sido una barrera seria para el establecimiento consistente de asientos uniformes; tampoco que los nombres más frecuentemente utilizados ni los mas conocidos pueden ser rápidamente inferidos de los materiales catalogados, sino solamente a través de la consulta de las fuentes de referencia. Ellas aún continúan siendo los medios básicos para encontrar y relacionar las formas adoptadas por otras agencias, así como para seleccionar e implementar nuestras opciones y hacerlas conocidas. El establecimiento de fuentes válidas: biografías, enciclopedias y herramientas de referencia disciplinaria, con información exacta acerca del orden de preferencia en caso de desacuerdo, es una garantía de consistencia para el catalogador y de claridad para el usuario. A medida de que tengamos a nuestra disposición y podamos esperar más del trabajo que se ha empezado con GARR, y si éste es correctamente entendido por las agencias nacionales, podría llevarnos a la creación, mantenimiento y disponibilidad de archivos de autoridad de alta calidad. El intercambio de registros se vuelve entonces, establecer relaciones y compartir archivos o su integración dentro de una estructura unificadora que contiene todos los registros de autoridad y establecer las relaciones entre aquellos de la misma entidad, siendo de ese modo, el archivo virtual de autoridad internacional del cual Barbara Tillett estuvo hablando esta mañana.

---

[69] Consultando *Names of persons*, 1996, aparece que de 105 agencias bibliográficas, solamente 29 dieron una respuesta afirmativa cuando se les preguntó si tenían un archivo de autoridad para nombres personales (incluyendo respuestas como "está en desarrollo").

Apéndice

Asientos por diez diferentes Agencias bibliograficas nacionales:

Comparaciones

Para cada uno de los problemas se proporciona un ejemplo con las diversas formas del nombre de un autor. La autoridad de los asientos descansa en el hecho de que fueron obtenidos por medio de la consulta de diez agencias bibliográficas nacionales (nueve europeas más la Biblioteca del Congreso (Library of Congress)); esta es una lista de sus acrónimos:

BL	British Library (Reino Unido)
BnF	Bibliothèque nationale (Francia)
DB	Deutsche Bibliothek (Alemania)
HR	Croacia
IT	Italia
LC	Library of Congress (USA)
NOR	Noruega
POR	Portugal
SP	Spain
SV	Sweden

En cada ejemplo, el número de variantes es dado entre paréntesis después del título del ejemplo y los asientos son ordenados alfabéticamente. Cuando un acrónimo falta, significa que el nombre no fue encontrado en ese catálogo. La puntuación ha sido considerada un elemento lo suficientemente distintivo para señalar una variante. Para Edith Stein, el asiento polaco (POL) ha sido agregado.

Autores clásicos griegos

LUCIAN OF SAMOSATA (7)

–Lucian, of Samosata	BL, LC
–Luciano de Samosata	SP
–Luciano de Samosata, ca. 130–200	POR
–Lucianus	IT, SV
–Lucianus <Samosatensis>	DB
–Lucianus Samosatensis	HR, NOR
–Lucien de Samosate *forme courante français* Lucianus Samosatensis *forme savante à valeur internationale latin*	BnF

Autores clásicos latinos

VIRGIL (5)

–Vergilius Maro, Publius	DB, IT, NOR, HR, SV
–Virgil	BL, LC
–Virgile *forme courante français* Vergilius Maro, Publius *forme savante à valeur internationale latin*	BnF
–Virgilio Marón, Publio	SP
–Virgílio, 70–19 a.C.	POR

Padres de la Iglesia y autores occidentales medievales

SAINT AUGUSTINE (8)

–Agostinho, Santo, 354-430	POR
–Agustin, Santo, Obispo de Hipona	SP
–Augustine, Saint, Bishop of Hippo	BL, LC
–Augustinus (saint)	BnF
–Augustinus, Aurelius	DB, HR
–Augustinus, Aurelius, helgen	NOR
–Augustinus, Aurelius, helgon	SV
–Augustinus, Aurelius <santo>	IT

Otros autores antiguos y medievales conocidos en occidente por su forma latina

CONFUCIUS (6)

–Confucio	SP
–Confucio, 551–479 a-C.	POR
–Confucius	BL, IT, LC, NOR, HR
–Konfucius	SV
–Kong, Qiu	DB
–Kong, Qiu (551 av. J.C.?–479 av. J.C.?) *forme savante à valeur internationale système ISO*	BnF

AVICENNA (6)

–Avicena	SP
–Avicena, 980?–1037	POR
–Avicenna	DB, IT, LC, HR, SV
–Avicenna, 980–1037	BL, NOR

–Avicenne *forme courante*
Ibn Sina, Al Husayn ibn Abd Allah *forme savante à valeur internationale ISO*   BnF

MAIMONIDES (7)

–Maimonide, Moise   POR1

–Maimonides   IT

–Maimónides   SP

–Maimonides, 1135–1204   POR2

–Maimonides, Moses   DB, SV, NOR, BL

–Maimonides, Moses, 1135–1204   LC

–Moïse Maïmonide *forme savante à valeur internationale*   BnF

Autores modernos y contemporáneos

RITSOS (8)

–Ritsos, Giannes   DB, IT, NOR, SV1

–Ritsos, Giannes, 1909–1990   BL

–Ritsos, Giann¯es, 1909–   LC

–Ritsos, Giannis   SV2

–Ritsos, Giannis (1909-1990) *forme courante autre système de translitt. à valeur internationale*
Ritsos, Giannes *forme savante à valeur internationale système ISO*   BnF

–Ritsos, Jannis   SV3

–Ritsos, Yannis   HR

–Ritsos, Yannis, 1909–1990   POR, SP

CHEKHOV (9)

–Cechov, A.P.   NOR

–Cechov, Anton P.   DB

–Cechov, Anton Pavlovic (Tjechov, Anton)   SV

–Cehov, Anton Pavlovic   HR, IT

–Chehov, Anton   POR

–Chejov, Anton Pavlovich (1860–1904)   SP

–Chekhov, Anton Pavlovich, 1860–1904   LC

–Chekhov, A. P. (Anton Pavlovich) 1860–1904   BL

–Tchekhov, Anton Pavlovitch (1860–1904) *forme courante autre système de translitt. à valeur internationale*
Cehov, Anton Pavlovic *forme savante à valeur internationale système ISO*   BnF

NIZAMI GANJAVI (9)

–Nezami-e Ganjavi *forme savante à valeur intern. système propre à l'Agence bibliographique (BnF)*	BnF
–Nizami	IT, SV1
–Nizâmi	SP
–Nizãmi Gangawi	SV2
–Nizãmi Gangawi, Ilyãs Ibn-Yusuf	DB
–Nizami Ganjavi	NOR, SV3
–Nizami Ganjavi, 1140 or 41–1202 or 3	BL, LC
–Nizami, Ganjavi	HR
–Nizami-yi Ganjah'i, Hakim	SV4

CAO XUEQIN (8)

–Cao, Hsie Kin	HR
–Cao, Xueqin	NOR
–Cao, Xueqin (1715?–1763?) *forme savante à valeur internationale*	BnF
–Cao, Xueqin, 1715?–1763	BL
–Cao, Xueqin, ca. 1717–1763	LC, SV1
–Cao, Zhan	DB
–Tsao Chan	IT
–Tsao, Hsueh-Chin	POR, SP, SV2

JALAL AL-DIN RUMI (10)

–Galal al Djn Rumj	IT
–Galal-ad-Din Rumi	DB
–Jalal al-Din Rumi *forme savante à valeur internationale système propre à l'Agence bibliogr.*	BnF
–Jalal al-Din Rumi, Maulana	NOR, SV1
–Jalal al-Din Rumi, Mawlana	HR
–Jal̄al al-D̄in R̄um̄i, Maulana, 1207–1273	LC
–Rumi, 1207–1273	POR
–Rumi, Galaladdin	SV2
–Rumi, Jalal al-Din, 1207–1273	BL

–Yalal al-Din Rumi	SP

Papas

PAUL VI (9 + 3)	
–Igreja Católica. Papa, 1963-1978 (Paulo VI)	POR
–Pablo VI, Papa	SP
–Paul 6, pave, 1897–1978 Den Romersk-katolske kirke. (Paven) (1963–1978 : Paul 6)	NOR
–Paul VI (pape) *forme courante français* Paulus VI (pape) *nom en religion forme savante à valeur internationale latin*	BnF
–Paul VI, Pope, 1897–1978	BL, LC
Catholic Church. Pope (1963–1978 : Paul VI)	BL, LC
Catholic Church. Archdiocese of Milan (Italy). Archbishop (1954–1963 : Montini)	LC
–Paulus <papa ; 6.>	IT
–Paulus <Papa, VI.>	DB
–Paulus VI	HR
–Paulus VI, [pave]	SV

Santos

THOMAS MORE (9)	
–More, Thomas	DB, HR
–More, Thomas, Sir, Saint, 1478–1535	BL, LC
–Morus, Thomas, 1478–1535	POR
–Thomas More (saint) *forme savante à valeur internationale*	BnF
–Thomas More, helgen	NOR
–Thomas More, helgon	SV1
–Thomas More, sir, Saint	SV2
–Thomas : More <santo>	IT
–Tomás Moro, Santo (1478–1535)	SP
EDITH STEIN (7 + 1)	
–Edith, Stein, santa	SP
–Edith : Stein <santa>	IT
–Stein, Edith	DB, HR, NOR
–Stein, Edith, Saint, 1891–1942	LC

–Stein, Edith, 1891–1942	BL, POR
–Stein, Edith (1891–1942) *forme savante à valeur internationale*	BnF
–Stein, Edith, 1891–1942, helgon	SV
–Teresa Benedykta od Krzyza (œw. ; 1891–1942)	POL

ENTIDADES CORPORATIVAS

DIOCESE

–Banjalucka biskupija	HR
–Catholic Church. Archdiocese of Milan (Italy) Catholic Church. Archdiocese of Milan (Italy). Archbishop (1954–1963 : Montini)	LC
–Catholic Church. Archdiocese of Milan. Italy Milan, Diocese of [*old editions*] Catholic church. Diocese of Northampton	BL
–Church of England. Diocese de Chester	NOR
–Diözese <Aachen>	DB
–Église catholique. Diocèse (Paris)	BnF
–Lisboa. Diocese	POR
–Milán (Archidiócesis). Arzobispo (1979– : Carlo M. Martini) Martini, Carlo M. (1927–)	SP
–Milano (Arcidiocesi)	IT

FRANCISCANS (8)

–Francescani	IT
–Franciscanos	SP
–Franciscans	BL, LC
–Franjevci	HR
–Franciskanorden	SV
–Ordem dos Frades Menores	POR
–Ordo Fratrum Minorum	DB
–Ordre des Frères mineurs *forme courante* Ordo Fratrum minorum *forme savante à valeur internationale latin*	BnF

Identidades bibliográficas separadas

DODGSON/CARROLL

Asiento uniforme para identidad personal:

–Carroll, Lewis	DB, NOR, HR, SV
–Carroll, Lewis (1832–1898)	BnF
–Carroll, Lewis, pseud.	POR
–Dodgson, Charles Lutwidge	IT

Asiento uniforme para identidad bibliográfica:

–Carroll, Lewis (1832–1898)	SP
–Dodgson, Charles Lutwidge (1832–1898)	SP
–Carroll, Lewis, 1832–1898	BL, LC
–Dodgson, Charles Lutwidge, 1832–1898	BL, LC

ENTIDADES CORPORATIVAS DE LA CONFERENCIA INTERNACIONAL SOBRE PRINCIPIOS DE CATALOGACIÓN (ICCP) AL 2003

Por
Mauro Guerrini
con la colaboración de Pino Buizza y Lucia Sardo
Traducción al español: Rosenda Ruíz Figueroa
Revisión técnica: Ageo García B.

Autoría corporativa antes de la ICCP

El concepto de autoría corporativa se desarrolló como parte de la tradición catalográfica Angloamericana[70]. Antonio Panizzi, en sus 91 reglas[71], fue el primero en codificar el uso

---

[70] Para una revisión histórica de la autoría corporativa antes de la ICCP, cf. Eva Verona, *A historical approach to corporate entries*; James A. Tait, *Authors and title*; y Michael Carpenter, *Corporate authorship: its role in library cataloging*. Los asientos corporativos fueron constantemente usados (desde los inicios del siglo XVII), antes de ser establecidos en las reglas de Panizzi; su origen no resultó de una supuesta equivalencia entre autores personales y corporativos, más bien debe corresponder a la presencia de los nombres de entidades corporativas en los títulos donde los trabajos anónimos y colectivos eran asentados bajo el título (y la palabra más importante del título) o bajo la materia y el nombre de una entidad corporativa era la palabra más importante del título o era la materia. Un ejemplo es el Catalogus impressorum librorum bibliothecae Bodleianae in Academia Oxoniensi, publicado en 1674 por Thomas Hyde, donde "podemos notar el enorme incremento de encabezamientos corporativos, a menudo correspondientes a nombres latinos de ciudades, países e instituciones, actuando como autores y como materias, encabezamientos agregados a trabajos anónimos o colectivos". Podemos encontrar: Anglia, Jesuita, & Societas Jesu, Londinum, Parisiensis Academia, y otros; o Brescia, para el título anónimo Il sontuoso apparato fatto dalla città di Brescia nel retorno delle [sic] Vescovo suo Cardinale Morosini [El suntuoso arreglo hecho en el pueblo de Brescia al retorno del Obispo Cardenal Morosini] (cf. Alfredo Serrai, ***Storia della bibliografia***, *7: Storia e critica della catalogazione bibliografica, Roma*, Bulzoni, 1997, p. 237).

[71] *Las 91 Rules for the compilation of the catalogue del Museo Británico*, publicadas por Antonio Panizzi en 1841, no tratan la autoría corporativa. La regla XXXIV hace explícita la tradición mencionada: "Cuando no aparece el nombre de una persona, debe preferirse el nombre de una asamblea, entidad corporativa, sociedad, consejo, secta o denominación que aparezca en el título, sujétese a lo establecido en la Regla IX; si no aparece un nombre, entonces cualquier país, provincia, ciudad, pueblo o lugar que aparezca será adoptado como el asiento"; sin un autor personal, Panizzi busca una entidad principal, el nombre de una entidad corporativa o un lugar en el título (esto significa toda la información de la portada), no la autoría de la obra. Después de esta elección, la Regla IX "Cualquier acta, resolución u otro documento que signifique un acuerdo, autorizado o elaborado por consejos de asamblea o entidades corporativas (con la excepción de academias, universidades, sociedades eruditas y órdenes religiosas...) deben asentarse en series alfabéticas distintas, bajo el nombre del país o lugar del que se deriva su denominación, o, si falta esa denominación, bajo el lugar en dónde se realizaron esas actas" es sólo asunto de la palabra del asiento y del arreglo: el nombre de una entidad corporativa puede no ser un asiento. Los asientos diferentes de los nombres personales deben ser nombres de lugares, bajo los que están los nombres de las entidades corporativas "en distintas series alfabéticas" o títulos, que no se tratan aquí; o asientos formales como ***"Academias" (Regla LXXX), "Publicaciones periódicas" (Regla LXXXI), "Efemérides" (Regla LXXXII).*** Bajo el primero de estos asientos formales los asientos están arreglados por el continente, los estados, las ciudades y, sólo al final, por los nombres de las academias. La única regla prevista para un asiento corporativo, independientemente de la presencia del nombre en el título y bajo la base de una distinción formal de las publicaciones, es la ***Regla XLVII:*** "Las colecciones generales de leyes, edictos, ordenanzas u otras actas públicas de descripción similar, deben ser asentadas bajo el nombre del estado o nación que lo o en donde se

de algunos asientos corporativos; el concepto de autoría corporativa fue sugerido y adoptado por Charles Coffin Jewett[72] y elevado a nivel de principio y desarrollado dentro de un conjunto completo de reglas por Charles Ammi Cutter en la cuarta edición de Rules for a Printed Dictionary Catalogue[73]. Hacia el final del siglo Karl Dziatzko[74] estableció claramente el rechazo alemán a los asientos corporativos; en Italia, por el contrario, Giuseppe Fumagalli compendió su uso tradicional en sus reglas de catalogación[75].

Lubetzky

Con su *Code of cataloging rules, author and title entry: an unfinished draft,* 1960 (CCR), Seymour Lubetzy establece la regla general para la autoría: 'Yo asiento la obra de una persona, independientemente del carácter o el medio en que se presenta, bajo el nombre de la persona presentado como autor de la obra'(Regla 1).

Tal vez uno de los rasgos más distintivos del CCR es su tratamiento de entidades corporativas, particularmente el abandono de la distinción entre sociedades e instituciones que había plagado los códigos anteriores. Como resultado, todas las entidades corporativas

---

sancionó, firmó o promulgó"; esto no es prueba de autoría corporativa y, aparte de los estados, los nombres de entidades corporativas sólo se usan como recursos subordinados para la intercalación de las entradas. (*'Corporate authors and the cataloguing of official publication'* / Yvonne Ruyssen, Suzanne Honoré. – In: *Journal of documentation.* – **Vol. 13, no. 3, p. 132-146).**

[72] El principio de autoría corporativa fue sugerido por primera vez en 1852 por Charles Coffin Jewett en On the construction of catalogues of libraries, and of a general catalogue and their publication by means of separate, stereotyped titles with rules and examples. La Regla XXII considera que todo tipo de entidad corporativa es autora de los trabajos que produce; siguiendo este punto de vista, Jewett prefiere los asientos directos bajo el nombre de una entidad en lugar de asientos bajo una palabra significativa en el nombre de la entidad, o de algún sustituto del nombre de la misma (lugar o país) o a un encabezamiento formal.

[73] C. A. Cutter continuó desarrollando su idea de autoría corporativa, pero los principios que estableció en 1876 se modificaron poco en sus códigos posteriores; en la cuarta edición de sus *Rules for a dictionary catalogue*, 1904, señaló dos razones para adoptar la autoría corporativa: "de hecho, estas entidades son autores, no sólo de sus memorias sino también de sus colecciones consideradas como un todo... por conveniencia... es mejor que todos los libros relacionados con el nombre de una sociedad o gobierno puedan ser colocados juntos en un solo lugar" (p. 40). La definición de *Autor* retoma la regla de Jewett: 'Las entidades formadas por hombres (sociedades, ciudades, cuerpos legislativos, países) deben ser consideradas los autores de sus memorias, actas, diarios, debates, reportes, etc.' (p. 14). Cutter defendió la autoría corporativa frente a la práctica alemana de poner todas las publicaciones de este tipo como anónimas y asentarlas bajo el primer sustantivo independiente en sus títulos. La regla 45 establece: 'Las entidades formadas por hombres deben ser consideradas como autores de trabajos publicados en su nombre o por su autoridad'; las siguientes reglas incluyen detalles y especificaciones de tipos particulares de entidades corporativas, de manera que el asunto es tratado sistemáticamente. En resumen, podemos reconocer que Cutter asumió el concepto de autoría corporativa como paralelo a la autoría personal y la desarrolló completamente, dando el paso más importante hacia la práctica catalográfica moderna. Los códigos posteriores, como el código Angloamericano (1908) y el de la American Library Association (1949), asumieron el principio de autoría corporativa de Cutter y se concentraron en la forma de los nombres de las entidades corporativas. De allí se derivaron cuatro grupos reconocidos de entidades corporativas: gobiernos, sociedades, instituciones y entidades misceláneas.

[74] En su *Instruction für die Ordnung der Titel im Alphabetischen Zettelkatalog der Königlichen und UniversitätsBibliothek zu Breslau*, Berlin, 1886, K. Dziatzko no estableció ninguna regla particular para entidades corporativas, tampoco para asientos alternativos de autor personal o de título. Aparecen asientos bajo los nombres de entidades corporativas sólo cuando son el primer sustantivo de un título, e.g., *Chaucer Society* (§110); cuyas publicaciones son consideradas anónimas.

[75] G. Fumagalli en su *Cataloghi di biblioteche e indici bibliografici, Firenze*, 1887, acepta la tradición italiana inspirado, en parte, por Cutter. La regla XXXXIX establece: "Las publicaciones elaboradas por una institución política, social o religiosa, o sea por una entidad corporativa, deben asentarse siempre bajo el nombre de esa entidad corporativa"; en las reglas abreviadas, la no. 27 acepta el principio de autoría corporativa: "Una entidad corporativa se considera como el autor de sus publicaciones" (p.81).

se asientan bajo sus nombres. Hasta donde es posible, Lubetzky intenta explicar la autoría corporativa dentro del marco de la autoría personal, pero con ciertas especificaciones (véase la regla 21). La regla 22 presenta una definición precisa de esas circunstancias bajo las que una entidad corporativa puede ser considerada como el autor de las publicaciones publicadas bajo su nombre.

Entidades corporativas en la ICCP, 1961

La autoría corporativa siempre ha sido un asunto problemático. La tradición alemana de *The Prussian Instructions* no considera la posibilidad de que una entidad corporativa pueda ser un autor, mientras la tradición angloamericana conlleva una larga práctica de asientos corporativos con la distinción entre sociedades e instituciones. El trabajo preliminar de IFLA, iniciado en 1954, había preparado una convergencia de estas dos tradiciones opuestas. En la Conferencia Internacional sobre los Principios de Catalogación de Paris (ICCP) en 1961, las entidades corporativas fueron reconocidas como importantes puntos de acceso a la información bibliográfica. Las entidades corporativas fueron discutidas el 11 y 12 de octubre: los principios generales sobre el asiento corporativo fueron establecidos por la Sección 9 de la *Declaración de Principios*. La base para la discusión preliminar de este aspecto fue un documento de trabajo preparado por V.A. Vasilevskaya, El WP no. 5: *1. Limits to the use of entries under corporate authors. 2. The cataloguing of laws and treaties;* y el WP no. 6 por Suzanne Honoré (BnF): *Corporate authorship. 1. Form of heading for corporate authors. 2. Treatment of subordinate bodies*[76]. El punto inicial de la discusión sobre la elección de asiento principal en la ICCP, fue:

9.1 Una entidad corporativa (i.e. cualquier institución, cuerpo organizado o asamblea de personas conocida por un nombre corporativo o colectivo) puede ser tratada en los catálogos como el autor de una obra o de una publicación seriada,

9.11 si la obra o publicación es, por su naturaleza, necesariamente la expresión del pensamiento o actividad colectiva de una entidad corporativa, o

9.12 si la redacción del título o la portada, tomado en conjunto con la naturaleza de la obra, implica claramente que la entidad corporativa es responsable colectivamente del contenido de la obra o publicación'.

Los puntos 9.11 y 9.12 tratan sobre las obras que pueden ser de la autoría de una entidad corporativa: tratando de conjuntar los que aceptan el principio de la responsabilidad colectiva y los que están en contra, incluso entre los primeros no hay total acuerdo sobre su aplicación. Se consideran relevantes tres criterios para definir los alcances de la aplicación del concepto de autoría colectiva; el 2o y 3o deben tomarse en conjunto cuando el 1o no se aplica:

1. el contenido y propósito de una obra, si este es, por su naturaleza, necesariamente la expresión del pensamiento o actividad colectiva de una entidad corporativa;

2. la presencia del nombre en el título o en una parte esencial de la portada;

3. la responsabilidad colectiva de la entidad corporativa, del contenido de la obra.

---

[76] Report / International Conference on Cataloguing Principles, Paris, 9th-18th October, 1961; [editado por A.H. Chaplin y Dorothy Anderson]. – London : International Federation of Library Associations, 1963. No. 5: 1. Limits to the use of entries under corporate authors. 2. The cataloguing of laws and treaties / by V.A. Vasilevskaya, p. 165-174, y no. 6: Corporate authorship. 1, Form of heading for corporate authors. 2, Treatment of subordinate bodies / by Suzanne Honoré: p. 175-183.

Muchos delegados tomaron parte en este debate, entre ellos Arthur C. Chaplin, Eva Verona, Andrew Osborn, Seymour Lubetzky y Ákos Domanovszky. Muchas delegaciones nacionales (e.g., Holanda, Suecia, Dinamarca y Finlandia) no estuvieron de acuerdo con el principio de autoría para entidades corporativas porque era muy difícil que los catalogadores lo aplicaran correctamente y porque no era útil para los usuarios de los catálogos. Chaplin declaró que incluso si la mayoría de las delegaciones aceptaban el principio de la responsabilidad colectiva, podría haber dos enfoques diferentes para asentar bajo un nombre corporativo:

1. el primero toma la posición de que una entidad corporativa que edita una obra debe ser considerada en la misma forma que un autor personal
2. el segundo considera que es útil hacer un asiento secundario bajo el nombre de la entidad corporativa porque el nombre es el elemento más conveniente para identificar todas las obras de esa entidad corporativa, incluso si el principio de autoría corporativa no es aceptado.

Para algunos tipos de obras (es decir, las definidas en 9.11) estos dos tipos de enfoques no implican ninguna diferencia del tratamiento, pero no es así para las obras definidas en 9.12, para las cuales se permite un asiento únicamente si se acepta el principio de responsabilidad colectiva. Seymour Lubetzky enfatizó que no podían hacerse diferencias entre el tratamiento de autores personales y corporativos, pues era difícil en ambos casos definir la relación entre un autor y su obra.

La votación en la sección 9.1, dio por resultado: 56 a favor y 7 en contra. La delegada de Yugoslavia estuvo 'dispuesta a aceptar [...] la alternativa señalada en el Reporte del Grupo de Trabajo (*Libri*, 1956, p. 291) para obras no relacionadas directamente con las actividades, funciones o administración interna de la entidad corporativa. La definición dada en 9.11 es más amplia que la alternativa mencionada antes y, además, bastante vaga'. La delegación sueca, aunque considero 'el uso del asiento corporativo como un método muy útil para tratar ciertos grupos de materiales'; el concepto de *responsabilidad colectiva* fue fuertemente criticado porque se consideró 'vago'. Cuando se voto sobre el punto 9.12, el resultado fue: 50 a favor, 6 en contra y 2 abstenciones.

La discusión también tomó en cuenta el texto de la sección 9.4: asiento uniforme para obras asentadas bajo el nombre de una entidad corporativa. Al final de las discusiones, el texto aprobado por la ICCP – *Declaración de Principios*, Sección 9, fue el siguiente:

9.1 El asiento principal de una obra debe hacerse bajo el nombre de una entidad corporativa (i.e. cualquier institución, cuerpo organizado o asamblea de personas conocida por un nombre corporativo o colectivo)

9.11 cuando la obra es, por su naturaleza, necesariamente la expresión del pensamiento o actividad colectiva de la entidad corporativa[77], incluso si está firmado por una persona en su papel de oficial o servidor de la entidad corporativa, o

9.12 cuando el título o la portada, tomado en conjunto con la naturaleza de la obra, implica claramente que la entidad corporativa es responsable colectivamente del contenido de la misma[78].

---

[77] E. g. Reportes oficiales, reglas y regulaciones, manifiestos, programas y registros de los resultados del trabajo colectivo.
[78] E.g. publicaciones seriadas cuyos títulos consisten en términos genéricos (Boletín, Actas, etc.) precedidos o seguidos por el nombre de una entidad corporativa y que incluyan algún recuento de las actividades de la entidad.

9.2 En otros casos, cuando una entidad corporativa ha realizado una función (como la de editor) subsidiaria a la función del autor, debe hacerse un asiento secundario bajo el nombre de la entidad corporativa.

9.3 En caso de duda, el asiento principal puede hacerse ya sea bajo el nombre de la entidad corporativa o bajo el título o el nombre del autor personal, con un asiento secundario (en cualquier caso) bajo la alternativa no elegida como asiento principal.

9.4 El asiento uniforme para obras asentadas bajo el nombre de una entidad corporativa debe corresponder al nombre por el cual la entidad es más frecuentemente identificada en sus publicaciones, excepto que

9.41 si en las publicaciones frecuentemente se encuentran formas variantes del nombre, el asiento uniforme debe ser la forma oficial del nombre;

9.42 si hay varios nombres oficiales en diferentes idiomas, el asiento debe ser el nombre en el idioma más adecuado a las necesidades de los usuarios del catálogo;

9.43 si la entidad corporativa es conocida generalmente por un nombre convencional, éste debe ser el asiento uniforme (en uno de los idiomas utilizado normalmente en el catálogo);

9.44 para los estados y otras autoridades territoriales, el asiento uniforme debe ser la forma usada actualmente del nombre del territorio que representa, en el idioma que mejor se adapte a las necesidades de los usuarios del catálogo;

9.45 si la entidad corporativa ha utilizado diferentes nombres en periodos sucesivos, que no pueden considerarse variaciones menores de ese mismo nombre, el asiento para cada obra debe ser el nombre usado en el momento de su publicación, los nombres diferentes deben conectarse mediante referencias[79];

9.46 debe agregarse una característica identificadora, si es necesario, para distinguir la entidad corporativa de otras con el mismo nombre.

9.5 Las constituciones, leyes, tratados y otras obras con características similares, deben asentarse bajo el nombre del estado adecuado u otra autoridad territorial, con los títulos formales o convencionales que indiquen la naturaleza del material. Según se requiera, deben hacerse asientos secundarios para los títulos presentados en las obras.

9.6 Una obra de una entidad corporativa subordinada a una entidad superior debe ser asentada bajo el nombre de la entidad subordinada, excepto

9.61 si el nombre mismo implica subordinación o función subordinada, o si es insuficiente para identificar a la entidad subordinada, el asiento debe ser el nombre de la entidad superior con el nombre de la entidad subordinada como subasiento;

9.62 si la entidad subordinada es un órgano administrativo, judicial o legislativo de un gobierno, el asiento debe ser el nombre adecuado del estado u otra autoridad territorial, con el nombre del órgano como subasiento.

---

[79] Una alternativa permitida, cuando es claro que los nombres sucesivos corresponden a la misma entidad, es juntar todos los asientos bajo el nombre más reciente con referencias desde los otros nombres.

El texto presentado antes del debate en la ICCP refleja en forma explícita el principio de autoría de las entidades corporativas, el texto aprobado en la ICCP maneja 'asiento bajo el nombre de una entidad corporativa' sin ninguna mención clara del concepto de entidades corporativas como autores.

Lista de asientos uniformes de entidades corporativas

Después de la ICCP empezamos a ver el inicio de la compilación de listas de autoridad internacionales de asientos uniformes de entidades corporativas, gracias a la *Declaración de Principios*; pero se hizo cada vez más y más difícil, debido a:

- el incremento del número de países participantes (y, más que todo, la diversidad lingüística y cultural)
- las reglas aprobadas después de la Conferencia de París no llevaron a soluciones únicas como se esperaba después del acuerdo obtenido (aunque no fácilmente) en la Declaración de Principios

Las actividades (y la lógica) del Programa "Control Bibliográfico Universal" hicieron que fuera fundamental hacer una revisión completa del asunto, incluyendo una revisión y mejoras a la Declaración de Principios, de manera que se lograra un acuerdo sobre la forma de los asientos corporativos.

Ediciones definitivas de listas de autoridad

List of uniform headings for higher legislative and ministerial bodies in European countries /International Federation of Library Associations and Institutions; compiled by the USSR Cataloguing Committee. – 2nd ed. rev. – London: IFLA International Office for UBC, 1979.

African legislative and ministerial bodies: list of uniform headings for higher legislative and ministerial bodies in African countries / compiled by IFLA International Office for UBC. – London: [s.n.], 1980.

Names of states: an authority list of language forms for catalogue entries / compiled by the IFLA International Office for UBC. – London: IFLA International Office for UBC, 1981.

Consideraciones teóricas: Verona, Carpenter, Domanovszky

Eva Verona

A pesar de la casi unánime aceptación de los *Principios de París*, encontramos grandes diferencias entre los códigos *'post-París'*. La Reunión Internacional de Expertos de Catalogación en Copenhague, 1969, recomendó que la edición anotada de la *Declaración* debía presentar las soluciones adoptadas o discutidas, y promover el uso de los nombres originales de países y ciudades en los asientos. En la edición de 1971, Eva Verona recopiló usos nacionales y demostró claramente que había una gran distancia entre la teoría y la práctica; para estrechar esa distancia, consideró que se requería un mayor análisis posterior.

En la Conferencia IFLA de 1972 en Budapest, el Comité de Catalogación pidió a Eva Verona realizar un análisis de la posición vigente en el asunto de entidades corporativas. ¿Cómo era interpretado el concepto de 'autor corporativo' y cuáles eran las prácticas y reglas nacionales? En la Conferencia IFLA de 1973 en Grenoble, Verona presentó los primeros resultados de su estudio, en los que reconoció la existencia de: un concepto amplio de autoría corporativa (el nombre de cualquier entidad corporativa más cercanamente asociado con una obra, de acuerdo a las RCA); y de uno más específico (e.g. la posición búlgara: una entidad corporativa puede ser usada como un asiento sólo si la forma de la publicación –leyes, boletines, etc.- lo permite). También había posiciones intermedias (sólo en ciertos casos definidos formalmente era posible considerar una entidad corporativa como el originador de la obra, RAK).

Verona sugirió también una definición de autoría corporativa: 'Una obra debe ser considerada de autoría corporativa si puede concluirse por su carácter (o por su tópico), que es necesariamente el resultado de la actividad creativa y/u organizacional de la entidad corporativa como un todo y no de la actividad intelectual de los individuos que lo redactaron'. El concepto amplio de autoría corporativa fue ligeramente preferido por los miembros del Comité.

En la Conferencia IFLA de 1974 en Washington, D.C., fueron presentados los resultados finales del estudio de Eva Verona, así como una investigación de Maria Valenti sobre asientos de publicaciones periódicas. Del estudio de Valenti surgieron dos diferentes aspectos: un asiento principal bajo título o un asiento principal bajo entidad corporativa. De manera que la investigación, que concuerda con los resultados del estudio de Verona, fue aceptada como una contribución importante al asunto de las publicaciones seriadas.

En 1995 se publicó *Corporate headings: their use in library catalogues and national bibliographies*. En la introducción de su reporte, Verona escribió que 'dado que no se ha logrado la normalización internacional para la aplicación, interpretación, forma y estructura de las entidades corporativas'; y anotó que 'la mayoría de los procedimientos prescritos en los diversos códigos o adoptados por las prácticas catalográficas, etc., tiene una marcada tendencia a apegarse a las tradiciones catalográficas que han perdurado en su propio país'[80].

El estudio es un análisis crítico de los aspectos relativos a los asientos corporativos y se concentra en la revisión de los estudios teóricos y las soluciones adoptadas por las reglas catalográficas y las bibliografías nacionales. Para cada perspectiva del asunto, ofrece un panorama completo de las diferentes posiciones y las compara presentando los pros y contras de cada uno. También indica las soluciones que están más de acuerdo con los Principios de París y son más aceptables en el contexto internacional.

La primera sección se concentra en la definición de entidad corporativa para propósitos de catalogación, y sobre el concepto de autor corporativo y otras interpretaciones de los asientos corporativos, con un análisis de varios tipos de documentos que pueden ser atribuidos a entidades corporativas.

La segunda sección trata sobre la forma y estructura de los asientos corporativos; empieza por los problemas generales, que son comunes a todos los asientos corporativos, y luego, para cada tipo de entidad corporativa, analiza a profundidad la estructura y forma del nombre para el asiento de acuerdo a la naturaleza de cada uno. El trabajo es completo; también pone atención a las diferencias en detalles técnicos como la puntuación, uso de mayúsculas, transliteración, calificadores geográficos, es decir, detalles que van más allá de los principios de catalogación y que son considerados detalladamente sólo por una aproximación concreta típica de los códigos de catalogación. Es rico en ejemplos, incluyendo algunos tomados de los códigos de catalogación anteriores a París, y es por lo

---

[80] *Corporate headings: their use in library catalogues and national bibliographies: a comparative and critical study* / by Eva Verona. – London: IFLA Committee on Cataloguing, 1975, p. 1.

tanto una base muy útil de la cual no sólo inicia el trabajo de uniformidad internacional, sino también para promover un mejor entendimiento de las prácticas catalográficas en los países considerados en la obra. En las conclusiones, Verona presenta sugerencias para nuevos acuerdos sobre los asientos corporativos, establece sus (previamente expresadas) preferencias y toma en cuenta las posiciones divergentes con propuestas de mediación. Algunos ejemplos de las sugerencias de Verona son: 'Todos los tipos de grupos… deben ser incluidos en el significado del término… no deben hacerse excepciones para las autoridades territoriales o los editores comerciales'; 'Las obras de dignatarios producidas en su calidad oficial deben ser tratadas como obras de autoría personal' (con excepción de las leyes); 'Las leyes deben ser asentadas bajo su título propiamente dicho'; y para entidades corporativas subordinadas 'deben preferirse los asientos directos'.

Si pudiese parecer que las comparaciones detalladas apuntan a la creación de un código de catalogación internacional (el eludido en París), estas sugerencias, por el contrario, muestran que la obra en su conjunto está situada en un nivel intermedio entre las reglas y los principios. Sobre la base de un debate de quince años, incluso si estos son interpretados y adoptados consistentemente, parece reconocerse implícitamente que los principios producen diferentes asientos en diferentes países; estos asientos diferentes pueden ser entendidos en el extranjero porque han sido creados de acuerdo a prácticas comunes pero no son lo suficientemente uniformes para ser puestos juntos en un catálogo alfabético para mostrar 'que obras de un autor particular y cuales ediciones existen de una obra particular'. Esto es particularmente así en el contexto transformado del presente: el intercambio de información bibliográfica se ha incrementado enormemente y la catalogación compartida pone lado a lado asientos de diferentes orígenes, considerando que el uso de computadores enfatiza la necesidad de formalización estricta para evitar la duplicación de asientos corporativos con cada forma variante.

La introducción de *"Structures of corporate name headings"* (SCNH), reporta que: 'Ella comentó que la "completa falta de uniformidad" fue un muy serio obstáculo para el efectivo control bibliográfico universal y argumenta que las barreras nacionales han tenido que ser derribadas, que los intereses locales y nacionales deben dar lugar a los intereses internacionales. Las diferencias en la aplicación práctica deben ser reducidas al mínimo; deben evitarse las reglas complicadas y sobre elaboradas porque el usario promedio no las entiende. Investigación posterior en el uso de los catálogos ha confirmado que Verona también proporcionó un grupo de "Sugerencias" en las que aboga por un marco de trabajo en el que las variaciones dictadas por los intereses nacionales son eliminadas y se dan soluciones simples'[81].

Michael Carpenter

Participó de manera autorizada en el debate teórico. ¿Pueden las entidades corporativas ser consideradas como autores de sus obras?. Era necesario reflejarlo en un concepto de autoría, en el significado de ser el 'autor' de una obra. En 1981 Carpenter publicó un estudio sobre autoría corporativa; definió tres modelos de autoría:

1) como origen o creación;

2) como toma de responsabilidad;

3) como declaración corporativa.

---

[81] *Structures of corporate name headings: final report,* November 2000 / IFLA Section on Cataloguing, Working Group on the Revision of FSCH; compiled and introduced by Ton Heijligers. <http://www.ifla.org/VII/s13/scatn/final2000.htm>.

El primero ocurre cuando un autor escribe un texto; esta es una condición improbable (si no imposible) para una entidad corporativa puesto que sólo puede ocurrir cuando todos los miembros toman parte en la creación de una obra. El segundo es cuando un autor declara su responsabilidad, incluso si no creo la obra; esta es una situación típica en el caso de entidades corporativas que adoptan o editan obras escritas por expertos; esto ocurre con mayor frecuencia en situaciones en las que las entidades corporativas adoptan obras creadas por autores individuales, normalmente bajo demanda pero a veces porque es obligatorio si la entidad corporativa está obligada a tomar la responsabilidad (autoría catalográfica) para algunos tipos de obras. El tercero se refiere a declaraciones corporativas: 'El contenido textual de una obra debe ser una declaración corporativa de una entidad corporativa de manera que esa entidad sea tratada como su autor' (p. 152). Las declaraciones, especialmente todos los actos lingüísticos, orales o escritos, son hechas por individuos, pero algunas no son significativas si no están hechas en nombre de la entidad corporativa que esos individuos representan. Una entidad corporativa es, sin embargo, capaz de hacer 'declaraciones corporativas' si hay una ratificación descriptible y/o un procedimiento de veto para asumir la responsabilidad para hacer ciertas declaraciones; estas declaraciones, por supuesto, son necesariamente hechas, en primer lugar, por individuos. En tales casos debe ser claro y evidente que la declaración es una 'declaración corporativa' de una entidad corporativa.

Carpenter piensa que ésta tercera situación ofrece suficiente justificación para el tratamiento de entidades corporativas como autores; desde su punto de vista este debe incluir y reemplazar a los otros dos puntos y debe convertirse en la única opción aceptable. De este modo, una entidad corporativa está considerada como un autor catalogado (un autor convencional, obviamente) y, por lo tanto, su nombre puede constituir un asiento. En consecuencia, el concepto de autoría puede también incluir una entidad corporativa, porque ésta es responsable del contenido de una publicación, un contenido que expresa una voluntad colectiva que va más allá de la voluntad de la persona individual que la representa, y que, en un contexto histórico particular es su representante.

Ákos Domanovszky

Ákos Domanovszky define como 'entidad corporativa', 'toda unión u organización, sea permanente o efímera, que ha tenido parte (excepto el papel de mero editor o impresor) en la producción de un objeto elemental de catalogación (incluyendo su componente intelectual, su contenido) y que posee lo que puede considerarse un nombre'[82]. Agrega que las dificultades aparecen cuando uno trata de definir el término 'autor corporativo'. De hecho, la palabra 'responsabilidad' denota una amplia escala de cosas no sólo cuantitativas sino también cualitativas, y por esta razón 'muy frecuentemente la "principal" entre ellas únicamente puede determinarse de manera absolutamente arbitraria'. Pero mientras en el campo de la autoría personal, la fórmula 'responsabilidad principal del contenido intelectual' no suele causar problemas porque el significado común de la palabra 'autor' lo protege de usos impropios, cuando se trata de editores, compiladores y entidades corporativas como autores, las consecuencias prácticas se tornan absolutamente insatisfactorias. El criterio de 'responsabilidad principal del contenido intelectual del libro' no sólo no ofrece ninguna pista para el manejo de casos cuando varias entidades, o entidades y personas como editores o compiladores, tienen todos participación en la producción de un libro u obra, sino que 'el catalogador falla también con frecuencia al

---

[82] *Functions and objects of author and title cataloguing: a contribution to cataloguing theory* / Ákos Domanovszky. – München : Verlag Dokumentation, 1975, p. 120, passim.

enfrentar la tarea de elegir entre un asiento de título y uno corporativo'; la incapacidad de los creadores de códigos para llegar a un acuerdo sobre el significado del término 'autor corporativo' y su falla al explicar (incluso en forma aproximada) las diferentes versiones del significado del término, se deriva de la completa carencia de una base objetiva sobre la cual establecer una definición común; este problema se aplica a cualquier código: 'Ningún código en el mundo ha podido abordar esta tarea satisfactoriamente'.

Domanovszky indica muchas causas de esta falla. La primera es que el fenómeno con el que los catalogadores tienen que lidiar muestra una interminable variedad de combinaciones de formas, 'la que se puede concebir como un arreglo [...] dentro de un sistema graduado que despliega un alto grado de continuidad'. Este continuum muestra que este fenómeno no sólo difiere de cualquier otro, sino también difiere en grados. Como consecuencia es imposible definir los límites del concepto 'autoría corporativa', ya que siempre existen 'contingencias más o menos notables de casos en el mundo correspondiente a la realidad, en el cual es dudoso y abierto a discusión, cuáles pueden incluirse bajo dicho concepto y término y cuáles no'. Domanovszky concluye que 'para determinar la línea divisoria entre esas entidades corporativas que deben ser consideradas y tratadas como "autores" y las que no, la teoría y la codificación no han tenido éxito aún en descubrir un método objetivo'.

La segunda causa es que la 'analogía entre autoría personal y corporativa es una mera ficción y la aplicación de la designación de "autor" a una entidad corporativa no es nada más que una metáfora', pues las entidades corporativas son incapaces de escribir y redactar. Esta es la principal razón 'por la que todos los intentos de amalgamar las dos definiciones [...] están destinados a fallar'. Además de esto, es completamente imposible establecer una línea nítida de división entre publicaciones de entidades corporativas que han sido escritas por representación y aquéllas que no. Este alto nivel de volatilidad en los límites del concepto es el punto crucial que, en opinión de Domanovszky, convierte ulteriormente al concepto de autoría en inmanejable.

En suma, Domanovszky no ve ninguna posibilidad de formular reglas para la aplicación de asientos principales corporativos sin provocar una 'ocurrencia desordenada de malos entendidos y malas interpretaciones en la amplia gama de su validación'; pero establece que 'si un concepto del tipo "de límites difusos" es a pesar de sus limitaciones considerado un dispositivo de catalogación tan útil como indispensable, es posible hacer uso de él mediante asientos secundarios'. No obstante, Domanovszky percibe que muchos bibliotecarios considerarán que descartar el asiento principal corporativo (y el concepto mismo de autoría corporativa) es inaceptable; esos bibliotecarios 'están acostumbrados a considerar las reglas de autoría corporativa como [...] una contribución principal a la catalogación autor-título'; pero la 'verdadera contribución valiosa consiste en haber explorado claramente todas las posibilidades de su uso, como un manejo de gran mérito, del nombre de las entidades corporativas que han tenido parte en la producción de libros u obras; en [...] haberse reconocido la aptitud de esos nombres para materialmente mejorar la recuperabilidad de una gran e importante clase de objetos de catalogación; en otras palabras, en [...] descubrir el gran valor que esos nombres son capaces de alcanzar en el rol de marcas formales'. En opinión de Domanovszky, la contribución positiva se detiene aquí; piensa que el desarrollo del concepto y del aspecto formal de los nombres, tales como: 1) la introducción del concepto de autoría corporativa para justificar la práctica de asientos principales corporativos; 2) la distinción entre dos clases de entidades; y 3) el desarrollo de un sistema muy artificial y cada vez más intrincado de entrada principal bajo entidades corporativas y su diferenciación en tres diferentes clases con una forma especial de asiento); han disminuido el valor de esa contribución al punto en que las desventajas superan a los beneficios.

"Form and structure of corporate headings" (FSCH) – 1980

Considerando la necesidad de uniformidad a nivel internacional en el campo de los asientos corporativos, la IFLA creó un Grupo de Trabajo sobre Entidades Corporativas, presidido por Lucia J. Rather, en 1976. El grupo usó el trabajo de Verona como punto de partida con el propósito de llegar a un acuerdo internacional sobre un conjunto de principios básicos para establecer la forma y estructura de los asientos corporativos que pudiera ser recomendado para su uso internacional, sin considerar la elección del asiento principal. En una reunión en Londres en 1977, el Grupo de Trabajo presentó sus recomendaciones, empezando con la consideración de que 'la normalización internacional de la forma y estructura de los asientos corporativos, en combinación con los archivos de autoridad, era esencial para la realización del programa USB'[83]. Las recomendaciones: definieron una entidad corporativa sobre la base de un nombre particular que la identifica y un conjunto de reglas que limita los casos en los que un grupo ocasional tiene o no un nombre formal; propusieron indicaciones exactas, unas generales (e.g. el idioma) otras detalladas (e.g. puntuación) para el asiento uniforme de entidades corporativas en general y para autoridades territoriales en particular.

El Grupo de Trabajo buscó opiniones sobre las recomendaciones y trató otros aspectos del asunto en seguimiento del estudio de Verona. En 1978 distribuyó un borrador completo del conjunto de recomendaciones, el que fue revisado a la luz de los comentarios recibidos. Las recomendaciones, que fueron aprobadas por la Sección de Catalogación y la Sección de Publicaciones Oficiales, fueron publicadas como norma IFLA "Form and structure of corporate headings" en 1980. El documento está estructurado en párrafos (como en las ISBDs) y el estilo tipográfico es también el mismo de las ISBDs. 'El principal propósito de las recomendaciones es promover la *uniformidad en los asientos que aparecen en los registros bibliográficos producidos para el intercambio internacional dentro del marco del Control Bibliográfico* Universal. Las recomendaciones están dirigidas a soluciones para los problemas de la catalogación vigente, no para los de los catálogos retrospectivos' (0.1.1). Las recomendaciones tratan únicamente sobre la forma de los asientos corporativos y no consideran la elección del asiento. Un párrafo de definiciones especifica el significado de esos términos que son importantes para la correcta aplicación de las recomendaciones (e.g., agencias gubernamentales y agencias no-gubernamentales). En el texto, las recomendaciones generales preceden a las recomendaciones detalladas correspondientes a los tipos específicos de entidades.

La definición de 'entidad corporativa' sigue y modifica la de Verona, y claramente diferencia entre las entidades corporativas que pueden o no ser usadas en un catálogo, mediante la adición de los tipos de designaciones que son insuficientes para que se considere como una entidad corporativa a un grupo o evento ocasional con nombre formal. También se refiere a la elección del asiento: si el nombre no existe, la entidad corporativa por sí misma no existe y no puede tener un asiento propio. No es una modificación de (o una adición a) la Declaración de Principios; pero es una explicación muy útil sobre un texto, que como tal no es ambiguo, pero que es muy débil para evitar malos entendidos (e.g., véase recomendación 2).

---

[83] Cf. IFLA Working Group on Corporate Headings, London, 26-28 April. – In: *International cataloguing*, vol. 6, no. 3 (1977), p. 26.

Hay todavía un asunto sin resolver: las secciones sobre entidades religiosas (nos. 29-34) son provisionales porque no hubo acuerdo sobre esto en el Grupo de Trabajo. Algunos miembros sintieron que todas las entidades religiosas deberían asentarse:

    a. como subasientos;
    b. bajo sus propios nombres; o
    c. bajo el nombre territorial.

La ayuda de un experto, Thomas Pater, y la revisión del Grupo de Trabajo, llevó a un texto definitivo y a la aprobación de los párrafos 29-34 (en la Conferencia IFLA de 1982 en Montreal) que fueron impresos en hojas sueltas que se agregaron al texto original; y publicados en el primer número de International Cataloguing en 1983.

En 1989, IFLA estableció un Grupo de Revisión sobre el documento FSCH, presidido por Nicole Simon, que envió una consulta a los miembros del Comité Permanente, a las bibliotecas nacionales Europeas y a la Biblioteca del Congreso, conteniendo una propuesta de Marion Mouchot respecto de un cambio en el tratamiento de las abreviaturas. 'Un reporte que sintetiza las respuestas que fueron enviadas a un grupo especial de revisión que se reunió en Estocolmo en 1991 y que también examinó la pregunta sobre si los calificadores geográficos deben ser sistemáticos o no. Se acordó transcribir formas abreviadas sin puntos ni espacios, independientemente de si la forma del nombre utilizada en la publicación corresponde a iniciales o a un acrónimo. La discusión sobre el uso de calificadores geográficos llegó a la conclusión de que esa adición era necesaria sólo cuando es deseable para distinguir entre nombres homónimos'[84]. El Grupo de Revisión consultó expertos en varios países (siete en Europa y uno en los Estados Unidos) y finalmente propuso dos modificaciones al documento: sobre formas abreviadas y calificadores geográficos; las cuales fueron aprobadas en la Conferencia de IFLA de 1992 en Moscú.

"Structures of Corporate Name Headings" (SCNH)[85]

El Grupo de Revisión del documento FSCH discutió también la necesidad de una revisión general de la norma. En su respuesta al Grupo Revisión en 1990, Ton Heijligers expresó, refiriéndose al estudio de Frans Heymans[86], que en la práctica bibliográfica: las reglas del FSCH eran muy complicadas, requerían mucho trabajo y no producían resultados con la uniformidad deseada; desarrolló más ampliamente la idea de Heymans sobre nombres corporativos, respecto a hacer la distinción entre el asiento como la forma de control universal utilizada con propósitos de intercambio y el asiento uniforme para catálogos (nacionales). El Comité Permanente de Catalogación concluyó que no parecía necesario revisar en forma significativa la obra de Verona[87].

En 1995, la Sección de Catalogación cobro más y más conciencia de que a pesar del FSCH, la práctica bibliográfica aún no mostraba mucha uniformidad en el tratamiento de asientos de nombres corporativos. La Sección estableció un nuevo Grupo de Trabajo sobre FSCH (inicialmente presidido por Barbara Tillett y, desde 1997, por Ton Heijligers) y le

---

[84] Ibidem.
[85] Esta parte está tomada de la introducción de SCNH abreviada y con enmiendas.
[86] 'How human-usable is interchangeable? Or, shall we produce catalogues or babelographic towers?' / Frans Heymans. – In: Library resources & technical services. – Vol. 26, no. 2 (Apr./June 1982), p. 157-169.
[87] Review Group on 'Form and Structure of Corporate Headings' / IFLA Standing Committee on Cataloguing. – In: International Cataloguing & Bibliographic Control. – Vol. 21, no. 4 (Oct./Dec. 1992), p. 53.

asignó la tarea de examinar la norma de 1980 para ver como debería hacerse la revisión; la discusión pronto se concentró en las presuntas funciones de FSCH, la pregunta era: ¿puede una norma servir dos propósitos al mismo tiempo?

1. Facilitar el intercambio en línea de nombres corporativos ofreciendo pautas para la creación de lo que debía llamarse formas de control universal por entidad (preferentemente ligadas a un número internacional) para identificar claramente cada entidad corporativa y distinguirla de otras (incluyendo las variantes de nombre), y para comunicar que forma se eligió para el asiento uniforme en el país de origen de la entidad.

2. Ser una guía útil para el establecimiento de reglas internacionales para la creación del asiento uniforme aceptado universalmente, independientemente del hecho de que los asientos uniformes en cada país sean estructurados (en cuanto a forma, idioma, orden de los términos, etc.) de acuerdo a las necesidades y tradiciones nacionales.

En la Conferencia IFLA de 1996 celebrada en Beijing se concluyó que un conjunto de normas internacionales aceptado por todos probablemente no fuera posible, pero que el FSCH podría ser muy útil al sugerir una estructura para los asientos corporativos en los catálogos de biblioteca. Al mismo tiempo, era deseable que la Agencias **Bibliográficas Nacionales siguieran reglas similares; pero no era esencial tener formas idénticas de** nombre debido a las nuevas oportunidades ofrecidas por el surgimiento de técnicas asistidas por computador; además, también se consideró importante la utilización de formas que fueran familiares y entendibles para el usuario. Los miembros del Grupo de Trabajo acordaron enfocar su atención en la revisión del texto existente del FSCH e identificaron diez asuntos (áreas y reglas) a considerar en la revisión, las tan mencionadas "Beijing Assignments."

En un intento por conjuntar las diferentes opiniones sobre las funciones que debían asignarse al FSCH, en junio de 1997 se distribuyó un documento de discusión 'How to proceed with the FSCH revision?' con un apéndice que contenía un modelo de texto para la revisión de las reglas 1 a 24. Las respuestas, que fueron discutidas en la Conferencia de Copenhague en 1997, condujeron a la conclusión de que aún había mucha incertidumbre sobre que dirección tomar y que en consecuencia, hubiera sido mejor haber iniciado la revisión después de que estuvieran disponibles los resultados del Grupo IFLA UBCIM Working Group on Minimal Level Authority Records and ISADN, y de las actividades de revisión relativas a las RCA y RAK. También se llegó al acuerdo de que, por lo menos, los *principios guía ("guiding principles")* debían elaborarse antes de poder prescribir reglas y, para ahorrar tiempo, se decidió contratar un consultor para quien se prepararon los siguientes principios y declaraciones:

- el usuario es el punto central principal
- la ventaja económica de una norma compartida, pero también el reconocimiento de convenciones nacionales
- la necesidad de un conjunto lógico de reglas
- el uso de la forma de un nombre corporativo tal y como se encontró, a menos que hubiera una buena razón para cambiarla, la que pudiera ser explicada fácilmente
- la imposibilidad de ignorar la práctica anterior.

Sobre estas bases, el Grupo de Trabajo identificó a las reglas correspondientes a los calificadores y omisiones (las reglas FSCH 713, 23) como las más problemáticas. La regla 6, relativa a los efectos del cambio de lugar, también debía revisarse con mayor precisión.

Se requería tener un panorama general de las diferencias más importantes entre las prácticas nacionales para confrontar las diferentes opciones frente a las disposiciones y principios guías ya acordados. El consultor debía formular un conjunto de reglas principales teniendo como base los resultados de las comparaciones de las reglas. Entonces inició la comparación de las reglas, mediante la revisión de diferencias de ejemplos en las RAK alemanas, en la base de datos LOC, en las reglas rusas, las RCA, el FSCH y las RICA italianas; se recibieron de Alemania e Italia observaciones generales sobre una revisión de los calificadores. En la primavera de 1998 surgieron dudas sobre la continuación de esta labor; durante el trabajo de comparación, se hizo más y más evidente que el énfasis debía ser cambiado del contenido del asiento hacia los principios principales y hacia una estructura común para los asientos. Después de cuarenta años fue claro que la eliminación de las diferencias de opinión no podría lograrse: todo el tiempo había habido desviaciones de los Principios de París y de las reglas del FSCH tan pronto como una agencia bibliográfica nacional lo consideró necesario para satisfacer las necesidades de su país.

En la Conferencia IFLA de 1998 celebrada en Amsterdam, el Grupo de Trabajo de FSCH concluyó explícitamente que requerir que todo el mundo utilice la misma forma de asiento (uniforme) no era una opción factible; se decidió que la revisión de las reglas FSCH no era ya una prioridad y se presentó un conjunto de Recomendaciones:

- el Grupo de Trabajo aceptó los criterios como fueron propuestos en el reporte de 1998 del IFLA UBCIM Working Group on Minimal Level Authority Records and ISADN[88] (i.e.: permitir a las Agencias Bibliográficas Nacionales conservar las diferencias en las formas autorizadas que mejor convengan a las necesidades lingüísticas y culturales de los países).
- el Grupo de Trabajo sobre FSCH también reconoció la necesidad de 1) hacer coincidir los registros de autoridad para la misma entidad; 2) utilizar números para cada entidad; y 3) compilar un conjunto de principios y lineamientos básicos para los asientos corporativos como una herramienta indispensable para los catalogadores.

El hecho de que la unificación internacional del contenido intelectual de los asientos corporativos no era ya considerada necesaria, no eliminó del todo la necesidad de reglas internacionales de catalogación. Su primer propósito respecto a los asientos corporativos sería ahora facilitar el intercambio internacional de los asientos corporativos (incluso cuando no seran idénticos), ya sea desde la perspectiva conjunta de reunirlos en un archivo de autoridades internacional o desde la perspectiva de poder buscarlos en una sucesión de múltiples archivos de autoridad (nacionales) en diferentes países; este nuevo ángulo dio otra luz sobre el tipo de pautas a elaborar y sobre las tareas preparatorias para el grupo de trabajo mismo y su consultor. Por ello se tomó la decisión de que el Grupo de Trabajo sobre FSCH debía recopilar ejemplos de los países representados por los miembros de la Sección de Catalogación. El estudio resultado de este ejercicio con FSCH debía revelar todas las variaciones prácticas en las formas de los nombres y, de esta forma, debía ayudar a formular los requerimientos específicos de un formato de computador o para sistemas de cómputo, lo suficientemente flexible para acomodar todos los tipos de asientos de nombre corporativo procedentes de cualquier fuente en el mundo. Esto también significó que, de

---

[88] *Mandatory data elements for internationally shared resource authority records* / report of the IFLA UBCIM Working Group on Minimal Level Authority Records and ISADN. – Frankfurt am Main: IFLA UBCIM Programme, 1998. Also available online on IFLANET: <http://www.ifla.org/VI/3/ p1996-2/mlar.htm>.

alguna manera, todos los países debían ser alentados a crear formas y estructuras que pudieran ser más fácilmente procesadas por computadora para obtener toda la ventaja posible de otros vínculos internacionales en apoyo de sus usuarios. Esto también hizo recordar que tampoco había lineamientos para los alfabetos no romanos y que era deseable desarrollarlos.

En la Conferencia de 1998 en Amsterdam no hubo una discusión detallada pero se adelantó la sugerencia de que todos los detalles relativos a la estructura del nombre debían ponerse a la vista y que podría ser difícil prever que aspectos podrían ser relevantes para el procesamiento automático. Mientras tanto, era seguro esperar que los patrones de forma particulares emergerían de la consulta y se pensó que podría facilitar la utilidad del estudio final si los patrones tuvieran tenido lugar dentro del modelo; estas consideraciones dieron como resultado la introducción de categorías de formas de nombre y sus consiguientes especificaciones de forma. Se solicitó a los participantes enlistar cada ejemplo de asiento de nombre corporativo bajo una de las ocho categorías, se agregaron más especificaciones de forma para permitir que los participantes dieran información sobre elementos particulares usados en los asientos de nombre, especialmente los tipos de adiciones (calificadores).

La colocación de los nombres pertenecientes a la misma entidad corporativa (con la indicación de la autorización por país) aún se considera como una facilidad importante para el usuario y una condición para el intercambio eficiente de información de nombres de entidades corporativas. Para examinar los problemas potenciales relacionados con la realización de la colocación más precisa, se solicitó a los participantes (con la ayuda de otros miembros de la Sección de Catalogación) que indicaran las funciones de los asientos (formas autorizadas o variante de nombre) en el catálogo y que indicaran cuando se habían hecho referencias desde formas variantes hacia la forma autorizada y/o viceversa; este estudio produjo resultados que reflejan la práctica bibliográfica en catorce países.

Una vez que el estudio piloto fue puesto a prueba por algunos de los participantes, era necesario para mantener la consistencia, ampliar al sistema a través de todos los niveles del ejercicio. Por otro lado, independientemente del sistema proyectado, deberían ser siempre categorías abiertas a la discusión. Aunque el primer objetivo del estudio fue proporcionar datos sobre los patrones de las estructuras y la puntuación, el compilador del estudio agregó una séptima columna con alguna información sobre la aplicación de ciertas reglas FSCH con el finalidad de ofrecer un panorama sobre la aplicación de reglas de FSCH relevantes en varios países y ayudar a entender mejor las diferencias en las estructuras de los nombres.

En agosto del 2000, en la Conferencia de Jerusalén, el Grupo de Trabajo sobre FSCH tenía dos asuntos en la agenda: una discusión sobre el reporte del estudio; y recomendaciones para dar seguimiento a la consulta. Representantes de FRANAR asistieron a la conferencia para discutir asuntos de interés mutuo, sugirieron algunos pasos posteriores relativos a nombres corporativos y encabezamientos. Se reconfirmó que el principal objetivo era facilitar el enlistado adecuado de nombres corporativos en una base de datos virtual de registros de autoridad e informar a desarrolladores de sistemas sobre lo que se esperaba de la forma y estructura de nombres corporativos tal como se reflejan en las prácticas catalográficas vigentes de catorce países. El grupo acordó que cualquier solución relativa a nombres corporativos dependía de decisiones que incluyeran el establecimientos de vínculos entre los asientos y el uso de números internacionales, como los considerados en FRANAR; en este aspecto es donde los Grupos de Trabajo de FSCH y FRANAR tienen puntos en común y es la razón por la que se solicitó a FRANAR revisar el estudio con detenimiento, tener estos aspectos en cuenta en sus actividades subsecuentes y, de ser necesario, informar al Comité Permanente de UNIMARC sobre los requerimientos para Autoridades/UNIMAR. El autor revisó la versión preliminar del reporte e incorporó correcciones y sugerencias del Grupo de Trabajo de FSCH para finalizarlo y prepararlo para publicación. En la segunda reunión de Jerusalén, el Comité Permanente de Catalogación apoyó la posición tomada por el Grupo de Trabajo, concluyó que el estudio satisfacía la tarea que fue asignada al Grupo de Trabajo y acordó organizar el consiguiente proceso de seguimiento.

En el campo de los Archivos[89]

International Standard Archival Authority Record for Corporate Bodies, Persons and Families ISAAR (CPF) – 2000[90]

ISAAR (CPF), International Standard Archival Authority Record for Corporate Bodies, Persons and Families, es principalmente una herramienta para el control de autoridades de nombres de creadores de archivos, una herramienta para normalizar lo que en la nueva edición se define como la 'forma autorizada del nombre'. ISAAR (CPF), como norma internacional, no define ninguna regla específica para la creación de la 'forma autorizada de los nombres', simplemente hace referencia a las reglas nacionales, a las convenciones y puntos nacionales e internacionales para el proceso general de supervisión de su creación[91]. Cada agencia nacional individual tendrá solamente que adoptar 'códigos' de reglas sobre cada tópico existente (primeramente teniendo en cuenta las reglas sobre catalogación de autores en las bibliotecas) o crearlas ex novo, obviamente observando la práctica firmemente establecida por área temática. Evidentemente, como una herramienta para optimizar el acceso y búsqueda en sistemas de descripción de archivos, el modelo ofrecido por ISAAR (CPF) tiene notorias similitudes y coincidencias con el control de autoridades de nombres de autores en los catálogos de biblioteca; los elementos diferenciadores inician con los principales aspectos que los registros de autoridad para la creación de entidades toman en los sistemas de descripción de archivos porque su principal rol depende del contexto de producción dentro de la descripción del archivo (1.8).

El primer aspecto de relevancia teórica implicado en el marco total de trabajo de la segunda edición de ISAAR (CPF) es, ciertamente, el gran énfasis sobre sus características como una herramienta para manejar la descripción de entidades, más que para para el establecimiento de autoridades de nombres. El propósito en la segunda edición de la ISAAR (CPF) es describir aquéllas entidades (instituciones, entidades corporativas en general, personas y familias) que han sido creadores de archivos y formar el contexto del material del archivo.

La formulación de la 'forma autorizada del nombre' es consecuente con este objetivo y apunta ante todo a la identificación inequívoca de esas entidades; en lugar de crear

---

[89] Cf. Stefano Vitali, *'The second edition of ISAAR(CPF) and authority control in systems for archival description archival descriptive systems'*. Paper presented at the International Conference on Authority Control, Florence, Italy, February 10-12, 2003; www.unifi.it/biblioteche/ac.

[90] First edition: Ottawa: CIA, 1994.

[91] "Registrar la forma normalizada del nombre para la entidad que está siendo descrita de acuerdo con algunas reglas o convenciones nacionales o internacionales relevantes, aplicadas por la agencia que crea el registro de autoridad. Use fechas, lugares, jurisdicción, ocupación, epíteto y otros calificadores como sea apropiado para distinguir la forma autorizada del nombre de otras entidades con nombres similares. Especifique separadamente en el elemento de las Reglas y/o convenciones (5.5.3) cuales de ellas se han aplicadas a este elemento (5.1.2)".

nombres similares sin ambigüedad, como sucedía en la primera edición de ISAAR. En pocas palabras, la importancia está sobre la cosa (la entidad real), no sobre el nombre de la cosa (el asiento autorizado); esta diferencia en el marco de trabajo puede percibirse mayormente como la manera en que es abordado el manejo de las relaciones entre diferentes entidades (esto es, entre varios creadores) en la nueva edición de la norma.

Mientras en la primera edición se manejaban principalmente como relaciones entre asientos de autoridad, con referencias de 'véase' y 'véase además', en la segunda edición hay una sección especial que presenta las relaciones de un creador dado con otras entidades corporativas, personas o familias[92], indicando el nombre y el identificador de la entidad relacionada (5.3.1), la categoría de la relación (jerárquica, cronológica, asociativa) (5.3.2), naturaleza específica de la relación y su descripción (5.3.3) y las fechas de la relación (5.3.4). Sobre las relaciones entre las diferentes entidades, percibimos el deseo de implementar sistemas que no estén limitados a manejar la relación fuentes/creadores sino que poniendo éstos últimos al centro, puedan representar: los vínculos complejos que existen entre varios creadores; los vínculos que pueden ser fuentes importantes a través de las cuales un investigador puede obtener información sobre rutas relevantes de búsqueda que pueden también ser verificadas y seguidas dentro de los archivos; y los documentos producidos por sus varios creadores. Pero percibimos aún algo más en este modelo para el manejo de las relaciones, esto es un deseo de 'sacarlos de sí mismos', por decirlo así, a los sistemas de archivo, en el sentido de prefigurar la posibilidad de compartir los registros de autoridad de archivos en ambientes más amplios que los meramente institucionales; señalando vínculos entre los sistemas de archivo nacionales y locales, y también entre los sistemas de archivo y los sistemas descriptivos o catalográficos de diferente naturaleza.

Estas conexiones podrían también tener lugar por medio de vínculos entre diferentes entidades descritas en registros de autoridad específicos en diversos sistemas; por ejemplo, ligando un partido político, que es el creador de las fuentes de archivo, a uno de sus líderes quien, por otro lado, es el autor de ensayos, conferencias y otros, registrados en un catálogo de biblioteca.

Además, otras partes de las nuevas ISAAR (CPF) buscan señalar lo que ya mencioné antes como la calidad referencial propia de los sistemas de archivo y representar la posibilidad de compartir y ligar datos e información con sistemas descriptivos y catalográficos fuera del dominio archivístico. El elemento descriptivo 5.1.4 ('Formas normalizadas de nombres de acuerdo a otras reglas'), cuyo fin principal es registrar formas autorizadas de nombres construidos de acuerdo a reglas diferentes de las seguidas por la institución que compila el registro de autoridad, apunta en esta dirección[93]; por ejemplo, dando cuenta de la manera en que el registro para la misma entidad puede ser representada de acuerdo a las RCA2. Esto ofrece la posibilidad de establecer registros de autoridad a los cuales se puede tener acceso a través de sistemas descriptivos de archivos, mediante un registro que podemos consultar simultáneamente dentro de sistemas compartidos por archivos y bibliotecas; que proveen acceso a un asiento creado de acuerdo a diferentes reglas. Este es un punto que

---

[92] 'El propósito de esta área es describir las relaciones con otras entidades corporativas, personas y familias. En el caso de jerarquías complejas o cambios administrativos, refiérase a las reglas nacionales para directrices sobre cuando crear registros de autoridad separados. Cuando se ha decidido describir tal complejidad en el contexto de un registro de autoridad, registre la información relevante en el elemento Estructura interna (5.2.7)' (5.3).

[93] 'Para registrar formas normalizadas del nombre de la entidad corporativa, persona o familia que se ha construido de acuerdo a reglas diferentes a las utilizadas por la agencia que creó el registro de autoridad' (5.1.4)

La herencia de París hoy

merece ser pensado con mayor profundidad y discutido nuevamente, ya que este constituye un limitado primer paso hacia el diseño de sistemas que pueden comunicarse entre sí precisamente porque comparten e intercambian registros de autoridad.

De cualquier manera, debe subrayarse que hay otros pasos en la misma dirección en la nueva versión de las ISAAR (CPF). Se introdujo una sección completamente dedicada a métodos para ligar registros de autoridad, descripciones de archivo y diferentes recursos de información. Como se establece en la breve introducción del Capítulo 6 de la nueva edición de las ISAAR (CPF): 'Los registros de autoridad de archivo se crean principalmente con el propósito de soportar la vinculación de las descripciones de los creadores de los registros con las descripciones de los registros que ellos crean. Los registros de autoridad de archivo pueden también ligarse con otros recursos de información relevante relacionados con el creador de los registros. Esta Sección proporciona directrices sobre como pueden crearse tales vínculos en el contexto de un sistema de control descriptivo de archivo (6)'.

Aparte del trabajo de Eva Verona, la actividad internacional posterior a París ha ignorado los aspectos relativos a la elección de los asientos principales y secundarios bajo el nombre de una entidad corporativa y ha reducido su esfera de interés a la forma y estructura de los asientos, y, posteriormente, sólo a la estructura. Las diferencias entre las reglas nacionales tratan cada uno de estos puntos. La presente iniciativa para un código internacional de catalogación no debe renunciar al objetivo de mejores acuerdos sobre la elección de asientos y la forma y estructura de los asientos bajo el nombre de una entidad corporativa.

Para hacer más fácil esta tarea, se presenta una revisión general de los factores involucrados en la elección de los asientos y la construcción de la forma de los asientos. Los factores a considerar son: autor, entidad corporativa, responsabilidad alternativa, obra, marcas formales de la edición (manifestación), puntos de acceso, otros recursos de organización del catálogo y los acuerdos internacionales.

A. **Autor**

El autor es la llave principal de todo trabajo bibliográfico y catalográfico en la cultura occidental, debido al énfasis dado a los individuos y sus actividades y a la consecuente relación estrecha entre una obra y su autor establecida en nuestra tradición.

1. Estrictamente, el autor es el creador de la obra (el escritor del texto, el compositor de una partitura, etc.).
2. Para propósitos de catalogación, la palabra 'autor' tiene un amplio alcance, incluyendo la atribución de la autoría.
   2.1. por convención, que surge de la tradición cultural y/o bibliográfica, y
   2.2. a la luz de la funcionalidad, apoyándose en la conveniencia de la evidencia, en la calidad de 'conocible' de la presentación formal.

B. **Entidad corporativa**

1. Nombre: Una condición necesaria es tener un nombre para su identificación y consideración. Determinar si un grupo o evento ocasional tiene o no un nombre es un aspecto que no tiene límites claros.
2. Un cambio de nombre ocasiona: el cese de la entidad corporativa bajo su nombre previo y la existencia de otra entidad corporativa con el nombre subsiguiente. Los

cambios mínimos que son considerados irrelevantes deben ser establecidos claramente, pero la línea limítrofe debe romper un continuum de variaciones apenas perceptibles.

3. Pueden distinguirse diferentes tipos de entidades corporativas: sociedades, instituciones, autoridades territoriales, entidades religiosas, editores comerciales, etc. Estas distinciones son irrelevantes para la elección del asiento.

4. Algunas entidades corporativas se reconocen como subordinadas a una entidad superior. Este hechos es relevante sólo en relación con la forma y estructura del asiento.

5. Pueden distinguirse dos tipos de entidades corporativas: entidades permanentes y grupos y eventos ocasionales

6. Los grupos y eventos ocasionales pueden estar subordinados a una entidad superior.

C. Autoría corporativa

Para el concepto y aplicación de autoría corporativa, antes que nada, deben confrontarse los dos factores señalados y sus variables.

1. Estrictamente, una entidad corporativa no puede ser llamada el autor de una obra, a menos que

    1.1. sus miembros hayan creado la obra de manera colectiva (e.g., un grupo de trabajo del que, digamos, cinco miembros delinearon, discutieron, escribieron, corrigieron y editaron un documento juntos; o las memorias de una conferencia, es decir, un trabajo conjunto resultado de las contribuciones colectivas de los conferencistas). Por razones lingüísticas y conceptuales, se ha introducido el término 'Urheber' ('originador'), en lugar de autor .

2. Con propósitos de catalogación, debe adoptarse la misma extensión que para autores personales, esto es, una entidad corporativa puede ser el autor (creador) de una obra:

    2.1. por convención, de acuerdo a la tradición cultural y/o bibliográfica (cf. la disposición paralela del archivo de atribuir documentos a las entidades corporativas de las cuales emanan), y

    2.2. a la luz de la funcionalidad, apoyándose en la conveniencia de la evidencia, en la calidad de 'conocible' de la presentación formal que muestra a las entidades corporativas en la misma posición y estilo que los autores personales.

Dentro de estas amplias condiciones generales, es posible la autoría corporativa; para su aplicación real a una obra deben tomarse en cuenta los siguientes factores.

D. Responsabilidad alternativa

Otras entidades bibliográficas pueden representar una alternativa al asiento principal bajo el nombre de una entidad corporativa:

1. Autoría personal en obras comisionadas, editadas o elaboradas por una entidad corporativa (la alternativa también puede ser la autoría de otra entidad o de una entidad subordinada, en lugar de una persona).

2. Los dignatarios que producen obras en su función oficial.

3. Otras entidades corporativas actuando como coautores (co-organizadores).

En los dos primeros casos, la autoría corporativa está excluida en estricto sentido. El tercer caso puede ser tratado en la misma forma que la autoría personal múltiple, dado que se aplican otras condiciones.

E. <u>Obra</u>

Se han establecido, entre los diferentes tipos de obras, distinciones que afectan la elección del asiento principal:

1. Obras de carácter administrativo, las que por su naturaleza son necesariamente la expresión del pensamiento o actividad colectiva de una entidad corporativa.
2. Otras de carácter intelectual que tratan de asuntos científicos, técnicos, económicos, etc.

Esta distinción principal, basada en la naturaleza del contenido de la obra, separa las obras en las que no puede considerarse o identificarse ningún otro autor más allá de la entidad corporativa; de aquellas obras que están sujetas a condiciones antes de ser asentados bajo el nombre de una entidad corporativa.

Otros tipos de obras han sido consideradas, en forma particular:

3. Constituciones, cédulas, leyes, decretos, tratados, presupuestos: son convencionalmente asentados bajo el nombre de la autoridad territorial.
4. Obras litúrgicas: deben ser reducidas a las reglas generales pero se presentan problemas relacionados con la dificultad para determinar su origen, naturaleza y tipología.
5. Publicaciones seriadas: Por convención, son asentadas bajo título, haciendo a un lado el asunto del asiento bajo el nombre de una entidad corporativa, pero regresando posteriormente a la ecuación si el título propiamente dicho consiste en un término genérico.

Considerando el desarrollo de la catalogación después de París, también deben considerarse en forma específica los siguientes tipos:

6. Obras no textuales y multimedia
7. Recursos de acceso remoto
8. Recursos no estáticos

Estos requieren un estudio más extenso para investigar sus profundas diferencias en comparación con las obras textuales tradicionales: diferencias en la pérdida de la individualidad en el acto creativo; en la carencia de marcos consolidados para la representación de marcas formales; en la multiplicidad y variabilidad de los contenidos y formas; y en la percepción y aproximación de los usuarios; de manera que las denotaciones amplias y específicas del autor (véase antes Autor, A.1 y A.2) sean sujetas a una seria discusión.

F. <u>Marcas formales de la edición (manifestación)</u>

La relación de autoría que vincula una entidad corporativa con una obra está mediada por la edición de la obra, en la que sus marcas físicas son la primera manifestación y testimonio del rol de la entidad corporativa. La presentación de la portada es una parte de la tensión polarizada entre la unidad literaria y la unidad bibliográfica. A partir de la revisión de las marcas formales, podemos encontrar:

1. Evidencia formal del nombre de la entidad corporativa en la portada (o en el sustituto de la portada)
2. La entidad corporativa presentada como el agente que publica o realizando otras funciones
3. Falta de evidencia formal del nombre de la entidad corporativa
4. Evidencia formal de responsabilidades alternativas

La correlación combinada de: el tipo de obra, la presencia de marcas formales y de responsabilidad alternativa proporciona las condiciones para elegir los puntos de acceso.

G. Puntos de acceso

Puntos de acceso bajo el nombre de una entidad corporativa (las soluciones siguientes son sólo indicativas de las tendencias prevalecientes en los Principios de París y en las reglas nacionales y dependen de acuerdos internacionales presentes o futuros):

1. Asiento principal: debe ser restringido a condiciones específicas claras, como obras de carácter administrativo (E = 1); constituciones, cédulas, leyes, etc. (E =3); obras de carácter intelectual (E =2), siempre que la obra haya sido realmente creada de manera colectiva (C = 1.1), y que no exista responsabilidad alternativa (D = 0) y que el nombre de la entidad corporativa aparece en la portada como evidencia formal (F =1).
2. Asientos secundarios: deben considerarse todos los casos correspondientes a C = 2.1 o 2.2
3. Referencias: deben hacerse si una entidad corporativa tiene un cambio de nombre (B = 2) y desde las formas variantes hacia el asiento uniforme.
4. Sin asientos: si la entidad corporativa no tiene nombre (B = 1), o si no se presenta ninguna de las condiciones anteriores.

H. Otros recursos del catálogo que se consideran para el desempeño completo de sus funciones:

1. Títulos uniformes: deben ser adoptados para colocar ediciones de la misma obra, no particularmente para autoría corporativa.
2. Subasientos formales: han sido propuestos para juntar obras de la misma forma bajo el nombre de autoridades territoriales; 'un anacronismo discordante', en opinión de Lubetzky.
3. Subasientos cronológicos: han sido adoptados bajo nombre de órganos de autoridades territoriales, con la sucesión de los nombres de las personas que han manejado la oficina; un método de clasificación complejo, que mezcla elementos heterogéneos sin correspondencia con las funciones establecidas del catálogo.
4. Asientos secundarios: deben hacerse también para todas las entidades responsables colectivamente de la realización de una expresión particular de una obra (e.g. la ejecución del Opus 59 de Beethoven (cuartetos de cuerdas), un asiento bajo el nombre Quartetto italiano, no cuatro asientos bajo los nombres de los artistas individuales: Paolo Borciani, Eliza Pegreffi, Piero Farulli y Franco Rossi).

I. Acuerdos internacionales

El esquema de interpretación de la autoría corporativa y las soluciones propuestas para la elección de los asientos principales y secundarios, que tratan de hacer explícitos los

Principios de París y resumir los puntos controversiales en las reglas de catalogación; podrían ser tomados para investigaciones posteriores y como una base para buscar un acuerdo internacional. Cada uno de los elementos precedentes debe ser marcado como correspondiente o no correspondiente con, y como progresivos o regresivos, comparados con:

1. Los principios de París establecidos por la ICCP
2. Las reglas en los códigos posteriores a París
3. La práctica en las agencias bibliográficas nacionales

En ésta comparación no deben olvidarse las condiciones de catalogación en 1961: el uso de la ficha catalográfica y la secuencia alfabética como la única fuente posible de búsqueda y el rol del asiento principal como el único asiento completo. En lo concerniente a las reglas locales, deben considerarse las peculiaridades históricas, culturales y lingüísticas, pero no debe preservarse totalmente una tradición si obstruye los acuerdos a nivel mundial.

Forma y estructura de los asientos uniformes

Progresos recientes en el control de autoridades y en el estudio de un Archivo de Autoridades Internacional Virtual han reducido la necesidad de asientos uniformes compartidos internacionalmente. A pesar de ello, permanece la necesidad de llegar a acuerdos sobre la exhaustividad y estructura de los puntos de acceso autorizados, con la intención de facilitar la comprensión e intercambio de los datos. El estudio de estructuras de nombres adoptado hoy en día (véase la sección sobre SCNH) es un paso importante, se requieren mayores investigaciones y decisiones, que definan las estructuras más consistentes y convenientes para intercambiarlos de manera fluida.

Algunos elementos señalados antes no se consideran en la elección de asientos, pero son importantes para determinar la forma y estructura de los asientos: el tipo de entidad corporativa (autoridades territoriales y entidades religiosas), las entidades subordinadas, los subasientos de forma y cronológicos, las entidades temporarias y otros elementos de análisis como la distinción entre las que son o no órganos de autoridades territoriales.

Entre los muchos temas discutidos, los más controversiales pueden ser: la elección entre formas en idioma original o idioma local; o entre variantes en diferentes idiomas; entre formas directas o formas subordinadas al nombre o nombre geográfico (e.g., para diócesis); el uso de calificadores, el uso de acrónimos, la omisión de elementos del nombre, por no mencionar la dificultad de identificar el nombre usado con mayor frecuencia en las publicaciones de una entidad corporativa.

Apéndice, tomado de "Form and Structure of Corporate Headings"

0.2 Definiciones

Las definiciones de los términos son dadas en el sentido en que son usados en estas recomendaciones.

Asiento uniforme: Un asiento establecido en una estructura que debe seguirse sin ninguna variación, independientemente del lugar en que aparezca dentro del registro bibliográfico.

Autoridad territorial: Una entidad corporativa que realiza funciones gubernamentales (totales o restringidas) sobre cierto territorio o pretende realizarlas. Incluye estados, estados constituidos y unidades federales, y sus unidades locales o regionales.

Calificador: Un término que se añade a un nombre corporativo para proporcionar información adicional como ayuda para su identificación. Incluye nombres geográficos, fechas, tipo de entidad u otras palabras o frases distintivas.

Conferencia: Un término genérico para un grupo ocasional relacionado con congresos, simposios, reuniones, conferencias diplomáticas, festivales, ferias, exhibiciones, expediciones, etc.

Entidad corporativa: Toda organización o grupo de personas y/o organizaciones identificadas por un nombre particular. Incluye grupos y eventos ocasionales con nombre propio, tales como reuniones, conferencias, congresos, expediciones, exhibiciones, festivales y ferias.

Entidad subordinada: Una entidad corporativa establecida, administrada o controlada por otra entidad corporativa.

Órgano gubernamental (de una autoridad territorial): Una entidad corporativa creada o controlada por una autoridad territorial que realiza funciones legislativas, judiciales, administrativas, informativas, militares o diplomáticas. Incluye parlamentos, ministerios, cortes, oficinas de información, unidades de las fuerzas armadas y embajadas.

Órgano no gubernamental (de una autoridad territorial): Una entidad corporativa creada o controlada por una autoridad territorial que realiza funciones educativas, científicas, técnicas, culturales, médicas, religiosas, sociales, comerciales o industriales. Incluye escuelas, universidades, bibliotecas, teatros, museos, hospitales, iglesias y bancos creados o controlados por esa autoridad.

Referencias

A historical approach to corporate entries / Eva Verona. – p. 1-40. – In: Libri, vol. 7 (1957).

Report / International Conference on Cataloguing Principles, Paris, 9th-18th October, 1961; [edited by A. H. Chaplin and Dorothy Anderson]. – London: International Federation of Library Associations, 1963. –

Working papers of the International Conference on Cataloguing Principles:

No. 1: *Relation between cataloguing principles and principles applicable to other forms of bibliographic works* / by Andrew D. Osborn: p. 125-137.

No. 2: *The function of main entry in the alphabetical catalogue : one approach* / by Seymour Lubetzky: p. 139-143.

No. 3: T*he function of the main entry in the alphabetical catalogue : a second approach* / Eva Verona: p. 145-157.

No. 4: *The function of the main entry in the alphabetical catalogue : a study of the views put forward by Lubetzky and Verona* / by Leonard J. Jolley: p. 159-163.

No. 5: 1, *Limits to the use of entries under corporate authors* ; 2, *The cataloguing of laws and treaties* / by V. A. Vasilevskaya: p. 165-174.

No. 6: *Corporate authorship.* 1, *Form of heading for corporate authors.* 2, *Treatment of subordinate bodies* / by Suzanne Honoré: p. 175-183.

No. 7: *Entry of anonymous works under standard or form titles* / by Roger Pierrot: p. 185-190.

No. 8: *Problems in the cataloguing of serial publications* / by Paul S. Dunkin: p. 191- 198.

No. 9: *Cataloguing of liturgies and religious texts in the alphabetical catalogue* / by Ruth C. Eisenhart: p. 199-206.

No. 10: *Multiple authorship* / by Hellmut Braun: p. 207-218.

No. 11: *Choice of entry for authors whose names vary* / Pavle Kalan: p. 219-227.

No. 12: *Compound surnames and surnames with prefixes* / by Fernanda Ascarelli: p. 229-241.

No. 13: *Treatment of Brazilian and Portuguese names* / by Maria Luisa Monteiro da Cunha: p. 243-254.

No. 14: *Rendering of Indic names-of-person in catalogue entries* / by Benoyendra Sengupta: p. 255-265.

No. 15: *Treatment of arabic names* / by Mahmud Sheniti: p. 267-276.

No. 16: T*he treatment of names in Hebrew characters and title entry for hebrew books* / by R. Edelmann: p. 277-279.

No. 17: *The impact of electronics upon cataloguing rules* / by C. D. Gull: p. 281–290 – Reprinted: London: Clive Bingley, 1969; IFLA International Office for UBC, 1981.

Statement of principles adopted by the International Conference on Cataloguing Principles, Paris, October, 1961. – Annotated ed. / with commentary and examples by A.H. Chaplin, assisted by Dorothy Anderson. – Provisional ed. – Sevenoaks : distributed by IFLA Secretariat, 1966.

Statement of principles adopted at the international Conference on Cataloguing Principles, Paris, October, 1961. – Annotated ed. / with commentary and examples by Eva Verona, assisted by Franz Georg Kaltwasser, P.R. Lewis, Roger Pierrot. – London: IFLA Committee on Cataloguing, 1971.

Corporate headings: their use in library catalogues and national bibliographies: a comparative and critical study / by Eva Verona. – London: IFLA Committee on Cataloguing, 1975.

Functions and objects of author and title cataloguing: a contribution to cataloguing theory / by Ákos Domanovszky ; English text edited by Anthony Thomson. – München : Verlag Dokumentation, 1975.

Form and structure of corporate headings / recommendations of the Working Group on Corporate Headings; approved by the Standing Committee of the IFLA Section on Cataloguing and the IFLA Section on Official Publications. – London: IFLA International Office for UBC, 1980.

Corporate authorship: its role in library cataloging / Michael Carpenter. – Wesport, Conn.; London : Greenwood Press, 1981.

La catalogazione dopo Parigi : attività normative e strumenti per il controllo bibliografico universale, 1961-1997 / Pino Buizza. – Udine : Forum, 1998.

Review Group on 'Form and Structure of Corporate Headings' /IFLA Standing Committee on Cataloguing. – p. 53. -- In: *International cataloguing & bibliographic control.* – Vol. 21, no. 4 (Oct./Dec. 1992).

DOCUMENTO PARA DISCUSION - 4JSC/ACOC REP/1 : CONCEPTO DE CLASE DE MATERIALES Y DESIGNACIÓN GENERAL DEL MATERIAL (DGM)

Por Ann Huthwaite
Traducción de Ageo García-Barbabosa

4JSC/ACOC rep/1
Mayo 10, 2003

A: Joint Steering Committee for Revision of AACR ("JSC")

De: Ann Huthwaite, representante de ACOC

Tema: Concepto de clase de materiales y designación general del material (DGM)

El presente documento fue preparado en agosto del 2002 para su discusión en la reunión del JSC de septiembre del 2002. Su distribución se limitó a los miembros del JSC. En su reunión de abril del 2003 el JSC acordó que debería ser publicado como documento formal del JSC para que estuviera disponible a todos los afiliados. Es un medio para dar a conocer la información y no se requieren contestaciones.

Prefacio

En la reunión de mayo del 2002 del JSC se llegó al acuerdo de que yo escribiría un documento de discusión sobre la resolución de los problemas asociados con el concepto de clase de materiales y el asunto relacionado con las DGMs. El presente documento representa mis puntos de vista personales; no debe considerarse un documento de la Presidenta o un documento de ACOC ("Australian Committee on Cataloguing").

El problema

Las Enmiendas del 2001 contienen una nueva redacción de la regla 0.24, que requiere que el catalogador presente todos los aspectos del ítem/recurso que se describe, incluyendo su contenido, su soporte físico, su tipo de publicación, sus relaciones bibliográficas; con indicación de si ha sido publicado o no. Se deben describir, en cada una de las áreas, todos sus aspectos relevantes. Estas instrucciones reemplazan el principio cardinal anterior de que la descripción de un ítem físico debería basarse en primera instancia, en el capítulo al que perteneciera; este principio implica que un ítem/recurso pertenece a una clase predominante. A pesar del cambio al texto de la regla 0.24, en la práctica, el principio cardinal aún retiene algo de verdad. Los catalogadores continúan determinando la clase predominante a la que pertenece el ítem/recurso y tratan los otros aspectos como secundarios.

En el documento *The Logical Structure of the Anglo-American Cataloguing Rules-Part I,* Tom Delsey subraya las inconsistencias asociadas con el concepto de la clase de materiales; particularmente dentro de los criterios utilizados para definir una clase determinada. Los aspectos de contenido, de soporte físico o de emisión pueden utilizarse como los factores determinantes.

Encontramos problemas específicos cuando un ítem/recurso presenta características que corresponden a más de una clase, p.ej., un mapa digital, una revista electrónica o un filme en DVD. Los catalogadores se ven compelidos a elegir una clase predominante cuando de hecho ninguno de los conjuntos de características es más importante que los otros.

La aplicación del capítulo 9 a todos los recursos electrónicos, incluyendo los recursos electrónicos de acceso remoto, presenta otro grupo de problemas. Las características de muchos de estos recursos se relacionan más cercanamente con sus equivalentes tangibles de otros capítulos, que con los tipos de recursos que han sido cubiertos tradicionalmente en ese capítulo, p.ej., los programas y archivos de computador. Este es un caso sólido para confinar la aplicación del capítulo 9 únicamente a estos últimos tipos de recursos.

La solución

Para que la nueva regla 0.24 opere de manera efectiva, debería abandonarse el requisito de asignar cada recurso/ítem a una clase predominante; y debería removerse de las reglas el concepto de "clase." Los ítemes/recursos deben considerarse como poseedores de múltiples características que tengan, cada una, la misma importancia.

Los obstáculos

¿Qué impide realmente al catalogador seguir la intención de la nueva regla 0.24? Existe un número de métodos de procedimiento que asumen que un ítem/recurso pertenece a una clase predominante; y de decisiones sobre como describir ese ítem/recurso con base en la clase o capítulo seleccionado. Estos son: la elección de la fuente principal de información y de las fuentes prescritas de información; la elección de una designación general del material; y el registro del área 5 (en particular de la designación específica de material). Hay un extenso debate sobre la reestructuración de la Parte I en el que se discute el asunto "contenido vs. soporte físico", pero yo considero que es un indicio falso. El arreglo de la parte I debe tener un solo objetivo, que es ayudar al catalogador a localizar todas las reglas relevantes a los aspectos de la descripción del ítem/recurso en cuestión. Esto podría significar que se retuviera una estructura muy similar a la que tenemos ahora; con un capítulo general y otros capítulos que ilustren los tipos de materiales que tienen conjuntos de características comunes.

Eliminando los obstáculos

Revisaré cada uno de los obstáculos y sugeriré posibles soluciones para su remoción.

1. *Elección de la fuente principal de información*

Cada capítulo contiene un conjunto complejo de reglas para la determinación de la fuente principal de información. El objetivo principal es obtener la consistencia de la catalogación de cada ítem/recurso, al asegurar que los catalogadores elegirán la misma fuente y consecuentemente registrarán la misma descripción. La fuente principal de información también interviene en la construcción de algunos asientos. Tal como se esperaría, las fuentes principales especificadas son aquellas que proveen la información más completa; en algunos casos el recurso completo puede ser la fuente principal, p.ej. los recursos electrónicos, debido a la compleja naturaleza del material y a las dificultades asociadas con la especificación de un recurso individual.

La fuente principal de los recursos electrónicos cambió en las Enmiendas 2001: de la pantalla de presentación al recurso mismo. Este cambio introdujo una contradicción en las reglas que permanece sin resolverse; en la práctica se aplica un conjunto diferente de reglas a la versión electrónica de un recurso tangible publicado en forma separada. Esta contradicción se incrementará conforme se produzcan más y más recursos en formatos múltiples.

La selección de la fuente principal podría simplificarse enormemente mediante instrucciones al catalogador de elegir, en todos los casos, la fuente que provea la información más completa. Es difícil imaginarse que un catalogador seleccionaría alguna fuente diferente a la que actualmente especifican las reglas; por ejemplo, la portada de un libro provee la información más completa y sería por lo tanto seleccionada como la fuente principal en la mayoría de los casos. De manera que proponer que la elección de la fuente principal sea cambiada por una instrucción simple que incluyera todos los casos, haría poca diferencia en la práctica actual. No obstante este supuesto necesitaría ser puesto a prueba.

Se recomienda que la instrucción de utilizar como la fuente principal de información aquella fuente que provea la información más completa, sea puesta a prueba, con una variedad de materiales, para determinar si existe una divergencia significativa de la práctica actual.

2. *Elección de la fuente prescrita de información*

El mismo argumento se podría aplicar a la selección de las fuentes prescritas de información. De hecho, yo sugeriría que en esta área, muchos catalogadores se apoyan en su propio juicio en vez de aplicar las reglas de manera meticulosa; por lo que recomiendo que ésta práctica sea también puesta a prueba.

Así como en el caso de la elección de la fuente principal de información, los conjuntos complejos y extensos de instrucciones podrían ser reemplazados por una sola regla generalizada.

Se recomienda que se lleven a cabo pruebas para determinar si las reglas para la selección de las fuentes prescritas de información podrían eliminarse y ser reemplazadas por el juicio del catalogador, sin causar ninguna divergencia significativa de la práctica actual.

3. *Designaciones generales del material (DGMs)*

Existen muchos problemas e inconsistencias asociadas con las DGMs; éstas han sido esbozadas por Barbara Tillet en su documento presentado al JSC (4JSC/Chair/73). Se exploraron dos sugerencias para un cambio fundamental: primeramente, el uso de un mecanismo para la representación del modo de expresión dentro del registro bibliográfico; y enseguida, términos movibles que representen el formato físico y la forma del "envase" en el área 5 (descripción física) o en las notas.

Durante la reunión de planeamiento de mayo del 2002, los miembros del JSC discutieron la factibilidad de implementar estas dos sugerencias; se identificaron términos de la Lista 2 de las RCA2 a nivel de expresión. Se concluyó que la mayoría de los términos remanentes podrían reubicarse en el área 5; y que algunos de ellos podrían utilizarse como calificadores (p.ej.: "braille" y "recurso electrónico"). Cuando sean introducidos los términos y conceptos de los "*Functional Requirements for Bibliographic Records (FRBR)*" en las RCA2; será lógico y consistente considerar a la designación general del material como un indicador que designe el nivel de expresión; y a la designación específica del material como un indicador que designe el nivel de manifestación.

Probablemente el aspecto más controversial de la sugerencia de Barbara Tillet es la propuesta de incluir en forma codificada el mecanismo para representar el modo de expresión en la versión legible por máquina del registro bibliográfico. No obstante que las RCA2 son una norma de contenidos que funciona de forma independiente al formato o "envoltura", ello no impide la inclusión del concepto de datos codificados dentro de las reglas. MARC no tiene que ser mencionado de forma específica. Sin embargo, podría ser preferible incorporar también el indicador que designe el nivel de expresión en la parte textual del registro bibliográfico, posiblemente en una nueva área. Otro lugar (sugerido por Barbara Tillet) podría ser un elemento en la citación del nivel de expresión que ha sido propuesta por el Grupo de Trabajo sobre la Variación del Formato.

Los indicadores del nivel de expresión tendría también que crearse en aquellos modos de expresión identificados en FRBR que no están incluidos en la lista actual de DGMs.

Se recomienda la formación de un grupo que "deconstruya" la DGM y prepare recomendaciones sobre la reubicación de los términos que existen en la lista 2, ya sea: en indicadores que designen el nivel de expresión; o dentro de la descripción mediante la designación del nivel de manifestación. El Grupo deberá compilar una lista completa de los indicadores que designen a todos los modos de expresión incluidos al nivel de expresión, incluso aquellos reubicados desde la lista de DGMs y todo otro identificado en FRBR. Deberán presentarse recomendaciones sobre como deberá registrarse el indicador de nivel de expresión dentro del registro bibliográfico.

4. *Registro de la información en el área 5*

Si el catalogador no utilizara una clase o un capítulo como base para la descripción, podría necesitar algunas directrices sobre la construcción de la descripción del ítem/recurso en el área 5; en particular sobre la designación específica del material. Sería permisible contar con reglas, compuestas mediante declaraciones múltiples o complejas, que proporcionen algunos principios para su construcción. La noción de descripción "física" pudiera ya no ser válida, debido a que los aspectos del contenido y del envase serían registrados dentro de esta área. Los datos codificados en la versión legible por máquina del registro reflejarían las diversas características del ítem/recurso.

Podría ser necesaria una racionalización de los términos utilizados en la designación específica del material, que tomara en cuenta los términos reubicados desde la designación general del material; por ejemplo, ¿Podría utilizarse "video grabación" como un término individual inclusivo; o se mantendrían aún las designaciones mas específicas "videocartucho", "videodisco", videocasete" y "videocarrete"? Y en caso de elegirse esta última opción, ¿sería útil que los datos codificados agruparan éstas formas más específicas (probablemente mediante tablas) para facilitar la colocación en los despliegues de OPAC?

ACOC ha hecho algunas sugerencias sobre la racionalización de las listas de términos en el área 5 para los capítulos 6, 7 y 9. ACOC cree que los términos de uso común deberían utilizarse en todas las circunstancias. Si este principio se adoptara a través de las RCA2 se simplificarían enormemente las reglas del área 5.

Se recomienda la formación de un grupo que prepare recomendaciones sobre la racionalización de los términos utilizados en el área 5; y sobre cómo podrían construirse las declaraciones que permitieran la descripción, a nivel de manifestación, de todos los aspectos de un ítem/recurso. Este debiera ser el mismo grupo que examine la deconstrucción de las DGMs.

Modo de emisión

En su documento presentado en la "International Conference on the Principles and Future Development of AACR", Jean Hirons and Crystal Graham se refirieron a tres dimensiones de las publicaciones: (1) su contenido intelectual y/o artístico; (2) su soporte(s) físico; y (3) la susceptibilidad del contenido a cambiar con el paso del tiempo (o estatus de la publicación).

¿Dónde se ubican el estado de la publicación (o modo de emisión), dentro de la descripción de un ítem/recurso? Pienso que deberíamos simplemente considerarlo una característica más dentro de los aspectos del contenido y soporte; sin embargo, el hecho de que un registro tiene continuaciones, requiere por naturaleza ser comunicado claramente al usuario. En la catalogación actual este hecho se comunica mediante vías completamente insatisfactorias. Ciertos indicios pueden utilizarse para inferir que un recurso es progresivo, tales como la presencia de numeración en la mención de existencias; o que la funcionalidad del OPAC permitiera búsquedas con restrictivos, que utilizaran los datos codificados en el registro MARC. También podría ser útil transmitir explícitamente al usuario que un recurso contínuo constituye una publicación seriada o un recurso "integrante".

Se recomienda la formación de un grupo que prepare propuestas sobre un documento apropiado para comunicar de manera explícita al usuario del catálogo, que un recurso es de naturaleza continua.

Organización de la Parte I de las RCA2

A pesar de que he identificado este punto como un indicio falso, la organización de la parte I continúa siendo importante en la medida de que debe alcanzar el objetivo de permitir al catalogador localizar todas las reglas relevantes para los aspectos del ítem/recurso que se describe; debería conducir al catalogador de manera intuitiva hacia las reglas apropiadas.

Un arreglo prometedor es aquel que fue sugerido por la "CC:DA Task Force on Alpha Prototype of Recognized Part One" en su reporte sobre el prototipo (en la respuesta 4JSC/Chair/75/ALA). Dicho grupo operante sugirió una reorganización que requiere que el catalogador considere cada uno de los cinco aspectos del código. Las secciones serían: (1) Generalidades y principios; (2) Contenido (conteniendo reglas para los tipos particulares de contenido, posiblemente divididos en dos partes: para el contenido y para la forma de expresión); (3) Soporte; (4) Patrón de publicación; y, (5) Granularidad. Tal arreglo transmitiría al catalogador el fundamento conceptual de las reglas y debería obtener el objetivo establecido.

Se recomienda la formación de un grupo que prepare recomendaciones sobre la forma en que debe estructurarse la parte I. El objetivo de la estructura debe ser permitir que el catalogador localice fácil e intuitivamente todas las reglas relevantes para los aspectos del ítem/recurso que se describe.

El JSC ya ha acordado que, tanto como sea posible, las reglas deben ser generalizadas e incluidas en el capítulo general. Las labores para la aplicación de este principio deben continuar.

Se recomienda que continúen las labores sobre la generalización de las reglas tanto como sea posible, mediante la consolidación del capítulo general de la parte I.

Tratamiento de los recursos electrónicos

En toda investigación de la estructura de la parte I, debe darse consideración a la reconceptualización del tratamiento de los recursos electrónicos. Existe un caso sólido que debe presentarse sobre la inclusión de reglas para recursos electrónicos de "tipo documentario" en los capítulos correspondientes a sus equivalentes tangibles; con reglas en un capítulo distinto y separado, para los recursos restantes de "tipo no documentario." El tratamiento e los recursos electrónicos de acceso remoto disponible vía Internet que no tienen cualidades de "tipo documentario" podrían necesitar que se les cubriera en otro capítulo separado.

Se recomienda que el grupo que investigue la estructura de la parte I considere una reconceptualización del tratamiento de los recursos electrónicos.

Relación entre las RCA2, los formatos y los sistemas

En su reunión de planeamiento de mayo del 2002, el JSC reafirmó que las reglas son independientes del formato o " envoltura." No obstante esto no significa que aquellos que son responsables de la revisión de la regla deban ignorar el ámbito en el que operan las reglas. Tal como se menciona en la respuesta de la "British Library" al documento "4JSC/ALA/366/Rev (Specific characteristics of electronic resources)", necesitamos construir relaciones mucho más fuertes con quienes desarrollan sistemas y diseñan OPACs; también debe incrementarse la comunicación con especialistas en formatos (p.ej. MARBI). La información sobre las características de los recursos bibliográficos podría transmitirse en forma más clara a los usuarios, mediante mecanismos apropiados en los despliegues de OPAC.

Se recomienda que cuando se consideren cambios a las reglas de la parte I, el JSC establezca comunicación con quienes desarrollan sistemas y con los especialistas en formatos, con una perspectiva de enriquecer el entendimiento de los usuarios acerca de los despliegues del catálogo.

Sumario de recomendaciones:

1. *Se recomienda que la instrucción de utilizar como la fuente principal de información aquella fuente que provea la información más completa, sea puesta a prueba, con una variedad de materiales, para determinar si existe una divergencia significativa de la práctica actual.*

2. *Se recomienda que se lleven a cabo pruebas para determinar si las reglas para la selección de las fuentes prescritas de información podrían eliminarse y ser reemplazadas por el juicio del catalogador, sin causar ninguna divergencia significativa de la práctica actual.*

3. *Se recomienda la formación de un grupo que "deconstruya" la DGM y prepare recomendaciones sobre la reubicación de los términos que existen en la lista 2, ya sea: en indicadores que designen el nivel de expresión; o dentro de la descripción mediante la designación del nivel de manifestación. El Grupo deberá compilar una lista completa de los indicadores que designan a todos los modos de expresión incluidos al nivel de expresión, incluso aquellos reubicados desde la lista de DGMs y todo otro identificado en FRBR. Deberán presentarse recomendaciones sobre como deberá registrarse el indicador de nivel de expresión dentro del registro bibliográfico.*

4. *Se recomienda la formación de un grupo que prepare recomendaciones sobre la racionalización de los términos utilizados en el área 5; y sobre cómo podrían construirse las declaraciones que permitieran la descripción, a nivel de manifestación, de todos los aspectos de un ítem/recurso. Este debiera ser el mismo grupo que examine la deconstrucción de las DGMs.*

5. *Se recomienda la formación de un grupo que prepare propuestas sobre un documento apropiado para comunicar de manera explícita al usuario del catálogo, que un recurso es de naturaleza continua.*

6. *Se recomienda la formación de un grupo que prepare recomendaciones sobre la forma en que debe estructurarse la parte I. El objetivo de la estructura debe ser permitir que el catalogador localice fácil e intuitivamente todas las reglas relevantes para los aspectos del ítem/recurso que se describe.*

7. *Se recomienda que continúen las labores sobre la generalización de las reglas tanto como sea posible, mediante la consolidación del capítulo general de la parte I.*

8. *Se recomienda que el grupo que investigue la estructura de la parte I considere una reconceptualización del tratamiento de los recursos electrónicos.*

9. *Se recomienda que cuando se consideren cambios a las reglas de la parte I, el JSC establezca comunicación con quienes desarrollan sistemas y con los especialistas en formatos, con una perspectiva de enriquecer el entendimiento de los usuarios acerca de los despliegues del catálogo.*

COMENTARIOS AL DOCUMENTO DE ANN HUTHWAITE (4JSC/ACOC REP/1)

Por Tom Delsey

Traducción de Amelia Aguado
Revisión técnica: Ageo García B.

4/SC/ACOCrep/1/Chair follow-up
10 de mayo de 2003

A: Joint Steering Committee for Revision of AACR ("JSC")

De: Ann Huthwaite, Presidenta, JSC

Tema: Concepto de clase de materiales y designación general del material

Los siguientes comentarios fueron formulados por Tom Desley a partir del documento preparado por Ann Huthwaite sobre el concepto de clase de materiales y las DGMs ("Designaciones Generales del Material")

Elección de la fuente principal de información

Una norma generalizada sobre la fuente principal de información podría necesitar también incluir instrucciones sobre el orden de preferencia, por ejemplo, fuentes presentadas formalmente; fuentes impresas (vs. datos de audio o datos codificados digitalmente); fuentes integradas al ítem (p. ej.: en los encabezados, en marbetes pegados en forma permanente, etc.); fuentes no integradas emitidas por el editor (p. ej.: el envase, documentación acompañante, sección del editor de una página Web); otras fuentes externas (p. ej.: fuentes de referencia).

Presumiblemente, una norma generalizada podría incluir también instrucciones relativas a fuentes unitarias y colectivas (p. ej.: la portada y su reverso, una secuencia de fotogramas de título o de créditos) y fuentes de ítems en partes múltiples (p. ej.: el envase).

Si la fuente principal de información no puede ser caracterizada adecuadamente mediante normas generalizadas, sería recomendable alinear todas las instrucciones específicas con el modo de expresión con preferencia sobre el tipo de soporte físico. (Véanse más adelante los comentarios sobre Organización de la Parte 1.)

Elección de las fuentes prescritas de información

Las áreas 1, 2 y 4 son de importancia clave para la identificación del ítem y los catalogadores se basan en la relación explícita entre los datos incluidos en el registro y la información que aparece en el ítem. Sería aconsejable mantener, en esas áreas, en mínimo grado, una distinción entre los datos tomados de la fuente principal y los derivados de otras fuentes. La verificación del concepto de regla general para fuentes prescritas de información debe indicar cuando es posible formular una norma general para designar la fuente principal de información como la única fuente prescrita de información para las áreas 1, 2 y 4.

Para las áreas 5, 7 y 8, la fuente prescrita de información no debería presentar problema; las normas actuales de los capítulos 2-12, son razonablemente consistentes al aceptar toda fuente como la fuente prescrita para esas áreas.

El área 6 puede ser más problemática a causa de la idiosincrasia de los textos impresos, la música impresa y los mapas. Sin embargo, se debería considerar la generalización de la fuente prescrita para el área 6, de modo que incluya el ítem, su envase y la información que lo acompañe.

El área 3 puede ser la más problemática, debido a la diversa naturaleza tanto de los datos registrados como de los materiales de donde se los extrae. Si la fuente prescrita de información para el área no puede ser adecuadamente caracterizada mediante una norma generalizada, sería aconsejable equiparar la fuente prescrita del área 3 con el modo de expresión, en el caso de la música y los materiales cartográficos; y con la edición, en el caso de los recursos continuos (Véanse, más adelante, los comentarios sobre Organización de la Parte 1.)

Designaciones generales del material (DGMs)

Independientemente de que la designación general del material se registre y se muestre como parte de la descripción *per se* o como parte de un elemento organizador, sería aconsejable equiparar la lista de designaciones generales del material con el modo de expresión (es decir, hacer que refleje el contenido más que el soporte físico).

Registro de información en el área 5

Cabe señalar que el área 5 incluye tanto atributos de "inserción" como atributos de "soporte físico". Como tal, confunde la línea entre contenido y soporte. Debería considerarse el cambio de nombre del área 5 a "Descripción técnica"). (Véanse, más adelante, comentarios sobre Organización de la Parte 1.)

También debe señalarse que la DEM ("Designación Específica del Material") no es útil en todos los casos, particularmente, en su forma actual, para hacer las distinciones entre "formatos" que se hacían cuando se usaba terminología actual o comercial. En el caso de las grabaciones sonoras, por ejemplo, la distinción entre un disco convencional y un disco compacto únicamente pueden hacerse a través de la concatenación de la DEM y el tipo de grabación (analógica/digital) dado como parte de "otros detalles físicos". Al evaluar las ventajas de adoptar la terminología actual o comercial para la DEM, también se debería considerar la posibilidad de ajustes relativos a otros elementos del área 5.

Modo de emisión

Debería prestarse atención a las distinciones entre "modo de emisión" (completa en su primera edición / edición sucesiva / edición integrante) y "estado de la publicación" (activa / cesada), así como a la distinción entre un ítem "publicado" y uno "inédito." Cada uno de los tres aspectos funciona en forma independiente. Un diario personal o memorias en una forma "inédita" (por ejemplo, un conjunto de documentos manuscritos) pueden exhibir características de "edición sucesiva" (por ejemplo, las partes individuales de unas memorias pueden llevar una numeración secuencial o cronológica), pero también pueden ser "cesadas" (es decir, que el autor puede haber dejado de agregar entradas a su diario). Del mismo modo, un libro común "inédito" puede mantenerse actualizado como "recurso integrante" en el disco duro de la computadora portátil del autor y puede mantenerse "activo".

En la reorganización de la Parte 1 será necesario ocuparse del "modo de emisión" y el "estado de publicación" independientemente de la distinción entre "publicado" e "inédito". Las normas deberían permitir que los aspectos del "recurso continuo" se cubran independientemente de los aspectos pertenecientes a ítems "publicados" versus "inéditos". Las normas también deberían dar directivas, en la medida de lo necesario, sobre cómo pueden usarse las normas para recursos continuos en conjunción con las normas para recursos inéditos (esto es, al describir un recurso continuo inédito).

Organización de la Parte 1

Se adjunta una tabla facticia de contenido para la posible organización de las normas de la Parte 1, divididas en "generalidades", "contenido", "soporte físico", "esquema de publicación" y "granularidad".

Se sugiere que los capítulos pertenecientes a "contenido" se organicen de acuerdo con clases que reflejen el modo de expresión (texto, notación musical, sonido grabado, etc.). Adviértase que los "recursos electrónicos" no se tratan como una clase en esta sección. Desde una perspectiva del contenido, los textos electrónicos deberían tratarse simplemente como textos, la música electrónica simplemente como música, etc. Se han agregado dos nuevas clases (datos y software) para cubrir el contenido que utiliza modos de expresión distintos de los cubiertos en otros capítulos. Se agregó también una clase separada para el contenido mixto, que proporciona directivas para describir todos los recursos de contenido mixto (conjuntos, multimedios para computador, sitios y servicios en línea de contenido mixto, etc., y colecciones con contenido mixto).

Las normas generales del capítulo 1 deberían incluir la fuente principal de información y las fuentes prescritas de información, así como normas generales para todas las ocho áreas de la descripción. Si se requirieran normas complementarias para la fuente principal de información y/o las fuentes prescritas de información, las normas generales deberían hacer referencia a las normas correspondientes de los capítulos 2-11. Las normas generales de las áreas 1, 2, 3, 4, 6 y 8, así como las normas generales de las notas del área 7 relacionadas con el contenido, deberían hacer referencia a las normas complementarias para clases específicas de contenido de los capítulos 2-11. Las normas generales del área 5 y de las notas del área 7 relacionadas con la descripción técnica deberían hacer referencia a las normas generales y complementarias del capítulo 12.

La sección de normas generales del capítulo 12 debería incluir normas generales sobre las fuentes prescritas de información para el área 5 y debería hacer referencia a normas complementarias para fuentes prescritas correspondientes a medios específicos (si fuera necesario). La sección de normas generales debería incluir también normas generales para el área 5 y para las notas del área 7 relativas a la descripción técnica. Las normas complementarias podrían organizarse de acuerdo con las clases de medios e incluirían normas específicas para cada clase perteneciente al área 5 (extensión, dimensiones y otras especificaciones técnicas); y las notas del área 7 relativas a aspectos de la descripción técnica (por ejemplo, detalles sobre características de la grabación sonora, requisitos especiales de proyección, película base, compresión de datos, requisitos del sistema, modo de acceso, etc.). La sección sobre medios mixtos podría proporcionar directivas sobre la descripción técnica de recursos con componentes separados que pertenecen a diferentes clases de medios (por ejemplo, conjuntos, colecciones).

Se debería tomar una decisión sobre el manejo de las superposiciones en el área de la descripción técnica entre los medios digitales y las otras dos clases de medios "electrónicos" (medios con sonido grabado y medios con imágenes en movimiento). Una opción a considerarse sería ampliar las normas de las áreas 5 y 7 para los medios con sonido grabado y los medios con imágenes en movimiento (específicamente video grabaciones) para que cubran todos los aspectos relevantes del sonido digital y del video digital, y, del mismo modo, ampliar las normas de las áreas 5 y 7 para medios digitales para que cubran todos los aspectos relevantes que pertenecen al sonido grabado y a las imágenes móviles codificados en forma digital. La otra opción sería proporcionar directivas para usar las normas para medios digitales en conjunción con las normas para los medios de sonido grabado y para los medios con imágenes en movimiento.

También debería tomarse una decisión sobre si deben o no incorporarse en la sección de medios digitales, instrucciones para incluir ciertos detalles especificados en las secciones sobre medios impresos y sobre medios gráficos (por ejemplo, paginación para textos en pdf, etc.).

Bajo modo de emisión, propondría considerar un capítulo separado para la categoría "huérfana" de los recursos finitos.

Bajo recursos inéditos, sugeriría considerar la posible necesidad de dos capítulos, uno sobre manuscritos (textos, música, mapas) y otros sobre registros sonoros, películas y videos sin procesar. También es necesario revisar la definición de manuscrito, para considerar la posibilidad de incluir en su cobertura los manuscritos digitales.

Parte 1 – Descripción

Tabla de contenido

Introducción

Descripción del contenido

Capítulo 1   Normas generales
Capítulo 2   Textos
Capítulo 3   Música
Capítulo 4   Recursos cartográficos
Capítulo 5   Recursos gráficos
Capítulo 6   Recursos tridimensionales
Capítulo 7   Grabaciones sonoras
Capítulo 8   Recursos con imágenes en movimiento
Capítulo 9   Datos
Capítulo 10   Software
Capítulo 11   Recursos de contenido mixto

Descripción técnica

Capítulo 12   Reglas generales
   Medios impresos (textos, música, mapas y atlas impresos)
   Medios micrográficos (dibujos, fotografías, películas fijas, etc.)
   Medios táctiles (braille, etc.)
   Medios tridimensionales (modelos, artefactos, etc.)
   Medios con sonido grabado
   Medios con imágenes en movimiento (películas y video grabaciones)
   Medios digitales (textos, música, mapas, imágenes digitales, etc.)
   Medios mixtos

Modo de emisión

Capítulo 13   Recursos finitos
Capítulo 14   Recursos continuos

Recursos inéditos

Capítulo 15   Recursos manuscritos
Capítulo 16   Grabaciones sonoras, películas y grabaciones en video sin procesar

Descripción analítica y multinivel

Capítulo 17   Análisis
Capítulo 18   Descripción multinivel

DE LA ISBD(S) A LA ISBD(CR)
UNA TRAVESÍA DE DESCUBRIMIENTO Y SINCRONIZACIÓN [94]

Por Ingrid Parent
Traducción de María Emilia López Madrazo
Revisión técnica: Ageo García B.

Resumen:

El desarrollo y mantenimiento de las diferentes ISBDs, normas internacionales que juegan un papel preponderante en el control bibliográfico universal, son responsabilidad del Comité Permanente de la Sección de Catalogación de IFLA. La ISBD(S) ha sido revisada recientemente con el propósito de que tomara en cuenta los nuevos desarrollos relacionados con la producción y diseminación de publicaciones con características de publicaciones seriadas; y se le conoce ahora como la ISBD(CR)

– Descripción Bibliográfica Internacional Normalizada para Publicaciones Seriadas y otros Recursos Contínuos. Se realizaron cambios sustanciales a la norma de acuerdo con las revisiones realizadas a las Reglas de Catalogación Angloamericanas y al Manual ISSN. Estas normas internacionales para la catalogación descriptiva de las publicaciones seriadas y otros recursos integrantes han sido armonizadas facilitando así el acceso a dichas publicaciones en todos los formatos.

Palabras clave:

Descripción bibliográfica internacional normalizada
Reglas de catalogación angloamericanas
Manual ISSN
normas bibliográficas catalogación publicaciones seriadas recursos integrantes recursos contínuos armonización de las normas bibliográficas

Ingrid Parent es Directora General, Adquisiciones y Servicios Bibliográficos, Biblioteca Nacional de Canadá, 395 Wellington Street, Ottawa, Ontario, K1A 0N4, Canadá.

---

[94] c2003 The Harworth Press, Inc., Binghamton, New York, The Serial Librarian, Volume 43, issue 4, Original article copies available from The Harworth Document Delivery Service. E-mail: docdelivery@harworthpress.com

De la ISBD(S) a la ISBD(CR)
Una travesía de descubrimiento y sincronización

Introducción

Después de cuatro años de revisiones, correcciones, consultas, ediciones, enmiendas, negociaciones y hasta cierto grado de asombro, la última versión de la *Descripción Bibliográfica Internacional Normalizada para Publicaciones Seriadas y otros Recursos Continuos* ó ISBD(CR), ha sido publicada por K.G. Saur en nombre de IFLA. Esta nueva publicación incluye muchos cambios con respecto a la versión anterior publicada en 1988. Catorce años entre revisiones es un largo tiempo, sin embargo, se necesitaba una revisión con aún más urgencia debido a la naturaleza del material que se estaba describiendo y por los diferentes patrones de publicación que han aparecido como resultado de las nuevas tecnologías que se están utilizando para producir y comunicar información.

Esta revisión no la realizó IFLA en forma aislada, como se explicará más adelante, es el producto de un Grupo de Trabajo establecido por el Comité Permanente de la Sección de Catalogación de IFLA.

Antecedentes

La Sección de Catalogación de IFLA ha existido desde 1935; a través de los años ha producido varias normas bibliográficas que han influido notablemente en la forma en que las bibliotecas del mundo catalogan sus publicaciones.

Yo creo que el logro más importante de la Sección de Catalogación a través de su Comité Permanente, ha sido el desarrollo y adopción casi internacional de las diferentes Descripciones Bibliográficas Internacionales Normalizadas ó ISBDs. El ímpetu para el desarrollo de estas normas descriptivas proviene de la Reunión Internacional de Expertos en Catalogación realizada en Copenhague en 1969. Además de formular los primeros conceptos relacionados con el control bibliográfico universal, esta reunión internacional recomendó una de la descripción bibliográfica normalizada que determina el orden de presentación de los datos en un registro bibliográfico, así como la puntuación que debe utilizarse.

Hacia 1972 varias agencias bibliográficas nacionales y códigos nacionales de catalogación habían adoptado la edición preliminar de la Descripción Bibliográfica Normalizada para libros y en el curso de los años siguientes varias ISBD para diferentes formatos fueron desarrolladas y adoptadas. Aunque hablamos casualmente sobre el desarrollo y adopción en el curso de los años siguientes, es importante resaltar que muchas, muchas reuniones, discusiones y negociaciones fueron necesarias para alcanzar la normalización de las prácticas relacionadas con la descripción bibliográfica, después de hasta un siglo, en algunos casos, del uso divergente de diversos códigos nacionales de catalogación.

Me refiero a las diferentes ISBDs como los "vástagos" de la Sección de Catalogación. Actualmente existe una familia completa de ISBDs y los países usan las ISBDs directamente como sus normas de catalogación o las incorporan en sus códigos nacionales de catalogación.

Un proceso de revisión sistematizado se estableció en 1978 cuando el Comité de Catalogación decidió que las ISBDs debían revisarse cada cinco años con el propósito de mantener su actualidad y relevancia, pero también para proporcionar cierto grado de estabilidad a las bibliotecas que utilizan las provisiones de las ISBD.

Sin embargo, usualmente toma más tiempo producir una revisión. A través de los años, el Comité de Catalogación ha tenido un grupo permanente de trabajo para decidir que revisiones son necesarias. Este grupo puede inclusive recomendar que una ISBD particular sea abandonada o que una nueva sea desarrollada para algún nuevo formato. Actualmente existe un Grupo de Revisión ISBD, presidido por John Byrum de la Biblioteca del Congreso, el cual se ocupa de esta función.

El Grupo de Trabajo ISBD(S) fue por consiguiente organizado en 1978, integrado por miembros de 9 países con amplia experiencia y conocimiento de las normas de catalogación. Los representantes fueron:

> Alex Bloss, University of Illinois en Chicago, USA Paul V. Bunn, The British Library, U.K. John D. Byrum, Jr., Library of Congress, USA Jean-Arthur Creff, Biblioteque Nationale de France, Francia Karen Darling, University of Missouri-Columbia, USA Zlata Dimec, National and University Library, Eslovenia Elise Hermann, Danish National Library Authority, Dinamarca Jean L. Hirons, Library of Congress, USA Unni Knutsen, National Library of Norway, Noruega Judith A. Kuhagen, Library of Congress,USA Dorothy McGarry,University of California, USA Ingrid Parent (Chair), National Library of Canada, Canadá Regina Romano Reynolds, Library of Congress, USA Reinhard Rinn, Die Deutsche Bibliothek, Alemania Alain Roucolle. ISSN International Centre, Francia Margaret Stewart, National Library of Canada, Canadá Sally Strutt, The British Library, U.K. Edward Swanson (Editor), University of Minnesota, USA Ljudmila Terekhova, Library of Foreign Literature, Rusia

Alineación de las "estrellas":

Al aceptar este proyecto y la presidencia del Grupo de Trabajo, descubrí pronto que el proceso implicaba mucho más que simplemente revisar el texto cada 5 ó 10 años. La actualización de las normas, ya es en sí misma un reto. Sin embargo, nos embarcamos en un proceso con amplias y serias implicaciones para el procesamiento de publicaciones seriadas en el mundo. Teníamos el objetivo un tanto intimidante de desarrollar unas normas descriptivas que incorporaran la totalidad de los mejores y más relevantes rasgos de las tres normas principales en el área de la catalogación internacional: ISBD(S), RCA y Normas ISSN. Representantes de las tres normas participaron en el proceso de revisión desde el principio. Deseábamos alcanzar algo especial y único en el área de la catalogación de publicaciones seriadas durante este tiempo de transición y reconsideración de nuestras normas ocasionado por el crecimiento asombroso de Internet y los nuevos formatos en que se presentan los materiales. Esta oportunidad de armonización de las diferentes normas existentes no podía pasarse por alto puesto que sería de gran beneficio no sólo para los catalogadores, sino lo que es aún más importante, para los múltiples usuarios de la información bibliográfica de las publicaciones seriadas.

Temas para revisar

El Grupo de Trabajo comenzó la consideración de las normas existentes solicitando a sus miembros documentación sobre varios temas a resolver y sobre los cuales era necesario tomar decisiones como parte de la revisión. Los temas identificados para estudio adicional fueron:

- Alcance de la ISBD(S)
- Definición de publicación seriada
- Fuentes para la descripción
- Cambios requeridos en los nuevos registros
- Publicaciones en múltiples formatos
- Relación entre la forma en que tratan el título la ISBD(S) y el ISSN
- Transcripción versus identificación
- Título clave como punto de referencia

Algunas decisiones se tomaron rápidamente, esto es, rápidamente en el escenario internacional. Otras decisiones se encontraban todavía en discusión en el momento en que se estaba imprimiendo el documento final.

Una de las primeras y más importantes decisiones que tomó el Grupo de Trabajo ISBD(S) ge la de suscribir la propuesta de la comunidad de las RCA de ampliar el alcance del término serialidad para incluir un nuevo concepto de publicación seriada, esto es, una publicación cuya naturaleza es integradora.[i] Como catalogadores ya hemos tenido que tratar con algunos tipos de publicaciones integrantes, tales como publicaciones en hojas sueltas pero nunca hemos estado realmente satisfechos con su definición ni con la forma en que son catalogados: ¿son monografías o son publicaciones seriadas? Actualmente, con Internet, tenemos que tratar con nuevos tipos de publicaciones integrantes: cada nueva 'versión' sustituye a la anterior. No hay tiradas sucesivas. Por consiguiente un nuevo término fue acuñado para describir el fenómeno de los 'recursos integrantes'. Su definición es: un recurso bibliográfico que es adicionado o sustituido mediante actualizaciones que no se mantienen discretas y que son integradas al todo. Los ejemplos de recursos integrantes incluyen: las publicaciones en hojas sueltas para actualización y los sitios Web.

La definición de 'publicación seriada' también fue modificada. Una publicación seriada es un recurso continuo en cualquier soporte físico que se publica en una sucesión de partes discretas, que llevan normalmente una designación numérica o cronológica y que no tiene terminación predeterminada. Los ejemplos de publicaciones seriadas incluyen: revistas, revistas electrónicas, directorios, reportes anuales, diarios, boletines de un evento y las series monográficas.

Juntas, las publicaciones seriadas y los recursos integrantes, constituyen el concepto de Recursos Continuos, el cual es un recurso bibliográfico publicado sin una terminación predeterminada.

"Recurso continuo" constituye por lo tanto el término genérico para el tipo de publicaciones que cubre la ISBD(S. Como resultado el título de la norma fue cambiado de ISBD(S) a ISBD(CR.

Aunque parece fácil de lograr, los tres grupos de las normas se tomaron muchos meses de negociaciones para aprobar las definiciones propuestas. Era importante estar de acuerdo con estos términos y definiciones antes de que pudiéramos proceder a otras áreas en donde existían diferencias sustanciales.

La ampliación del alcance para incluir los recursos integrantes introdujo ciertos retos. Debido a que las publicaciones seriadas y los recursos de integración tienen distintas características, fue claro para el Grupo de Trabajo que debían tratarse en diferentes formas.

Un área que generó bastante discusión fue la relacionada con lo que debe utilizarse como base para la descripción de las publicaciones seriadas y los recursos integrantes. Decidimos que para las publicaciones seriadas era conveniente utilizar el primer número ("issue") o el número más antiguo disponible debido a que este provee una descripción estable ya que los cambios que aparecieran en números posteriores podrían ser registrados en el área de las notas. Se consideró que esta estabilidad es beneficiosa en el contexto del intercambio de registros y para la identificación y comparación de los mismos. No obstante, en el caso de los recursos integrantes, los conceptos de "primero" y "número" no se pueden aplicar debido a que incluso la fuente que contiene el título puede desaparecer y ser sustituida por una actualización! Por lo tanto, el Grupo de Trabajo decidió que el único enfoque práctico para los recursos integrantes es tomar la última iteración como base para la descripción.

La discusión del Grupo de Trabajo acerca de la base para la descripción, generó una serie de inquietudes y puntos de vista. ¿Se prestará a confusión tener dos enfoques distintos para la descripción de los recursos continuos? Por consiguiente, ¿sería oportuno cambiar la base de la descripción al número más reciente en el caso de las publicaciones seriadas? Eliminar la necesidad de provisiones distintas para publicaciones seriadas y recursos de integración no solamente simplificaría las normas sino que también respondería a la necesidad expresada por algunos de disponer de información editorial actualizada en el área de *Publicación, distribución, etc.* en lugar de incluirla en una nota. Estas interrogantes, sin duda alguna, surgirán nuevamente cuando las normas sean revisadas. Contando con el beneficio de la experiencia, es probable que algunas de estas inquietudes sean solucionadas con mayor facilidad.

Otra área principal de deliberación corresponde a las prácticas de cambio de título, las cuales consumen mucho tiempo y representan un reto. La intención de nuestro Grupo de Trabajo, la cual fue refrendada por los otros dos grupos encargados de las normas, fue la de reducir el número de ocasiones en las que ocurren cambios de título y es en consecuencia necesario crear un nuevo registro bibliográfico. La mayoría de las casas editoriales probablemente no comprende el razonamiento de los catalogadores cuando deciden respecto a un cambio mayor del título; para la editorial, se trata todavía de la misma publicación. También necesitamos considerar las necesidades del usuario en cuanto a la forma en que ellos recuperan la información en un OPAC. Por lo tanto, debe obtenerse un balance entre la reducción del número de cambios de título (para así ahorrar tiempo y esfuerzos) y la necesidad de mejorar el acceso a la información.

El Grupo de Trabajo consideró varios factores para determinar que constituye un cambio mayor en el título. Todavía utilizamos el sistema de contar el número de palabras al principio del título y establecimos las primeras cinco palabras como las palabras importantes a contar con el fin de determinar si hay un cambio mayor en el título. Analizamos con gran detalle el impacto de la utilización de un número distinto de palabras; así mismo, examinamos este asunto analizando títulos en otras lenguas además del inglés. Cualquiera que fuera la decisión en relación con las normas a desarrollar, estas debían ser apropiadas para títulos en todas las lenguas. Estábamos desarrollando normas internacionales, así es que debíamos estar seguros de que las nuevas ISBD tuvieran sentido para todos los usuarios.

Aunque el Grupo de Trabajo determinó que un cambio mayor en el título propiamente dicho de una publicación seriada tiene lugar cuando hay un cambio en las primeras cinco palabras del título, se acordó hacer ciertas excepciones con el fin de cumplir con el objetivo de reducir el número de cambios de título y por lo tanto la necesidad de nuevas descripciones. El listado que indica que considerar como un cambio menor existente en la

ISBD(S) fue ampliado con el propósito de incluir: la adición, eliminación o cambio de palabras, en cualquier parte del título que enlace el título con la numeración; la adición a, la eliminación de o el cambio en el orden de las palabras en cualquier lugar del título siempre y cuando el tema siga siendo el mismo; y, la adición o eliminación de palabras en cualquier lugar del título que indique el tipo del recurso, por ejemplo, "revista" o "boletín." Finalmente, se agregó una nueva provisión instruyendo al catalogador a no crear una descripción nueva en el caso de que exista duda en cuanto a si el cambio del título es mayor.

De todas las áreas objeto de revisión, la alineación de las reglas RCA, ISBD(S) e ISSN relacionadas con el cambio del título, es posiblemente la más importante. La armonización de esta área es un logro significativo e importante, resultando en muchos beneficios para la cooperación internacional, el intercambio de registros y naturalmente, ahorro en costos.

Título clave/título uniforme como punto de referencia para determinar cambios mayores

La idea de contar con una técnica única para la identificación del título de una publicación seriada surgió pronto en nuestras discusiones, como una forma de eliminar la confusión y sobreposición existente en el uso de un título clave y un título uniforme en el mismo registro; y como una forma de incorporar un punto de referencia para determinar cambios en el título. Inclusive le dimos a este concepto un nombre: International Standard Serial Title ó ISST (Título Internacional Normalizado la de Publicación Seriada).

La idea fue inicialmente aportada por algunos colegas creativos que creían que debía haber una mejor manera de identificar en forma única el título de una publicación seriada, con lo cual todos estuvieron de acuerdo; y que fuera independiente de cualquier código o red nacional de catalogación. El ISST sustituiría al título clave de la red ISSN y de las ISBD(S) y la mayoría de los títulos uniformes establecidos de acuerdo con las RCA. El ISST y el número ISSN servirían como los identificadores principales de los recursos continuos y se utilizaría como un punto de referencia para determinar cuando se necesita un nuevo registro a causa de un cambio en el título.

Aunque esta propuesta tiene muchos méritos, tiene también muchas implicaciones que deben ser examinadas cuidadosamente. Las diferencias entre los calificadores de título clave y título uniforme no son insignificantes y su alineación requiere cierto compromiso. Los calificadores son a veces nombres de entidades corporativas, lo cual trae consigo el tema de las diferentes reglas que establecen las autoridades para los nombres corporativos. Debido a la complejidad del tema, este ha sido dejado a un lado para su "consideración futura."

Si todos los comentarios y sugerencias de los miembros de Grupo de Trabajo y de la comunidad IFLA hubieran sido incorporados, nunca hubiésemos producido un documento sustancial con las normas. La revisión puede ser un proceso sin final cuando se proponen de manera constante nuevas palabras y ejemplos; y cuando están en desarrollo nuevas técnicas editoriales y de comunicación. Los revisores, así como los "descubridores", tuvieron que tratar, no solamente con nuevos patrones editoriales, nuevas definiciones y nuevas capacidades en el despliegue de información de los OPAC, sino también con el requisito de mantener la compatibilidad con las ISBD para publicaciones monográficas, las cuales estaban siendo objeto de revisión al mismo tiempo. Casi simultáneamente tuvimos que incorporar los aspectos "opcionales" y "obligatorios" del estudio pionero de IFLA *Functional Requirements for Bibliographic Records*[ii] y de usar su cuidadosamente seleccionada terminología a lo largo del texto de la ISBD(CR). Como si esto no fuera suficiente, había que agregar el hecho de que nuestro objetivo era alinear las ISBD(CR) con el trabajo de revisión que estaban realizando en ese momento las comunidades de las RCA y el ISSN.

No obstante, debimos haber estado trabajando bajo la "estrella de la suerte." Asombrosamente, mediante arduo trabajo, dedicación de parte de todos los miembros, no sólo de IFLA, sino que de la comunidad de las RCA representada por el Joint Steering Committee, y la de los expertos del ISSN; así como determinación absoluta, las ISBD(CR) han sido publicadas, el nuevo capítulo 12 de las RCA (el cual cubre los recursos continuos) está programado para su pronta publicación, y el *Manual ISSN* ha sido revisado.

Los beneficios para las bibliotecas y para los usuarios, de esta alineación de las normas, que fueron publicadas casi simultáneamente, son tremendos:

1. A nivel nacional e internacional, hay más oportunidades para compartir registros bibliográficos con lo cual, al mismo tiempo, se reducen costos de catalogación (i.e. costos de catalogación original vs. costos de catalogación derivada).

2. Hay mayor potencial para actividades y proyectos de cooperación a nivel internacional (por ejemplo, la creación de catálogos unificados).

3. Podría haber responsabilidad compartida para el mantenimiento de las normas para publicaciones seriadas y posibilidades para resolver problemas en forma conjunta.

4. Dado que Internet ha hecho posible el acceso a catálogos a nivel mundial, el hecho de tener un conjunto de reglas para describir a las publicaciones seriadas en esos catálogos podría eliminar la confusión de los usuarios y catalogadores cuando ellos traten de localizar este tipo de material.

5. Finalmente, las agencias bibliográficas nacionales pueden usar el mismo registro para los catálogos de las bibliotecas nacionales y para fines de registro en el ISSN. En la actualidad, algunas agencias bibliográficas nacionales crean dos registros (uno para su biblioteca nacional y el otro para el registro ISSN); otras presentan al ISSN un registro creado para los catálogos de sus bibliotecas nacionales, violando en algunos casos, algunas de las reglas de catalogación ISSN.

La armonización de las normas representa beneficios muy reales y tangibles para los usuarios, los catalogadores y los administradores de las bibliotecas.

Es motivo de orgullo, la creencia de que el trabajo de las normas es vitalmente importante y que la profesión bibliotecológica va a la vanguardia en cuanto a encontrar formas creativas de manejar la información y trabajar en equipo a niveles nacionales e internacionales para alcanzar el consenso.

NOTAS

[i] Jean Hirons and Crystal Graham, "Issues Related to Seriality," in The Principles and Future of AACR: Proceedings of the International Conference on the Principles and Future Development of AACR, ed. Jean Weins (Ottowa : Canadian Library Association, 1998), 180-213.

[ii] IFLA Study Group on the Functional Requirements for Bibliographic Records, *Functional Requirements for Bibliographic Records: Final Report* (Munchen : K.G. Saur, 1998).

RESULTADOS DE LAS COMPARACIONES DE LOS CODIGOS DE CATALOGACION

Por Dra. Barbara B. Tillett
Traduccción de Ageo García-Barbabosa

Antes de la reunión en Francfort se les pidió a las actuales entidades credoras de catalogación que prepararan un documento sobre el enfoque presentado en sus códigos en relación con los tópicos especiales a discutir en la reunion. Se entregaron dieciocho informes; todos indicaron que sus reglas tienen como base los Principios de París para la elección y forma de los asientos y de las palabras ordenadoras.

Muchos anotaron que los Principios de París fueron escritos para los catálogos de fichas o catálogos manuales con un solo ordenamiento alfabético para los registros bibliográficos, los asientos secundarios y las fichas de referencias; mientras que hoy en día la mayoría de los catálogos en línea pueden manipular los registros bibliográficos y los puntos de indización que hacen posible la recuperación y el despliegu e de registros bibliográficos completos o despliegues cortos de elementos seleccionados del registro bibliográfico, además de proveer referencias desde las formas variantes hacia las formas autorizada de los asientos.

De acuerdo con los Principios de París el catálogo debe ser un instrumento eficiente para determinar si la biblioteca posee un libro en particular especificando su autor y título, el título solo o un sustituto del título; así como para determinar que obras existen de un determinado autor; y que ediciones de una determinada obra se encuentran en la biblioteca.

Las respuestas a la encuesta sobre las funciones del catálogo aún indican que las funciones de encontrar y colocar continúan siendo el punto central. Una excepción anotada en las respuestas de Alemania/Austria fue que sus reglas no prescriben la diferenciación de un nombre de persona, de manera que no les es posible colocar obras de un autor particular en los casos en que exista más de una persona con el mismo nombre.

Otra variante es el reconocimiento de "identidades bibliográficas" como entidades separadas, que pueden corresponder a una or más personas o entidades corporativas. En el rol de autor, una persona o entidad corporativa puede tener más de una identidad bibliográfica y se crearían registros de autoridad separados para los nombres controlados.

Repecto a la estructura del catálogo, la mayoría de repuestas indicaron que existe acuerdo con los Principios de París de crear un solo registro bibliográfico para cada libro y establecer asientos secundarios para los autores adicionales o las variantes del título.

Los Principios de París enumeran tres tipos de asientos: asientos principles, asientos secundarios y referencias. Los códigos de catalogación actuales reconocen esos tipos de asientos, es decir, registros posibles en un catálogo. Además varios códigos distinguen los tipos de registros de referencia como: registros de referencias de "véase", registros de referencias de "vease además", refencias generales explicativas; tal como recomiendan las pautas de IFLA "Guidelines for authority records and references (GARR)". En todos los casos el "asiento principal" es visto como el registro bibliográfico completo. A través de las discusiones de la lista electrónica fue claro también que todos desean ávidamente abandonar el término "asiento principal" y utilizar un término más preciso y actual.

Quizás cuando queremos referirnos al registro bibliográfico completo, deberíamos utilizar el término "registro bibliográfico".

Respecto al uso de asientos múltiples, el Principio de París 5 menciona que "las dos funciones del catálogo se cumplen más eficientemente por medio de un asiento para cada libro bajo un asiento derivado del nombre del autor o del título tal como figura en el libro; y cuando se presentan formas variantes del nombre del autor o del título, un asiento para cada libro bajo un asiento uniforme, que consista en un sustituto aceptable del título y asientos secundarios apropiados y/o referencias. Las respuestas de las encuestas indicaron que existía acuerdo con los Principios de París sobre este asunto; sin embargo la respuesta de AFNOR tambien indicó que ellos utilizan el asiento del nombre geográfico como asiento principal para materiales cartográficos. AFNOR también indicó que ellos nunca proveen un título uniforme como asiento principal si el ítem no puede identificarse por su autor o título. Mientras que la respuesta de los Países Bajos indica que los títulos uniformes son obligatorios únicamente para los clásicos anónimos incluyendo la Biblia, la música imprenta y las grabaciones de música clásica.

La respuesta de AFNOR también indicó variaciones en los asientos secundarios ya que los asientos bajo título no son obligatorios. Los títulos uniformes se establecen para textos sagrados, clásicos anónimos, obras de autores prolíficamente publicados y variantes de formas gráficas antiguas. Ellos utilizan "títulos de forma" para catálogos de exhibiciones, catálogos de venta, festschrifts y tratados. También es usual utilizar registros de autoridad para documentar las formas variantes de los nombres y títulos que aparecen como referencias en los catálogos en línea.

El principio 6 se refiere a las funciones de los diferentes tipos de asientos y sugiere que el asiento bajo el nombre del autor debe hacerse normalmente bajo un asiento uniforme del nombre de dicho autor. También menciona que los otros nombres u otras formas del nombre deberían ser referencias; pero que se pueden usar asientos secundarios en casos especiales.

La mayoría de las reglas actuales toman el nombre tal como está impreso en el libro en el área 1 de la descripción, y se utiliza esa forma ya sea como la forma autorizada o como una forma variante dentro de un registro de autoridad.

Con respecto a los casos especiales en que se usan asientos secundarios en vez de referencias, tales como cuando una obra en particular está asociada con un nombre en particular, las reglas italianas no proveen tales asientos secundarios. Las reglas rusas las proveen a través de sus registros de autoridad; de hecho eso es lo que es más probable en la mayoría de países que utilizan actualmente sistemas en línea. Los registros de autoridades contienen las formas variantes y los otros nombres, y se les utiliza en los catálogos en línea como referencias hacia las formas autorizadas. En forma similar se hace para los otros títulos de una misma obra; típicamente se manejan como referencias cruzadas en registros de autoridades de título o de autor/título. Los asientos secundarios para los diferentes títulos no se establecen en general en el registro bibliográfico cuando existe un registro de autoridad para el título uniforme (de título o autor/título)

Las antiguas reglas húngaras no preveen acceso bajo título cuando el asiento principal se hace bajo autor.

Para la elección del asiento uniforme, los Principios de París sugieren el nombre usado con mayor frecuencia o el título usado en las ediciones de las obras catalogadas o en referencias de autoridades aceptadas. En el caso de idiomas múltiples se recomienda preferir el idioma original o la forma encontrada en ediciones o referencias en los idiomas del catálogo. Los códigos siguen de manera básica este principio.

De acuerdo a los principios de París "el asiento principal de cada edición de una obra de un autor individual debería hacerse bajo el nombre de ese autor. Un asiento secundario o referencia debería hacerse bajo el título de cada edición en la que el nombre del autor no se menciona en la portada. En caso de idiomas múltiples se sugiere también preferir el idioma original o la forma original encontrada en las ediciones o en las referencias en los idiomas del catálogo. "El título uniforme deberá ser el nombre por el cual el autor es identificado con mayor frecuencia o la forma encontrada en las ediciones de sus obras, en la forma más completa que aparezca allí, con la excepción de que otro nombre o forma del nombre deberá ser tomada como asiento uniforme si ésta llega a establecer su uso general en referencias al autor en obras biográficas, históricas u obras literarias; o en obras relacionadas con sus actividades públicas separadas de su autoría. Se debe agregar una característica de identificación adicional, si fuera necesario, para distinguir al autor de otros con el mismo nombre."

Los códigos están de acuerdo en utilizar la forma encontrada. Las reglas francesas eligen la forma mejor conocida después de la muerte del autor, cuando utiliza diferentes seudónimos. Respecto a las características de identificación, las reglas del Vaticano hacen adiciones mayores a las de las RCA2, cuando el catalogador dispone de la información; no únicamente para diferenciar los nombres. Por otra parte las reglas alemanas no prescriben la diferenciación de los nombres de una persona (pero esta práctica está sujeta a cambios)

La mayoría de códigos sigue la regla de "Establecer una asiento principal bajo autor corporativo cuando la obra es una expresión del pensamiento colectivo o de la actividad de una entidad corporativa, aún cuando esté firmada por una persona en la capacidad de oficial o empleado de la entidad corporativa y la redacción del título o de la portada, tomadas en conjunto con la naturaleza, implica claramente que la entidad corporativa es colectivamente responsable del contenido de la obra" Sin embargo, en los Países Bajos, nunca se hace el asiento principal bajo nombre corporativo; sino como asiento secundario cuando la entidad es responsable del contenido de la obra. Ellos hacen una excepción con los grupos ejecutantes en grabaciones sonoras. Las reglas PPIAK usadas en Croacia no aplican el asiento bajo asiento corporativo para publicaciones seriadas, pero lo hacen en el caso de monografías. Las reglas españolas son más restrictivas en la idea de "actividad" sobre cuando utilizar una entidad corporativa como asiento primario. Las reglas finlandesas prefieren el título clave, o el título propiamente dicho, como el asiento principal; con un asiento secundario para la entidad corporativa en el caso de las publicaciones seriadas cuyos títulos consisten en términos genéricos, aún cuando representan la actividad de una entidad corporativa.

Otra regla seguida por la mayoría de códigos: "En los casos en que una entidad corporativa realiza una función (tal como la de editor) subsidiaria a la función de autor, se debe hacer un asiento secundario bajo el nombre de la entidad corporativa." Todos los códigos siguen el principio "En caso de duda, el asiento principal podría hacerse bajo el nombre de la entidad corporativa o bajo el nombre de un autor personal, con un asiento secundario bajo la alternativa no elegida como el asiento principal."

Con relación a la forma del nombre, todos los códigos siguen el principio de preferir el nombre usado con mayor frecuencia en sus publicaciones, con algunas excepciones. Sin embargo las reglas checas prefieren seguir la forma encontrada en los archivos de autoridades o las bibliografías nacionales, cuando es posible derivar la forma identificada con mayor frecuencia. En forma similar cuando hay muchas formas, las reglas AFNOR en Francia también utilizan otras fuentes tales como los archivos nacionales de autoridades y fuentes de referencia. Las reglas españolas también prefieren un nombre convencional sobre un nombre oficial. En relación a idiomas múltiples, las PPIAK (Croacia) usan el nombre en el primer idioma oficial usado en el catálogo de la biblioteca. Las Reglas de los Países Bajos no aplican la excepción de preferir la forma más comúnmente usada en las publicaciones del país de origen o en fuentes estándar de referencia; sino la forma más reciente como último recurso. Finlandia prefiere utilzar las formas finlandesa o sueca, dado que ellos tienen dos idiomas oficiales.

Existen otras dos excepciones: dar preferencia en el caso de los estados y otras autoridades territoriales, a la forma del territorio actualmente en uso, en el idioma de los usuarios del catálogo; para hacer un asiento sucesivo cuando el cambio de nombre no es menor y se conectan los nombres mediante referencias. Y se agrega una característica de identificación para distinguir a las entidades corporativas con el mismo nombre.

La práctica anterior en algunos países fue ensamblar todos los nombres bajo el más reciente o no usar ningún nombre sino un registro de autoridad para agruparlos juntos, pero las reglas más recientes siguen la práctica del asiento sucesivo. Una excepción son las PPIAK de Croatia, las cuales no siguen ésta practica. El añadir características adicionales de identificación es una práctica común en todas las reglas.

De acuerdo al Principio 9, las constituciones, leyes y tratados, y ciertas otras obras de características similares; deben asentarse bajo el nombre de la autoridad territorial apropiada con los títulos formal o convencional, que indiquen la naturaleza del material. Los asientos secundarios de los títulos reales (títulos propiamente dichos) deberán hacerse según se requiera. La mayoría de las reglas concuerdan con este principio; pero las reglas alemanas RAK no lo aplican a las leyes, prefiriendo en lugar de ello, un asiento bajo título con un título uniforme que corresponde al título oficial de la ley. En los Países Bajos la entrada bajo asiento principal corresponde al título propiamente dicho; en las reglas finlandesas esta clase de publicación se asienta principalmente bajo el título. Sería sin duda importante llegar a un acuerdo, al menos de que en las futuras reglas internacionales existiera un punto de acceso para la autoridad territorial y un título uniforme; así como acceso a través del título propiamente dicho.

Todas las reglas concuerdan sobre que, en los asientos para entidades subordinadas, debería preferirse la forma directa del nombre de la entidad, excepto cuando el nombre implique subordinación o una función subordinada o si fuera insuficiente para su identificación; de manera que debe preferirse un asiento que inicia con la entidad superior y utiliza como subsiento el nombre de la entidad subordinada. Así también la mayoría de las reglas concuerda con hacer una excepción en el caso en que la entidad subordinada corresponde a un órgano administrativo, judicial o legislativo de un gobierno; en el que el catalogador debe preferir el asiento uniforme que dé inicio con la autoridad territorial y con el nombre del órgano como un subasiento. Únicamente los Países Bajos proporcionan el nombre territorial como un calificador; o prefieren un nombre disponible en la publicación cuando la entidad superior no se menciona en la publicación o cuando no es claro que participa una entidad territorial.

El Principio 10 se refiere a la autoría múltiple. Cuando dos o más autores comparten la creación de la obra, el asiento principal deberá hacerse bajo el nombre del autor principal, si uno de ellos se presentara como tal. Si ninguno se presenta como el principal, el asiento principal deberá hacerse bajo el primer nombre en la portada, con asientos secundarios para el segundo y el tercero, cuando no se presenten más de tres. Si hubiera cuatro o más autores el asiento principal deberá hacerse bajo el título, con asientos secundarios para el primer autor mencionado y tantos otros como sea necesario. La mayoría de las reglas concuerda con este principio; pero los Países Bajos consideran a las entidades corporativas como un grupo de más de tres autores personales, de manera que una obra que tiene tanto un autor personal como un autor corporativo se asienta bajo el título, con asientos secundarios para el autor personal y para el autor corporativo. Cuando existen más de tres autores personales, las reglas AFNOR agregan la estipulación sobre nombres con el mismo tipo de función. Generalmente cuando existen más de tres autores, no se crean puntos de acceso para ellos; sin embargo las reglas no prohiben a las bibliotecas que incrementen el número en sus propios catálogos.

Para las videograbaciones las reglas AFNOR no reconocen la idea de autor principal debido a que la obra se considera siempre un trabajo colectivo, con un asiento principal bajo el título propiamente dicho y con un número limitado de puntos de acceso adicionales. En el sistema SuDoc (Superintendent of Documents classification system) el director de la película cinematográfica se considera el autor principal.

Cuando hay una colección que debe registrarse, i.e. obras independientes o partes de obras de diferentes autores; el asiento debe hacerse bajo el título de la colección, si la colección tuviera un título colectivo; o bajo el nombre del autor o el título de la primera obra, si no tuviera un título colectivo. En ambos casos se deben hacer asientos secundarios bajo el nombre del compilador, si se le conoce. Excepcionalmente, la entrada debe hacerse bajo el nombre del compilador, si aparece en forma prominente con el asiento secundario de título.

Es interesante que ninguna de las reglas utiliza el texto minoritario o la excepción. Este texto principal es lo que se utiliza en los código de las respuestas a la encuesta.

La respuesta de Macedonia fue que ellos no siguen este principio para colecciones porque el título de la colección es parte del registro y se da al final del registro entre corchetes para la recuperación automatizada en sus catálogos.

En el caso de las partes sucesivas de una obra, que se atribuyen a diferentes autores, los Principios de París recomiendan el asiento principal bajo el autor de la primera parte. Muchas de las reglas encuentran excepciones a este Principio. Las RCA2 señalan que el asiento principal se cambia al de otra persona/entidad si dicha persona/entidad es predominante en la monografía multiparte como un todo; y que el asiento principal se cambia al título si más de tres personas/entidades son responsables de la monografía multiparte terminada. Sin embargo el Comité Conjunto Permanente ("Joint Steering Committee") se encuentra actualmente considerando retirar esas dos posibilidades para que las reglas estén alineadas con los Principios de París. Las reglas del Vaticano y las reglas finlandesas han adoptado las RCA2. Las reglas checas hacen la distinción cuando hay títulos significativos de la partes, creando nuevos registros. En forma similar las reglas de los Países Bajos permiten también la creación de registros separados. En las reglas españolas hay algunas excepciones para cuando existe un plan de redacción desde el comienzo y existe un autor de la parte mayor, aún cuando el/ella no sea el que se menciona primero.

Siguiendo el Principio 11 las obras se asientan bajo el título cuando el autor no puede discernirse, o cuando es la obra de más de tres autores y ninguno de ellos es el autor principal; o cuando se trata de colecciones de obras independientes o partes de obras de diferentes autores, que se publican con un título colectivo; o cuando las obras se conocen principalmente o convencionalmente por el título. Las reglas concuerdan (con excepción de este último punto); algunas reglas realizarían el asiento principal bajo el autor; i.e., las reglas checas, las PPIAK de Macedonia y las AFNOR asentarían las publicaciones seriadas bajo de la entidad corporativa apropiada. Las PPIAK en Croacia no especifican esta última regla. La reglas finlandesas colocan a todas las publicaciones seriadas en esta categoria.

Con excepción de las reglas PPIAK de Macedonia y las reglas búlgaras RAKK, todas las reglas concuerdan en crear asientos secundarios bajo título para las ediciones anónimas de obras cuyos autores se han discernido (i.e. el asiento principal debe hacerse bajo el autor); y para las obras con entrada con el autor como asiento principal cuando el título es un medio alternativo importante de identificación. Los Principios de París también recomiendan crear asientos secundarios bajo título para las obras con entrada bajo una entidad corporativa como asiento principal, cuyo título distintivo no incluye el nombre de la entidad; y para las colecciones cuyo asiento principal se hacen, excepcionalmente, bajo compilador. Todas las reglas concuerdan; y ninguna de ellas sigue la excepción para compiladores.

De acuerdo con el Principio 11.3, en el caso de los asientos uniformes para obras que se asientan bajo título, el catalogador debería preferir el título original o el título utilizado con mayor frecuencia en las ediciones de la obra; y solamente preferir el título convencional cuando es generalmente conocido. La mayoría de reglas concuerda; con excepción de las reglas búlgaras, que no utilizan un título uniforme sino que crean un asiento de título bajo el título propiamente dicho. Las reglas usadas en los Países Bajos lo aplican solamente a los clásicos anónimos. La mayoría de las reglas concuerdan en preferir el título como la parte inicial del asiento uniforme correspondiente a obras cuyas partes o volumenes sucesivos tienen diferentes títulos, a menos que la mayoría de las partes o volumenes tengan otro título. No obstante las normas AFNOR no consignan este punto.

La mayoría de reglas concuerda con el principio de asiento sucesivo para publicaciones seriadas incluido en el Principio 11.5; sin embargo las normas AFNOR no consignan este punto. Debido a que las RCA2 contemplan el asiento secundario bajo un título seleccionado para agrupar las entradas, dichas reglas no utlizan este mecanismo; tampoco lo hacen las reglas usadas en los Países Bajos.

En la Bibliothèque Nationale de France los catalogadores crean un "registro histórico" para vincular a los registros bibliográficos que representan cada cambio de título. Estos registros históricos no se describen en las AFNOR.

En relación a las variaciones ligeras, la ISBD(CR) y la mayoría de la reglas actuales utilizan la forma de la primera emisión que se recibe, y no la forma que aparece con mayor frecuencia. Esta es una solución práctica para evitar demasiado matenimiento de registros; sin embargo, la respuesta a la encuesta de las RAK, indicó que ellos se oponen a la ISBD(CR) al permitir el uso del título más cómunmente usado como el título para todas las partes.

El Principio 11.6 se refiere a los tratados y convenios internacionales multilaterales y ciertas otras categorías que no tienen títulos distintivos. En esos casos debe preferirse un asiento uniforme convencional que refleje la forma de la obra. La mayoría de los códigos concuerda, pero las reglas de los Países Bajos no tienen una regla correspondiente. En las reglas búlgaras se utiliza el título propiamente dicho y no un asiento uniforme convencional.

El Principio 12, dedicado a la palabra ordenadora de los nombres personales, establece que en caso de nombres con varias palabras, el catalogador debe seguir el uso acordado en el país del cual es ciudadano el autor; y si eso no fuera posible, seguir el uso acordado en el idioma que el autor usa generalmente. Algunos contestatarios de la encuesta indicaron que siguen las pautas de "IFLA Names of Persons". La Sección de Catalogación de IFLA explorará la realización de una revisión de dicha publicación en un esfuerzo por hacerla más consistente con las respuestas de varios países. Se espera también que un archivo internacional virtual de autoridades permitirá un acceso más amplio a los archivos existentes de autoridades legibles por máquina, para el intercambio de información de las formas autorizadas de los nombres.

Por fín podríamos ver si podemos lograr un acuerdo de que deben incluirse las formas y nombres aparecidos en las publicaciones, ya sea como formas autorizadas o como variantes en los registros de autoridad de la entidad; para facilita en el futuro poder cotejar y compartir los registros de autoridad de la misma entidad.

RECOMMENDATIONS FROM THE IME ICC2 WORKING GROUPS = RECOMENDACIONES DE LOS GRUPOS DE TRABAJO DE LA IME ICC2

Working Group 1A – Personal Names

Members Group 1A:

Kazuko Rankine (Trinidad and Tobago) – **Leader**
Nel Bretney (Barbados) – **Co-leader**
Rosemarie Runcie (Jamaica) – **Co-leader**
Leona Bobb-Semple (Jamaica)
Beth Davis-Brown (USA)
Jaesun Lee (Korea)
Barbara Tillett (USA)

Goal:

Harmonization in order to create a common authority file (can be "virtual," i.e., linked records for the same entity)

Issues:

1. Identification of different entities: –

   - How are pseudonyms and other names for one or more entities handled?
   - How are fictional characters, deities, cartoon characters, imaginary characters, etc. treated?

2. Differentiation of names: –

   - What to do when it is not possible to differentiate?
   - What are the Latin American practices regarding structure of names?
   - What are the consequences of using undifferentiated names for the international sharing of records? Other topics?

Statement of Principles:

This working group reaffirms the statement that the first objective is to serve the convenience of the users of the catalogue.

Recommendations:

5.1 Put in bold the last sentence in the third paragraph:
"These normalized forms (also called authorized headings") should be recorded in authority records along with variant forms used as references."

5.2 **Forms of Names for Persons**
Collapse 5.2.1-5.2.3 to read:
– When the name of a person consists of several words, the choice of entry word should follow agreed usage in the language that person generally uses, as found in manifestations or general reference sources.

5.3 **Forms of Names for Families**
Collapse 5.3.1-5.3.2 to read:
– When the name of a family consists of several words, the choice of the entry word should follow agreed usage in the language that the family generally uses as found in manifestations or general reference sources.

7. **Foundations for Search Capabilities**
   7.1   Search and retrieval to read :
   Access points are the elements of bibliographic records that 1) provide reliable retrieval of bibliographic and authority records...

7.1.2 Indispensable Access Points
   7.1.2.1   Amend line 7 to read :
   classification numbers or location symbols
   Definition of "location symbol" to be added to glossary. Includes shelf numbers, URLs, etc.

Other recommendations

Working Group 1A agrees to investigate the establishment of an authority file for the English-Speaking Caribbean.

This includes a listserv, workshops, discussions at the next ACURIL conference and other meetings.

ICC Recommendations

Reconsider entries for heads of states to prefer personal names to corporate names

Rule of Three - assure access from as many names as desirable.

Grupo de Trabajo 1A – Nombres Personales

Miembros:

Kazuko Rankine (Trinidad and Tobago) – **Directora**
Nel Bretney (Barbados) – **Co-Directora**
Rosemarie Runcie (Jamaica) – **Co-Directora**
Leona Bobb-Semple (Jamaica)
Beth Davis-Brown (USA)
Jaesun Lee (Korea)
Barbara Tillett (USA)

Objetivo:

Armonización con el propósito de crear un archivo común de autoridades (puede ser "virtual," i.e. registros correspondientes a una misma entidad vinculados entre sí)

Asuntos:

1. Identificación de nombres diferentes

- ¿Cómo se manejan los seudónimos y otros nombres de una o más entidades?
- ¿Cómo se tratan los personajes ficticios, las deidades, los personajes de tiras cómicas, imaginarios, etc.?

2. Diferenciación de nombres –

- ¿Qué hacer cuando la diferenciación no es posible?
- ¿Cuáles son las prácticas latinoamericanas en relación a la estructura de los nombres?
- ¿Cuáles son las consecuencias en la compartición internacional de registros, del uso de nombres no diferenciados?
- ¿Otros asuntos?

Declaración de Principios

El Grupo de Trabajo 1A está de acuerdo con la Declaración en que "el principio fundamental para la elaboración de los códigos de catalogación deberá ser la conveniencia de los usuarios del catálogo."

Recomendaciones:

5.1 Escribir en letra negrita las siguientes palabras en la oración final del tercer párrafo: "Estas formas normalizadas (también llamadas "asientos autorizados") deberán inscribirse en registros de autoridad junto con las formas variantes utilizadas como referencias."

5.2 **Formas de los Nombres de Personas**
Combinar 5.2.1-5.2.3 a manera que resulte en la declaración:
"Cuando el nombre de una persona consta de varias palabras, la elección de la palabra ordenadora deberá determinarse de acuerdo a las convenciones en el idioma

que generalmente utiliza la persona, tal como aparece en las manifestaciones o en las fuentes de referencia."

5.3 Formas de los nombres de familia

Combinar 5.3.1-5.3.2 a manera que resulte en la declaración:

"Cuando el nombre de una familia consta de varias palabras, la elección de la palabra ordenadora deberá determinarse de acuerdo a las comvenciones en el idioma que generalmente utiliza la persona, tal como aparece en las manifestaciones o en las fuentes de referencia."

7. Fundamentos para las Capacidades de Búsqueda

7.1 Búsqueda y recuperación se debe cambiar asi :

Los puntos de acceso son los elementos de los registros bibliográficos que proveen:
1) una recuperación fiable de los registros bibliográficos y de autoridad..

7.1.2 Puntos de acceso indispensables

7.1.2.1 Revisar línea 7 a declarar:

Números de clasificación o símbolos de ubicación

Un definición de "símbolos de ubicación" debe ser agregada al glosario. Los números de estantería, URLs, etc.

Otras recomendaciones

El Grupo de Trabajo 1A está de acuerdo con la idea de investigar la posibilidad de crear un archivo de autoridades para compartir entre las instituciones de habla-inglés del Caribe.

Se debe incluir una lista de discusión electrónica, talleres y discusiones sobre este tema en la próxima conferencia de ACURIL y en otras reuniones.

Recomendaciones para el ICC

Reconsiderar el uso de los asientos para los jefes de estado –se debe preferir el nombre personal en vez del nombre corporativo

Regla de tres – asegurar acceso por medio del proveer todos los asientos secundarios que se determine deseable.

Working Group 1B – Personal Names

Members:

Julia Margarita Martínez Saldaña (México) – **Leader**
Estela Chahbenderian (Argentina) – **Co-Leader**
Elena Escolano Rodríguez (Spain) – **Co-Leader**
Gloria Samamé Mancilla (Perú)
Esperanza Molina Mercado (México)
José Roberto Arce (Bolivia)

Working Group 1B on analysis of Personal Names in a new Internacional Cataloging Code benefited greatly from the expertise of the members named above who proudly served as their countries representatives at the Buenos Aires meeting. Just as important to the Working Group were the members from Guatemala, Colombia, Dominican Republic, El Salvador and Nicaragua who could not attend in person but who participated actively in the online discussion and provided thoughtful comments and great moral support namely: Emilia López, Gloria Mejía, Manuel Roa Santana, María Ángela Romero, and Lissette Ruiz.

Goal:

Harmonization in order to create a common authority file (these files can be "virtual," i.e., linked records for the same entity)

Issues:

1. Identification of different entities: –

- How are pseudonyms and other names for one or more entities handled?
- How are fictional characters, deities, cartoon characters, imaginary characters, etc. treated?

2. Differentiation of names: –

- What to do when it is not possible to differentiate?
- What are the Latin American practices regarding structure of names?
- What are the consequences of using undifferentiated names for the international sharing of records? Other topics?

Online discussion prior to Buenos Aires meeting:

We initiated an online discussion by analyzing the documents from the Meeting of Experts that took place in Frankfurt Germany during 2003. We used the same objectives and issues as those used in Frankfurt, and we opened the online discussion with a series of topics that we considered relevant to establishing a communal Cataloging Code and the creation of an International Authority Database.

Below you will find a comparison of the results of our survey. In order to provide a visual guide the Frankfurt results are in italics and the Latinamerican results are in regular font.

Objective of the meeting in Frankfurt / Argentina was the same:

Harmonization in order to create a common authority file (these files can be "virtual," i.e., linked records for the same entity).

Issues for Frankfurt /Argentina varied as noted:

1. Identification of different entities: –
2. How are pseudonyms and other names for one or more entities handled?
3. How are fictional characters, deities, cartoon characters, imaginary characters, etc. treated?
4. Differentiation of names.
5. What to do when it is not possible to differentiate?
6. What are the Latin American practices regarding structure of names?
7. What are the consequences of using undifferentiated names for the international sharing of records?
8. What is your local catalog practice for authority control ?.
9. Are the established personal name headings matched to the access points on your bibliographic records (including subject access points)?
10. What reference sources, lists or catalogs are used by your library to establish authority headings?
11. Please describe your process of authority control.
12. What is your practice for control of cross references for authority records?
13. Does your catalog contain the full set of references and are these used to in the retrieval of names?

Results / Recommendations:

1. Authorized vs uniform heading:
   - 'Authorized is the more practical term.

2. Treatment of pseudonyms and other names for one or more entities:
   - Establish a base heading with references leading to the real name taking into consideration both the form and nature of the name.
   - For separate bibliographic identities each named entity is used to establish a heading.

3. How are fictitious characters, deities, comic strip characters, and imaginary beings, etc. treated?
   - We establish subject headings in direct order with a qualifier, if necessary, and with the appropriate references.
   - We attempt to define, categorize, and coordinate the scope of each addition to be used as a qualifier in parenthesis.

4. Is it practical to differentiate between personal names?
   - This is the goal especially for national bibliographic agencies.
   - It is very important to the end user to differentiate between personal names.

5. What do you do when differentiation is not possible?
   - It is always possible.
   - With dates both birth and/or death, as complete as is necessary to include.
   - With subject area or place of birth if it is necessary.

6. Concept of a parallel heading:
   - Headings are formed by different language, scripts, cataloging rules and user communities.
   - Endorsement of investigation into the concept of a virtual international authority file to allow for the existing of parallel headings for personal names.

7. Choice of names, structure of names:
   - Recommend the use of IFLA's Names of Persons as a starting point.

8. What are your local practices in regard to the structure of names?
   - The guidelines in AACR are followed.

9. Structure of authority records (source of information):
   - There should be a mandatory field for source of information in authority records.

10. Are access points in bibliographic records used as established in the authority file?
    - We use the authorized form of name and subject headings based on authorized heading lists.
    - This is not authority control.

11. What are the authorized list or catalogs currently used in your library?
    - Local online catalogs and those of the national libraries.
    - The LC authorities file.
    - Reference sources of general and specialized areas.

12. *Draft Statement of Principles:*
    - To the draft of principles the group suggested this change to 5.2.1:
      " When the name of a person consists of several words, the choice of entry word is determined by the person's nationality, or when that is not possible, by agreed usage in the country in which the person generally resides."

13. Authority records/files
    - Cataloging rules should also include the rules for creating authority records.

14. Describe your authority control process:
    - Authority control is not commonly used except in isolated cases where institutions have automated systems that have authority control modules.
    - Through the use of "Used for " and "See also" references.
    - By consulting the LC catalog in conjunction with the item that is being cataloged.
    - There are many doubts with regard to the application of the MARC format for authority control.

15. Does your catalog represent variant forms and how are these used in the retrieval of names?
    - Most libraries apply the conventions of AACR for establishing names and for recording variant forms of names.

- We employ very basic practices in our authority catalogs as there is a lack of resources and often those are deficient in quality and quantity.
- Recommend using the cataloging practices that promote cooperative cataloging.
- It is necessary to resolve the problem of hierarchy for main entry headings, secondary headings and references.
- Currently, automated systems are limited in what they can do, so it is difficult to respond to this question.
- Recommend that conference and meeting names have references provided for the name in direct order.

16. What are the consequences for sharing of records and international cooperation when using non-differentiated names?
    - Duplication of records because of linguistic differences.

IME ICC2

During the meeting in Universidad de San Andrés, Buenos Aires Campus we had the opportunity to personally exchange ideas in a more precise manner than had been possible via the online discussion. Although it was cold outside the warmth of our collegiality provided the scenario for a very fruitful discussion.

Results/Recommendations from made at the IME ICC2

1. Proposed terminology [for Spanish version of the Statement]
    - Use record instead of "entry" when referring to a set of data (bibliographic, authority or reference data.
    - Access point: use instead of "entry" or heading
    - Distinct entity: use instead of distinct persona (6.2).
    - The term "authorized" is preferred instead of the term "uniform."
    - Enhance the Glossary with terms: Nationality, Culture, and others.

2. Differentiation of personal names:
    - The group agrees with the proposal made in Frankfurt about the importance of de establishing differences according to the principles of 5.1.2.

3. Principle 5.1.3
    - Recommend the general application of international standard language tables for transliteration (ISO?).

4. Change proposed to Principle 5.2.1, so that it should read:
    - When the name of a person consists of several words, the choice of the entry word should be determined by conventions of the language that person generally uses, as found in manifestations or reference sources, or, if needed, by nationality.
    - It is recommended that Nationality replace the concepts of citizenship and residence.

5. Eliminate prinicples 5.2.2 and 5.2.3 and merge into 5.2.1.

6. Move principle 6.2 to become principle 5.1.2.

7. Recommend that rules for the creation of authority records be developed as part of ICC (GARE, AACR2 Ch. 26)

8. Recommend more precision in the future ICC, avoiding optional rules that cause inconsistencies in catalogs.
9. On the concept of parallel headings the group agrees with the Frankfurt Statement in its formulation by different language scripts, cataloguing rules, and user communities.
10. There was general agreement within the group to support the development of a VIAF.
11. The resolution of conflicts for the differentiation of names, the use of the rule of three, the treatment of names (such as those of married persons), etc., should be specifically treated in the ICC, rather than in the principles.
12. Other statements:
    - The group reaffirms the basic principle of Universal Bibliographic Control, concerning the responsibility of each country for establishing the authorized form for the names of its authors.

Grupo de Trabajo 1B – Nombres Personales

Miembros:

Julia Margarita Martínez Saldaña (México) – **Directora**
Estela Chahbenderian, (Argentina) – **Co-Directora**
Elena Escolano Rodríguez, (España) – **Co Directora**
Gloria Samamé Mancilla (Perú)
Esperanza Molina Mercado (México)
José Roberto Arce (Bolivia)

El grupo de trabajo 1B para analizar los Nombres Personales en un nuevo Código Internacional de Catalogación contó con las personalidades nombradas que representaron orgullosamente sus paises. Igualmente importante ha sido la participación de representantes de Guatemala, Colombia, República Dominicana, El Salvador y Nicaragua que ante la imposibilidad de asistir personalmente a Buenos Aires, participaron activamente en el grupo 1B en la discusión en línea, por ello el reconocimiento también va para Emilia López, Gloria Mejía, Manuel Roa Santana, María Ángela Romero y Lissette Ruiz.

Objetivo:

Armonización con el propósito de crear un archivo común de autoridades (puede ser "virtual", i.e. registros correspondientes a una misma entidad vinculados entre sí)

Asuntos:

1. Identificación de nombres diferentes
   - ¿Cómo se manejan los seudónimos y otros nombres de una o más entidades?
   - ¿Cómo se tratan los personajes ficticios, las deidades, los personajes de tiras cómicas, imaginarios, etc.?
2. Diferenciación de nombres –
   - ¿Qué hacer cuando la diferenciación no es posible?
   - ¿Cuáles son las prácticas latinoamericanas en relación a la estructura de los nombres?
   - ¿Cuáles son las consecuencias en la compartición internacional de registros, del uso de nombres no diferenciados?
   - ¿Otros asuntos?

Discusión en línea:

Para iniciar la discusión se analizó el documento de la reunión de Expertos de Frankfurt, Alemania llevada a cabo durante el año 2003.

Bajo el mismo objetivo y los dos asuntos que exponen los resultados de la reunión de Frankfurt, se abrió la discusión en línea con una serie de tópicos considerados relevantes para el establecimiento común de un Código de Catalogación y la creación de un Archivo Internacional de Autoridades.

Cabe resaltar que para diferenciar los asuntos y resultados, se han distinguido con letras itálicas los resultados de Frankfurt para hacer visualmente identificables cada uno de los puntos de las dos reuniones de expertos.

Objetivo de la Reunión de Frankfurt / Argentina igual.

Armonización con el propósito de crear un archivo común de autoridades (puede ser 'virtual', por ej. Registros correspondientes a una misma entidad vinculados entre sí).

Asuntos tratados en Frankfurt /Argentina

1. ¿Identificación de nombres diferentes.
2. ¿Cómo se manejan los seudónimos y otros nombres de una o más entidades?
3. ¿Cómo se tratan los personajes ficticios, las deidades, los personajes de tiras cómicas, imaginarios, etc.?
4. ¿Diferenciación de nombres.
5. ¿Qué hacer cuando la diferenciación no es posible?
6. ¿Cuáles son las prácticas locales en relación a la estructura de los nombres?
7. ¿Cuáles son las consecuencias de la cooperación internacional de registros, del uso de nombres no diferenciados?
8. Práctica de control de autoridades en los catálogos locales.
9. ¿Los encabezamientos de nombres los establece de acuerdo a los puntos de acceso (incluidos los encabezamientos temáticos)?
10. ¿Qué listas o catálogos existentes actualmente utiliza su biblioteca?
11. Puede describir su proceso de autoridades?
12. Práctica de referencias en el control de autoridades.
13. ¿Su catálogo representa las referencias y cómo las usa para la recuperación de los nombres?

Resultados / Recomendaciones

1. Asiento autorizado vs. Asiento uniforme:
   - 'Autorizado' es el término más práctico.
2. Manejo de Seudónimos y otros nombres de una o más entidades
   - Se establece como encabezamiento principal, con las referencias correspondientes al nombre verdadero, considerando tanto la forma como la naturaleza.
   - En identidades bibliográficas diferentes se adopta cada una como forma autorizada.
3. Cómo se tratan los personajes ficticios, las deidades, los personajes de tiras cómicas, imaginarios, etc.?
   - Se establece como encabezamiento de materia general, con un calificador si se considera necesario, en forma directa, con sus referencias correspondientes.
   - Se debe acordar, categorizar y definir el alcance de cada adición como calificador entre paréntesis.
4. *¿Es práctico establecer las diferencias entre los nombres personales?*

- Esa es la meta, principalmente para Agencias Bibliográficas Nacionales.
- Es importante, aunque no sea del todo práctico para los interesados/involucrados en el proceso.

5. Qué hacer cuando la diferenciación no es posible?
   - Siempre es posible.
   - Con los datos de fechas de nacimiento y / o muerte, tan completos como sea necesario incluir.
   - Como posibilidad por área temática, y lugar de nacimiento si fuera necesario.

6. *Concepto de asiento paralelo:*
   - Conformados por diferentes idiomas, escrituras, reglas de catalogación, comunidades de usuarios.
   - Investigación sobre el concepto de un archivo internacional virtual de autoridades para la existencia de asientos paralelos de NP.

7. *Elección de nombres, estructura de los nombres:*
   - Uso de IFLA "Names of Persons" como punto inicial.

8. ¿Cuáles son las prácticas locales en relación a la estructura de los nombres?
   - Se siguen las pautas de RCA.

9. Estructura de los registros de autoridad (fuente de información):
   - Debe existir un campo obligatorio para la fuente de información en los registros de autoridad.

10. ¿Los encabezamientos de nombres los establece de acuerdo a los puntos de acceso?
    - En base a listas controladas de encabezamientos de nombre y de tema.
    - No es control de autoridades.

11. ¿Qué listas o catálogos existentes actualmente utiliza su biblioteca?
    - Catálogos en línea locales y de Bibliotecas Nacionales.
    - Archivo de Autoridades de LC.
    - Fuentes de información y documentos de consulta especializados.

12. *Versión preliminar de los principios:*
    - Versión preliminar de los principios. Sugerencia de cambio en el punto 5.2.1:
    "Cuando el nombre de una persona consiste en varias palabras, la elección de la palabra ordenadora estará determinada por la nacionalidad de la persona, o cuando esto no es posible, por el uso acordado en el país en el cual la persona reside generalmente."

13. *Registros / Archivos de autoridades*
    - Que las reglas de catalogación incluyan normas para los registros de autoridades.

14. Puede describir su proceso de autoridades:
    - Control de autoridades en pocos países (esfuerzos aislados), con los Módulos de Control de Autoridades de los sistemas locales de automatización.
    - Uso de referencias UP, Va.
    - En base a documentos de consulta y el catálogo de LC.

- Existen dudas en cuanto a la aplicación del formato MARC en el control de autoridades.

15. Su catálogo representa las diferencias y cómo las usa para la recuperación de los nombres?

    - De acuerdo a RCA, con envíos de la forma aceptada a las diversas versiones del nombre para establecer la forma autorizada, aunque no todas las bibliotecas siguen esta práctica.
    - Práctica rudimentaria en los catálogos de autoridades, por la falta de repertorios suficientes en calidad y cantidad.
    - Se recomienda ejercer la práctica de catalogación cooperativa.
    - Es necesario resolver el problema de jerarquización de entradas principales, asientos secundarios y de referencia.
    - Los sistemas de automatización actuales están limitados para que se de respuesta a este planteamiento.
    - Se recomienda contar con referencias a la forma directa del nombre

16. ¿Cuáles son las consecuencias de la cooperación internacional de registros, del uso de nombres no diferenciados?

    - Duplicación de registros en función de la diferenciación lingüística.

Reunión de Expertos

Durante dos días de feliz encuentro, por la posibilidad de conocernos personalmente, así como de intercambiar de manera más cercana y precisa las impresiones sostenidas durante la discusión en línea, nos reunimos en Buenos Aires, cuya sede en la Universidad de San Andrés nos acogió cálidamente en contraste con el frío invierno del exterior.

Objetivo de la Reunión de Argentina

Armonización con vistas a crear un archivo de autoridad común (puede ser 'virtual', por ej. registros vinculados para la misma entidad).

Resultados / Recomendaciones

1. Terminología propuesta:

    - Registro usar por asiento, cuando se trate de un conjunto de datos (bibliográficos o de autoridades y de referencias).
    - Punto de acceso = usar por asiento, encabezamiento, entrada, entry, heading.
    - Entidad distintiva = usar por persona distintiva (6.2).
    - El término 'autorizado' se prefiere al de 'uniforme'.
    - El grupo recomienda enriquecer el glosario con los términos Nacionalidad, Cultura y otros.

2. Diferenciación de nombres personales:

    - El grupo está de acuerdo con la propuesta de Francfort en cuanto a la importancia de establecer las diferencias de acuerdo al principio 5.1.2.

3. Principio 5.1.3:
   - El grupo recomienda la aplicación generalizada de las normas establecidas internacionalmente (ISO?) con las tablas por idioma (transliteración).
4. Principio 5.2.1 se propone cambiar a:
   - Cuando el nombre de una persona consta de varias palabras, la elección de la palabra ordenadora deberá determinarse de acuerdo a las convenciones en el idioma que generalmente utiliza la persona, tal como aparece en las manifestaciones o en las fuentes de referencia, o en caso necesario, la nacionalidad.
   - Se recomienda reemplazar los conceptos ciudadanía y residencia por Nacionalidad.
5. Eliminar los principios 5.2.2 y 5.2.3 que se han fusionado en el 5.2.1.
6. Trasladar el principio 6.2 al principio 5.1.2.
7. El grupo recomienda impulsar el establecimiento de normas para la creación de registros de autoridades como parte del ICC (GARE, RCA2 cap. 26).
8. Se recomienda mayor precisión en el futuro ICC, evitando las pautas optativas que causan inconsistencia en los catálogos.
9. Sobre el concepto asiento paralelo el grupo está de acuerdo con Frankfurt en su conformación por diferentes idiomas, escrituras, reglas de catalogación y comunidades de usuarios.
10. El grupo tiene un acuerdo general de impulsar el VIAF.
11. La resolución de conflictos para la diferenciación de nombres, el uso de la regla de 3, el tratamiento de nombres (personas casadas), etc. deberán ser tratadas de manera específica en el ICC, más que en los principios.
12. Otros aportes:
    - El grupo reitera el principio básico del Control Bibliográfico Universal que es responsabilidad del país el establecer la forma autorizada para sus autores.

Working Group 2 – Corporate Names

Members:

Norma Mangiaterra (Argentina) – **Leader**
Mauro Guerrini (Italia) – **Co-Leader**
Felipe Martínez (México) – **Co-Leader**
Elsa Barber (Argentina)
Rosa López (Colombia)
Nitzia Barrantes (Panamá)
Luisa Vigo-Cepeda (Puerto Rico)

Goal:

Harmonization of entities and a list of minimal practical proposals for corporate identity

Issues:

How do current rules recognize when a corporate body changes/when to make a new authority record for the body? What links are made for earlier/later names of the corporate body? Other topics?

Working Group 2 took as a starting point for their online discussion on corporate entities the established cataloging standards and analyzed the available documentation and for the meeting. They centered their attention on the following relevant aspects under consideration, from the: Statement of International Cataloguing Principles (Draft) Frankfurt, Germany, 2003

1. Scope: consider that
   - We are working on principles and not on the ICC
   - These principles should replace the Paris Principles
   - Therefore, these principles must contain definitions of the terms for descriptive cataloguing as well as for subject cataloguing.

2. Incorporate in the body of the principles the definition of Corporate body, basing it on FRBR 3.2.6: Corporate body is "an organization or group of individuals and/ or organizations acting as a unit"

   The entity defined as corporate body comprises organizations and groups of persons and/or organizations identified by a particular name.

3. Choice of access points: In the second paragraph of 5.1.1.1. where it says
   In the case of corporate bodies <u>as creators</u>, this is limited...
   substitute for "In the case of corporate bodies, <u>access</u> is limited..."

4. Authorized headings: change the first paragraph of 5.1.2 for:

   The authorized heading should identify the entity in a consistent manner. The form should be the predominant in manifestations or the <u>most well known</u> name for the users of the catalogue (e.g., conventional name)

   Eliminate in the second paragraph: "... , if necessary,..."

5. In principle 5.4 Forms of Names for Corporate Bodies, introduce a generic concept such as

   Enter a corporate body directly under the name by which it is generally identified (see AACR2 rule 24.1 A)

Grupo de Trabajo 2 – Entidades Corporativas

Miembros:

Norma Mangiaterra (Argentina) – **Directora**
Mauro Guerrini (Italia) – **Co-Director**
Felipe Martínez (México) – **Co-Director**
Elsa Barber (Argentina)
Rosa López (Colombia)
Nitzia Barrantes (Panamá)
Luisa Vigo-Cepeda (Puerto Rico)

Objetivo:

Armonización de entidades y una lista mínima de propuestas prácticas para entidades corporativas

Asuntos:

¿Reconocen las reglas actuales cuándo cambiar un nombre corporativo o cuándo crear un nuevo registro de autoridad para una entidad? ¿Qué vínculos se establecen entre las formas anterior/posterior del nombre de la entidad corporativa? ¿Otros asuntos?

A partir de las pautas establecidas para la discusión en línea de la temática "Entidades corporativas", los integrantes del grupo de trabajo analizó la documentación de base y centró su atención en aspectos relevantes a ser considerados en primera instancia en la "Declaración de Principios Internacionales de Catalogación" (Documento preliminar) Francfort, Alemania, 2003:

1. Alcance: Considerar que:

   - Se esta trabajando sobre principios y no sobre el código Internacional de Catalogación
   - Estos principios deben sustituir los Principios de Paris.
   - Por tanto, estos principios deben contener definiciones de los términos tanto para la catalogación descriptiva como para la catalogación por materia.

2. Incorporar en el cuerpo de los principios la definición de Entidad Corporativa, tomando como base la FRBR 3.2.6: Corporate body is "an organization or group of individuals and/or organizations acting as a unit" (Entidad corporativa es: una organización o grupo de individuos y/u organizaciones que actúan como una unidad).

   La entidad definida como entidad corporativa comprende organizaciones y grupo de personas y/u organizaciones identificadas por un nombre particular.

3. Elección de puntos de acceso: Sustituir en el segundo párrafo del 5.1.1.1. donde dice:

   En el caso de entidades corporativas <u>como creadores</u>, se limita ...
   por "En el caso de entidades corporativas, <u>el acceso</u> se limita ..."

4. Asientos autorizados: Cambiar el primer párrafo de 5.1.2 por:

   El asiento autorizado (authorized heading) debe identificar a la entidad de una manera consistente. La forma debe ser la predominante en las manifestaciones o el nombre más conocido para los usuarios del catálogo (por ejemplo el nombre convencional)

   Eliminar en el segundo párrafo: "... si fuera necesario ..."

5. En el punto 5.4 Formas de los nombres de entidades corporativas, introducir un concepto genérico como:

   Asiente una entidad corporativa directamente bajo del nombre por el cual se identifica generalmente (véase 24.1 A de las RCA2).

Working Group 3 – Seriality

Members:

Ageo García Barbabosa (USA) – **Leader**
Maria Ramos (Panamá) – **Co-Leader**
Elvira Arcella (Argentina)
Elena Montalvo (Bolivia)
Patricia González (México)
Carlos Javier Rojas Lázaro (Perú)
Ileana Rosa-Sotomayor (Puerto Rico)
Maria de los Ángeles Zavala (Puerto Rico)

Objective:

Reach agreement on the standards and the identification of the part in which the rules differ from ISBD (CR) about what constitutes a change in a new work/expression that justifies a new record.

Issues:

Are current codes/practices in alignment with ISBD(CR) and if not, how do they differ and why? Can they be brought together? Other topics?

Report:

The Working Group analyzed the document in view of Frankfurt recommendations and completely agreed with the general recommendations made and incorporated in the December 19, 2003 version.

Because of the nature of serial publications, the Group acknowledges the importance of principles 6.1 and 6.2 about the creation of authority records for access points.

Recommendations towards a new cataloguing code:

The Group finds that there are not enough elements to make recommendations for changes for a new code at this moment, but proposes the following initiatives to create an environment for future analysis and discussion of seriality issues in the region:

- The Group will stay in permanent session with the goal of generating specific proposals and recommendations
- Promote the translation and dissemination of international standards related to seriality
- Expand the scope of the group to include the professional associations and library science schools in the countries of the region.

Grupo de Trabajo 3 – Serialidad

Miembros:

Ageo García Barbabosa (USA) – **Leader**
Maria Ramos (Panamá) – **Co-Leader**
Elvira Arcella (Argentina)
Elena Montalvo (Bolivia)
Patricia Gonzalez (México)
Carlos Javier Rojas Lázaro (Perú)
Ileana Rosa-Sotomayor (Puerto Rico)
Maria de los Angeles Zavala (Puerto Rico)

Objetivo:

Acuerdo sobre los estándares y la identificación de los puntos en que las reglas no concuerdan con la norma ISBD(CR) respecto a cuáles cambios constituyen un nueva obra/expresión que justifiquen crear un nuevo registro.

Asuntos:

¿Están de acuerdo las prácticas actuales con la ISBD(CR)? Y si no fuera asi ¿en qué son diferentes y por qué? ¿Se pueden conjugar posiciones? ¿Otros asuntos?

Informe:

El Grupo de Trabajo analizó el documento a la luz de las recomendaciones de Francfort y coincidió completamente con las recomendaciones generales dadas e incorporadas en la versión de Dic. 19, 2003.

El Grupo refrenda, por la naturaleza de las publicaciones seriadas, la importancia de los punto 6.1 y 6.2 sobre la creación de registros de autoridad para los puntos de acceso.

Recomendaciones hacia un nuevo código de catalogación

El Grupo encuentra que no hay elementos suficientes para emitir recomendaciones de cambios para un nuevo código en este momento, pero propone las siguientes iniciativas para generar un ambiente de análisis y discusión sobre asuntos de serialidad en la región:

- El Grupo continuará en sesión permanente para generar propuestas y recomendaciones específicas
- Promover la traducción y difusión de las normas internacionales relativas al tema.
- Expandir el alcance del grupo a las asociaciones profesionales y escuelas de bibliotecología de los países de la región

Working Group 4 – Multipart Structures

Members:

Catalina Zavala (Perú) – **Leader**
Ariel Rodríguez (México) – **Co-Leader**
Gabriela Jaureguiberry (Uruguay) – **Co-Leader**
Alicia Roldán (Argentina)
Sergio A. Rodríguez (Puerto Rico)
Jovagny Hernández (Venezuela)
Gunilla Jonsson (Sweden)

Goal:

Optimize bibliographic sharing and fulfill the principle of identifying all works.

Issues:

In light of FRBR's "composites and aggregates" and the current focus in the draft "Statement of International Cataloguing Principles" on bibliographic records being for manifestations, is there an approach we would recommend for treating manifestations that appear in multiple parts (volumes, components) where there are individual works within works. Some of the current methods in current codes are the use of contents notes, author/title added entries, and analytical records to identify individual works/expressions contained in a manifestation. How do these methods differ and why, and can they be harmonized?

Topics under discussion:

- Review of the terms used in the multipart structures (multiparts and component parts)
- Review of the results of the Frankfurt meeting [multipart recommendations]
- Review of the Paris Principles

Multipart monographs

The discussions were limited to printed materials.

Multipart monographs, definition:

A manifestation that contains one or more works; these are finite and are published in more than one physical unit.

The recommendations meant to facilitate the interchange of descriptions in individual records may also be applied to publications that constitute a coherent work.

In general, there should be a separate bibliographic record for each separate physical format

With respect to the number of levels within a hierarchical description we feel that we cannot prescribe actions for these as these are often limited by systems.

Generally the group was in accord with the decisions taken in Frankfurt. The following observations were made:

In the 4th paragraph, because the term "coherent work" is an ambigious cataloging term given that its meaning can focus on the analysis of the content or on the form we consider that this term should be replaced by the following phrase:

> The recommendations aim to facilitate record exchange. Single record description can be applied to publications which comprise a work or part of a work that logically has a beginning and an ending and for that reason can be analyzed.

With regard to the levels of levels of description, last paragraph, we are in agreement in that currently we cannot prescribe any action. But we make an urgent plea to IFLA to study and cooperatively design integrated systems for libraries so that they are adapted to cataloging practices rather than the other way around because otherwise the rules for cataloging will not provide the intended results.

Component parts

There are limitations to what is feasible and potentially a great divide between what libraries are able to achieve and user expectations. Therefore it should be made clear to users of a catalogue what they can expect from it.

To the extent that bibliographic agencies find it possible to catalogue component parts it would be good to concentrate on certain types of publications, the contents of which can not be readily retrieved otherwise.

We would urge the Cataloguing Section of IFLA to explore the issue of co-operation with publishers for the supply of bibliographic data for the online environment.

As indicated in the monographic multipart area we ask that you include in the first paragraph the definition of "component part" –a manifestation that contains more than one work and that is published in one physical unit.

Furthermore, we support the request in the last paragraph made by IFLA's Cataloging Section that in as much as is possible we would ask that all national bibliographic agencies explore with great urgency the need for cooperation with publishers to provide online bibliographic data.

Multiple Expressions

We deferred to ongoing projects and studies regarding the precise nature of the expression record. We did arrive at the very preliminary conclusion that an expression record is a kind of authority record, which should be constructed as needed

In respect to the identification of an expression, we all agree that libraries can only go by the evidence on the manifestations

The group was in accord with the points mentioned.

Multiple Manifestations

In principle we were all in agreement that there should be different records for different formats; however, there should be an option to record a reproduction surrogate in the original record from which it is being derived.

We were in agreement with the Frankfurt statement in this regard.

Statement from Frankfurt Meeting 2003

The following points of this document contain the concepts that affect multipart structures.

1. Scope
2.1. Entities in bibliographic records
3. Functions of the catalog
4. Bibliographic description

We suggest adding to point 3.1.2 in the last paragraph the following phrase: "cataloging practices" because we consider that this depends on that fact that some libraries do not have bibliographic records for components and that this is especially true in Latin America.

> "It is recognized that due to economic restraints and cataloging practices, some library catalogs …"

Final Considerations:

- The group considers it important to include in the glossary the definitions of the 4 terms used throughout the Multipart Structures document. These should be given in natural language and if possible illustrated with examples.
- Working within the context of FRBR is not an easy task for librarians from Latin American countries.

Grupo de Trabajo 4 – Estructuras Multiparte

Miembros:

Catalina Zavala (Perú) – **Directora**
Ariel Rodríguez (México) – **Co-Directora**
Gabriela Jaureguiberry (Uruguay) – **Co-Directora**
Alicia Roldán (Argentina)
Sergio A. Rodríguez (Puerto Rico)
Jovagny Hernández (Venezuela)
Gunilla Jonsann

Objetivo:

Optimizar la compartición bibliográfica y cumplir con el principio de identificación de todas las obras.

Asuntos:

A la luz de las entidades "compuestas y agregadas" de los Requerimientos Funcionales de los Registros Bibliográficos (FRBR) y el enfoque actual en el documento preliminar "Declaración de Principios Internacionales de Catalogación" sobre los registros bibliográficos creados para las manifestaciones; existe un planteamiento que podría ser recomendable para el tratamiento de las manifestaciones que aparecen en múltiples partes (volúmenes, componentes) en las que hay obras dentro de otras obras. Algunos de los métodos usados en los códigos actuales incluyen: notas de contenido; asientos secundarios de autor/título; y registros analíticos; para la identificación de las obras/expresiones contenidas dentro de una manifestación. ¿Cómo difieren éstos métodos, cuáles son las diferencias, y qué posibilidad existe de armonizarlos?

Temas de discussion:

- Revisión de la terminología utilizada en las estructuras multiparte (multipartes y partes componentes)
- Revisión de los resultados de la Reunión de Francfort
- Revisión de la Declaración de Paris

Monografías multiparte

Comentario introductorio: Las discusiones se limitaron a materiales impresos

Monografías multiparte, definición:

Una manifestación que contiene una o más obras; que es finita y se publica en más de una unidad física.

Las recomendaciones destinadas a facilitar el intercambio de descripciones de registros individuales pueden aplicarse a las publicaciones que constituyen una obra coherente.

Deberá haber un registro separado para una obra separada contenida en una parte física separada.

Respecto al número de niveles en una descripción jerárquica, sentimos que no podemos prescribir para ello ya que está limitado por los sistemas.

En términos generales el grupo estuvo de acuerdo con lo establecido en Francfort. Sólo hicimos las siguientes observaciones:

En el cuarto párrafo, dado que el termino "obra coherente" es un termino ambiguo en la catalogación. Porque su interpretación puede ser enfocada desde el análisis de contenido o de forma, consideramos que podría ser reemplazado por la siguiente frase:

Las recomendaciones destinadas a facilitar el intercambio de descripciones de registros individuales pueden aplicarse a las publicaciones que constituyen una obra o parte de ella que en su lógica tenga un principio y un fin, por lo tanto, puede ser analizado.

En relación a los niveles de descripción, ultimo párrafo, estamos de acuerdo en que actualmente no podemos prescribir para ello. Pero hacemos un llamado a IFLA para que estudie y coopere en el diseño de los sistemas integrales para bibliotecas, en el sentido de que estas se adapten a las prácticas catalográficas y no que ellas se adapten a los sistemas, porque entonces no se cumplen las normas de catalogación.

Partes componentes

Hay limitantes de lo que es factible, y potencialmente una gran bifurcación, entre lo que las bibliotecas son capaces de lograr y las expectativas del usuario. De manera que debe decirse con claridad a los usuarios del catálogo lo que pueden esperar de él

Hasta donde sea posible a las agencias bibliográficas, sería bueno que la catalogación de partes componentes se concentrara n ciertos tipos de publicaciones, cuyo contenido no pueda ser recuperado de ninguna otra manera

Pedimos a la Sección de Catalogación de IFLA que exploren con urgencia el asunto de la cooperación con los editores para proveer datos bibliográficos para el ámbito en línea

Igual que en punto de Monografías multiparte, solicitamos incluir como primer párrafo la definición de Parte componente.- Manifestación que contiene más de una obra y se publica en una unidad física.

Además, de apoyar el pedido que se hace en el ultimo párrafo a la Sección de Catalogación de IFLA, consideramos, si es factible, extender este pedido a las Agencias Bibliográficas Nacionales de cada país para que exploren con urgencia el asunto de la cooperación con los editores para proveer datos bibliográficos para el ámbito en línea.

Expresiones múltiples

Tomamos como referencia los proyectos y estudios en curso que tratan la naturaleza precisa del registro de la expresión. Arribamos a una conclusión meramente preliminar de que un registro de la expresión es un tipo de registro de autoridad que debe construirse según sea necesario

Respecto a la identificación de una expresión, todos estuvimos de acuerdo en que las bibliotecas únicamente pueden basarse en la evidencia de las manifestaciones

El grupo estuvo de acuerdo con los dos puntos mencionados

Manifestaciones múltiples

En principio todos estuvieron de acuerdo sobre los diferentes registros para los diferentes formatos, sin embargo: Debería haber una opción para registrar una reproducción suplente en el registro del original del cual se deriva.

Todos estuvimos de acuerdo en con este planteamiento formulado en Francfort.

Declaración de Francfort 2003

En los siguientes puntos de este documento, están contenidos los conceptos que afectan a las estructuras multiparte:

1. Alcance
2.1. Entidades en los registros bibliográficos
3. Funciones del catálogo
4. Descripción bibliográfica

Sólo sugerimos que en el punto 3.1.2. se agregue al último párrafo, la siguiente expresión: "practicas catalográficas" porque consideramos que también depende de esto el hecho de que algunas bibliotecas no tendrán registros bibliográficos para componentes, sobre todo en la realidad latinoamericana.

> "Se reconoce que debido a restricciones económicas y de prácticas catalográficas, algunos catálogos de bibliotecas …"

Consideración final:

- El grupo considera importante que se incluya en el Glosario las definiciones de los cuatro términos considerados en las Estructuras Multiparte. En un lenguaje natural y de ser posible señalando ejemplos precisos.
- Trabajar en los contextos de los FRBR, no será tarea fácil para los bibliotecarios de los países latinoamericanos, pero el reto esta emprendido.

Working Group 5 – Uniform Titles and GMDs

Members

Sonia Gutiérrez Chinchilla (Costa Rica) – **Leader**
Miriam Pirela (Venezuela) – **Co-Leader**
Aurora Serrano (México) – **Co-Leader**
Lidia Pérez de Salazar (Panamá)
Silvia Pisano (Argentina)
Graciela Spedalieri (Argentina)
Eloisa Vargas (Bolivia)
Ana María Talavera (Perú)
Patrick Le Bœuf (France)

This report consists of two parts: the first part transcribes the results of the work carried out by the group before and during the meeting in Buenos Aires, and the second part is a summary of the recommendations of the group.

First Part:

Goal:

In order to remit a final set of recommendations (additions and changes) in regard to Uniform titles (UTs) and General Material Designators (GMDs) for the Frankfurt Draft Statement and toward the development of an International Cataloging Code the group focused its energy on the following two objectives:

- Harmonize practice and proposals for new approach to uniform titles used for collocation at the level of form of expression and/or physical format.
- Provide a more rational approach to the use of General Material Designators (GMDs) to convey the mode of expression and/or physical format.

Issues:

The following issues identified by the IME ICC in Frankfurt guided our discussions:

Is there agreement on when to make a uniform title and its collocating purpose? Is there consistency on its structure? Is some of the information now conveyed in the GMD more properly part of a uniform title for the work/expression and others more properly part of the physical description area (ISBD area 5)? GMDs are now a mix of terms for mode of expression and format of the manifestation. Can we clarify the purpose of the GMD and offer suggestions of where such information properly belongs in a bibliographic recordBefore the meeting the following questions were posed to the group in order to provide context to the discussions:

1. In your current cataloging practices are you applying R25.1A for the creation of uniform titles (UTs) for different types of works and/or expressions?
2. Do the rules you use for construction of UTs have the goal of identifying and collocating works and/or expressions?

3. When do you use UTs in a catalog (regardless of its being called either: database, OPAC, or WebOPAC)? Is there a standardized practice? Is the use of UTs mandatory or optional? Or only used in certain cases, if so, which cases and for what types of works and/or expressions?

4. How do you determine what name is to be used for a work or expression and what is the preferred source for the selection of the UT? Do you use the best-known title?

5. What elements comprise your UT?

6. Do you use author/title UTs or other work-level or expression-level UTs to uniquely identify works and expressions?

7. Since AACR2 does not call for the creation and maintenance of an authority file with the exception of that mentioned in R26.1A2 yet considering the importance of projects such as the VIAF and given your cataloging experience, what importance do you place on authority control and how is this accomplished in your institution]?

8. AACR2 prescribes the use of GMDs in area 1 of the ISBD description and provides terms in List 2 that has been used in Latin America. Is this how these terms are used in your cataloging? With FRBR in mind have you considered using GMDs that would clarify the elements as being a mode of expression vs. a form of manifestation?

9. Should GMDs be used as identification in the UT (to enable retrieval)?

10. Provide your opinion /views about using GMDs in other areas of the bibliographic record (e.g., area 5).

11. What would you propose as far as extensions of the UTs to enable your participation in and the creation of units of information to be used in a Project such as the VIAF?

The majority of representatives from the countries represented on the group sent the information prior to the meeting in Buenos Aires but others reported at the meeting itself. The following is a brief summary of the reports from the participants.

Argentina

Generally we do apply AACR2 in the creation of uniform titles. The majority of libraries consulted used UTs most often for Bible headings and sacred works followed by anonymous literary works, classics, and legal materials. There was a smattering of libraries that reported that use of UTs for music heading although not very widespread. Indeed UTs are used with the goal of identifying and collocating works and expressions.UTs are an optional practice in the cases specified in question 1. The level of specificity and selection depended on the unit of information. The best-known form of the title is what was most often used although reference sources are often employed to determine what the UT should be. For Latin classics most institutions selected the original language and when retrieval problems were obvious a cross reference in Spanish is provided. Most cited using AACR2 rules 25.15, 25.17 and 25.20 for purposes of collocation and uniformity. Most institutions establish local policies and provide examples to determine the data to be included, for example not including the translator. Author/Title UTs at the expression and work level are generally not provided.

Bolivia

There is very little use of uniform titles in Bolivian libraries except those for important anonymous classics and legal materials. We believe that there is a need to compile the rules for UTs into sets of basic level or "core level" and advanced level in order to bring libraries into compliance with the current cataloging rules. These levels most be based on local needs that may range from using the most complete form of a UT to a more practical simplified form.

Costa Rica

Costa Rican libraries do use uniform titles. Generally UTs are used when the title proper appears in different forms and when the title by which a work is known is different from the title that appears in the item being cataloged. UTs are used to bring together the same work under its best-known title. The application of UTs is a standardized practice and is required for legal material especially when the title of a law differs from the title proper and for literary works when a manifestation has a variant title and for sacred works. We stopped using UTs for music in 1987 in order to bring under control an extreme backlog of unprocessed surplus scores. We would like to begin anew with the application of UTs for music as a part of a centralized cooperative project. We use for legal materials the title on the work that is being cataloged. For other types of works we use the best-known title. If this cannot be readily ascertained we rely on references sources. Generally, the structure of the UTs include the following elements: title selected as the uniform title, the year, the version, the name of the item or selection of the same. If the case requires it, we do use author/title UTs. Authority control for author's names is as standardized as possible using the AACR2 heading forms and reference structure. On the authority records for personal names we indicate where we found information such as dates, and we add birth and death dates to the headings when these are available. We also include information on variant names, even if references are not made from them, and include the author's profession and nationality.

We use the GMDS found in List 2 of AACR2 to define the format used for data entry. In our OPAC users can apply this code as a filter for retrieval. We consider that GMDs could be used as an identification element in the UT. The use of GMDs from list 2 in area 5 would result in very general terms; we would prefer the terms to be given as they are in the specific materials designators (SMDs). For a project such as the VIAF, we would consider highly desirable the inclusion of UTs and for these to be as complete as possible.

México

Generally libraries in Mexico provide UTs for literary works, legal material, and sacred works. UTs for music are not generally provided as a common practice except at the Biblioteca Nacional de México. The object is the collocation of works and expressions. UTs are created using the standard rules and generally the best know form of the title based on reference sources is selected as the UT. The structure of the UT varies from institution to institution and not all elements are added, with the exception of the Biblioteca Nacional that applies the use of all the elements. Generally UTs for author/title are not utilized. There is no organization that oversees or provides authority control although there have been important national projects such as those carried out by the Dirección General de Bibliotecas of the Universidad Nacional Autónoma de México, the El Colegio de México and most recently at the Universidad de San Luis Potosí. The Biblioteca Nacional has a program that includes authority control but it is not shared. Mexican libraries base their use of GMDs on List 2 of AACR2 with variants (e.g., archivo de computador instead of archivo de computadora) We do not use GMDs for print monographs, and we agree that we would like to see the use of GMDs in UTs.

Panamá

In Panama we do not assign UTs to all works that may need them. We do consider that the function of the rules that apply to UTs is that of identifying and collocating works and expressions by using UTs. Currently, there is no standardized practice for the use of UTs in Panama, however, efforts to standardize practices are under consideration. The most common cases where we use UTs is for collections and for laws, treaties, and codes. Laws are sometimes not treated as UTs but instead we provide a heading or an added access point, for example, "Panama. Laws, etc." We are aware that AACR2 does not prescribe rules for the creation and maintenance of authority files. We currently apply and use the terms in List 2 for Latin America as GMDs in area 1 of the description as provided. However, since this is an optional addition, I think that we can begin to discuss the use of GMDs as a form of expression in the future. Yes, I agree that we should use the GMDs as identifying elements in UTs. We could use GMDs in area 5, but my opinion is that in area 1 and in the UT it would be more useful, especially for users. Certainly before we could consider entering into a project such as the VIAF, we would have to standardize our cataloging practices in Latin America.

Perú

Peruvian libraries apply the rules for the creation of uniform titles. The standardized practice is to use the best-known title. Generally the only elements used are the title and language. We only use UTs at the work level not at the expression level. We also use AACR2 for the creation of authority records, and we are able to control these via our systems authority module. GMDs are used in the description of area 1, and indeed it would be ideal if GMDs were to be used as an element in a UT for purposes of identification. It would be very interesting to use GMDs that are more specific such as those used in the specific materials designators (SMDs) and we consider that the concept of VIAF development would save catalogers countless hours when performing authority work. We are certainly interested in participating in a project such as the VIAF.

Venezuela

Venezuelan libraries use uniform titles for music, scores, and sound recordings. The application of UTs is not generally in use in all libraries. The Biblioteca Nacional as the leader of the national network (Sistema Nacional de Bibliotecas) uses UTs in the most complete possible structure, whereas other libraries may have established policies and practices that reflect only their local needs. We use UTs with the goal of bringing together translation, parts of literary works, anonymous works, the Bible, treaties, and most especially for legal materials, rare book and manuscripts, and for any item for which there is a need to facilitate retrieval information for users. We use the best-known title as the UT or the one that appears in authorized reference sources. All elements of a UT are included as necessary on a case-by-case basis (e.g., language, version, date). We do not use author/title UTs, instead we prefer to use author/title added entries as needed. We use AACR2 as the cataloging standard. Authority control is of utmost importance for the Biblioteca Nacional de Venezuela as well as for the Biblioteca del IESA that maintains authority databases and uses the MARC format for authorities and the U.S.Library of

Congress' authority file. Other information providers consult via the OPAC for authorized headings even though they may not have their own authority database. GMDs are currently used only in the description area not in the UT.

Comments:

The survey revealed that generally the cataloging practices in Latin America is to supply uniform titles especially for laws, literary works and scared scriptures but genrraly not for music. In the majority of cases the uniform title selected is the most well know title and often references sources are used to make this determination. The rule for UTs are used with the goal of collocation of works; however, the number of elements used in the UT are left to local policies. Generally author/title UTs are not used at the level of work or expression although in some cases these are used on the bibliographic records as secondary entries.

AACR2 is widely used as the cataloging standard for formulation of headings and authority control and while some institutions have the ability to generate an authority file most do not and it is noted that this is a feature that is sorely lacking and a function that needs to be implemented more broadly.

As far as GMDs were concerned the survey revealed that most libraries use the designators in List 2 with the exception of "text" when cataloging published monographic items or "manuscripts" when cataloging unpublished thesis. Some institutions reported that they had created additional terms for use as GMDs. Only in one case did an institution report that the GMDs were used as data elements to filter searching.

Generally GMDs are not used at the expression level and only one library reported using the terms in list 2 as an identifying element en the UT. The majority of libraries are in agreement that the GMD could serve as identifiying elements in the unitform titles although it is recognized that there is too narrow a relationship between the GMDs and the physical description. It may be that it is in area 1 of the description that the UT and the GMDs could be used as a more effective tool to meet the needs of the user. As noted, the GMDs are indeed very general terms and we would prefer the use of SMDs (specific material designators) in the physical description area.

All respondants agreed that the fullest possible records would provide better access in a VIAF and there was a consensus that Latin American libraries should attempt to standardize their use of UTs.

Second Part:

Recommendations: The discussions of WG5 in Buenos Aires, benefited greatly from being able to draw on the valuable participation of Patrick Le Bœuf who lent his expertise and perspective during the analysis of the subject at hand.

Uniform Titles

After a broad discussion we reached the following consensus:

1. Incorporate FRBR terminology in the definition, use, and glossary of the ICC in topics pertaining to uniform titles
2. Maintain objective and structure of uniform titles (this is to maintain the localization of uniform titles.

3. We recommend that current AACR2R specifications for individual titles, collective titles, laws, sacred scriptures and other liturgical works, and musical works, are maintained [in a future ICC code].

4. For uniform titles in musical works, we support Frankfurt proposal for the formation of a specialized group that investigates the issue, in coordination with IAML (International Association of Music Libraries)

5. We recommend that each Latin American country contribute to the IFLA list of Anonymous Classics

6. The Group agrees with principle 5.5.1 of the Statement of International Cataloguing Principles draft (December 2003) that says:

"The uniform title should be the original title of the title most frequently found in manifestations of the work. Under certain defined circumstances, a commonly used title in the language and script of the catalogue may be preferred to the original title as the basis for the authorized heading."

Considering that, in the final document of the proposed code, the "defined circumstances" should be clearly specified.

If the title in original language and script is not used as uniform title, it is considered necessary that the corresponding references are made.

7. Regarding additions, it is considered convenient to use language and date not only in case of conflicts, but also as a usual practice.

GMDs

1. Regarding GMDs, we consider they should be maintained in Area 1 of description, and that they are not used as additions to uniform titles.

2. For the compilation of a list of GMDs for a new code, the terms included should be truly generic and not specific, separating forms of expression and manifestations.

3. It is recommended that specific material designations (physical medium or carrier) be prominently displayed, and could be used as access points or filtering devices for searches.

The Group recognizes that cataloging rules can never resolve all situations which is why we recommend following the principles, applying common sense, and using cataloger judgement to resolve specific cases.

Everyone at the Meeting was in agreement with this recommendation.

Grupo 5 – Títulos Uniformes y DGMs

Miembros:

Sonia Gutiérrez Chinchilla(Costa Rica) – **Directora**
Miriam Pirela (Venezuela) – **Co-Directora**
Aurora Serrano (México) – **Co-Directora**
Lidia Pérez de Salazar (Panamá)
Silvia Pisano (Argentina)
Graciela Spedalieri (Argentina)
Ana María Talavera (Perú)
Eloisa Vargas (Bolivia)
Patrick Le Bœuf (Francia)

Este informe consta de dos partes: en una Primera parte se transcribe el resultado del trabajo realizado por los integrantes del Grupo 5 antes y durante la reunión en Buenos Aires, y en una Segunda parte en forma breve, se presentan las Recomendaciones puntuales del Grupo.

Primera Parte:

Objetivo:

Para emitir finalmente algunas recomendaciones (agregaciones y cambios) al borrador de Francfort y para el Código Internacional de Catalogación, en lo que se refiere a títulos Uniformes (TUs) y Designación General del Material (DGMs), el grupo trabajo basándose en dos objetivos:

- Armonizar y proponer un nuevo enfoque de los títulos uniformes en su utilización para la colocación a nivel de forma de expresión y/o formato físico.

- Considerar un acercamiento más racional al uso de los DGMs (Designación General del Material) como forma de expresión y/o el formato físico

Asuntos:

Se consideraron los siguientes asuntos planteados por el Grupo 5 en Francfort:

¿Concuerdan el caso en que se hace un título uniforme y sus propósitos de colocación? ¿Hay consistencia en su estructura? ¿Podría alguna de la información transmitida por el DGM formar (más apropiadamente) parte de un título uniforme asignado a la obra/expresión; y otras partes ser (más apropiadamente) parte del área de la descripción física (ISBD, área 5)? Los DGMs son actualmente una mezcla de términos del modo de expresión y el formato de la manifestación. ¿Se puede esclarecer el propósito de los DGMs y ofrecer sugerencias sobre el lugar al que pertenece dicha información dentro del registro bibliográfico?

Y de esta forma se plantearon una serie de preguntas que propiciaron la discusión latino-americana. Se enumeran a continuación las preguntas mencionadas:

1. ¿Se aplica la R25.1A en la creación de Títulos Uniformes para diferentes tipos de obras y expresiones?

2. ¿El objetivo de utilizar Títulos Uniformes es identificar y reunir obras y expresiones?¿Cuándo se utilizan en el catálogo (llámese base de datos, OPAC o WebOPAC) los Títulos Uniformes? ¿Es una práctica normalizada, opcional, obligatoria, en que casos, para qué tipos de obras y expresiones?
4. En cuanto a la elección de los diferentes nombres de las obras y expresiones, cuál es la fuente elegida para el Título Uniforme a nivel de obra y expresión? ¿Se usa el título más conocido?
5. ¿Cuáles elementos se incluyen como parte de la estructura del Título Uniforme?
6. ¿Se utilizan Títulos Uniformes de autor/título a nivel de obra o expresión?
7. ¿Específicamente, las RCA2 no prescriben reglas para la creación y mantenimiento de archivos de autoridades, con excepción de lo que se menciona en la R26.1A2. Considerando la importancia de los proyectos tipo VIAF y según su experiencia catalográfica, qué importancia se da y de qué forma se lleva el control de autoridades?
8. Las RCA2 prescriben el empleo de los términos de la Lista 2 para Hispanoamérica y otros países como DGMs en el área 1 de la descripción. ¿Se utilizan de esta forma las DGMs? ¿Teniendo en cuenta los FRBR ha considerado el uso de las DGMs como formas de expresión y no como manifestaciones de la obra?
9. ¿Podría utilizarse las DGMs como elementos identificadores en el Título Uniforme?
10. ¿Dé su opinión en cuanto a la posibilidad de utilizar las DGMs en otra área de los registros bibliográficos, el área 5, por ejemplo?
11. ¿Cuál sería su propuesta en cuanto a la extensión de los Títulos Uniformes, considerando la creación y participación de su unidad de información en el Proyecto VIAF?

La mayoría de los representantes de los países participantes en la discusión enviaron la información correspondiente antes de la reunión en Buenos Aires, y algunos lo hicieron el primer día de la reunión. En forma resumida, se presentan a continuación los aportes de cada uno de los países participantes:

Argentina

En general sí se aplican las RCAA2 para la creación de Títulos Uniformes. En una de las bibliotecas consultadas, se comenzó a utilizar solo para la Biblia y otros libros sagrados, luego se extendió a obras anónimas de literatura, obras clásicas y legislación. Está pendiente su uso en obras musicales.

Los títulos uniformes se utilizan con el objetivo de identificar y reunir obras y expresiones.

Es una práctica opcional para los casos especificados en la pregunta 1. El nivel de especificidad y de selección depende de la unidad de información. Se utiliza la forma más conocida y en algunos casos se recurre a fuentes autorizadas. En clásicos latinos se tiene en cuenta la forma en la lengua original. Se indica como problema recuperación de las obras con TU en la lengua original, se soluciona mediante referencias al TU en español. Se emplean las reglas 25.15, 25.17 y 25.20 de las RCA2 para la colocación y conformación de los TU. Se dan algunos ejemplos y se establecen políticas para determinar qué datos se incluyen, por ejemplo, no se incluye el traductor. No se utilizan TU de autor/título a nivel de obra y expression.

Bolivia

Se usan poco los TU, salvo para ciertos anónimos clásicos y obras de carácter legislativo. Se plantea la necesidad de establecer escalas y niveles en la redacción de los TU, para conciliar las necesidades propias de cada biblioteca con la normativa catalográfica, lo que se plantea como la "longitud progresiva" de los TU y la práctica catalográfica simplificada.

Costa Rica

Sí se aplica. Con mayor frecuencia en obras en las que el título propiamente dicho aparece de diferentes formas, y cuando el título por el cual se conoce la obra difiere del título con el que aparece en la obra. Sí, los títulos uniformes pretenden agrupar las obras por el cual comúnmente son más conocidas. Es una práctica normalizada y obligatoria para leyes cuyo título propiamente dicho difiere del seleccionado como TU. Para obras literarias cuyo título varía de una manifestación a otra y para las sagradas escrituras. Se dejó de utilizar para la música en 1987, debido al rezago y remanente de partituras sin procesar. Se piensa retomar como parte de la transición del proceso centralizado al cooperativo. Se utiliza, para leyes y códigos, el título de la obra que se está catalogando, para otro tipo de obras, se utiliza el título más conocido, si esto no se puede aplicar, se recurre a fuentes de consulta. En general, la estructura de los TU incluye los siguientes elementos:

Título seleccionado como TU, año, versión, nombre del libro o selección del mismo
Si el caso lo requiere, sí se utilizan TU de autor/título.
Se lleva el control de autoridad de autor en la forma más normalizada posible, aplicando las RCAA2R en cuanto a estructura y referencia.
En los registros de autoridad de autor se indica la fuente de donde se toman los datos y se registran, siempre que estén disponibles, fechas de nacimiento y muerte, referencias de nombres no usados, profesión y nacionalidad.

Se utilizan las DGMs de la Lista 2 de las RCAA2R para definir el formato de entrada de datos, y en OPAC el usuario puede utilizarlos como filtro en las búsquedas. Se considera que las DGM podrían ser elementos identificadores de un TU. El uso de las DGMs de la lista 2 en el área 5, resultaría muy general. Se prefieren los términos dados como los desginadores especificos del material (DEM). Para un Proyecto VIAF se considera conveniente la inclusión de registros de TU lo más completos posibles.

México

En general se emplean los TU en obras de literatura, leyes y Sagradas Escrituras. Los TU de música no son una práctica común, con excepción de la Biblioteca Nacional de México. Sí se aplican con el fin de reunir obras y expresiones. La elaboración de los TU son práctica normalizada. Se emplea como TU el título más conocido que se establece en las obras de consulta. La estructura de los TU varía de unas bibliotecas a otras, y no se agregan todos los elementos, con excepción de la Biblioteca Nacional que sí agrega todos los elementos. En general no se utilizan TU de autor/título. No hay organismo encargado de realizar el control de autoridades, pero hay a nivel nacional proyectos importantes como el de la Dirección General de Bibliotecas de la Universidad Autónoma de México, El Colegio de México y la Universidad de San Luis Potosí. La Biblioteca Nacional cuenta con un programa que le permitirá llevar el control de autoridades. Como DGMs, en general se aplican los términos de la lista 2, con algunas variantes (archivo de computador por archivo de computadora) No se utiliza la DGM en monografías impresas. Si se está de acuerdo en que se utilicen DGMs en títulos uniformes.

Panamá

No se utilizan para todas las obras que lo requieren. El objetivo de las reglas referentes a TU es identificar y reunir obras y expresiones. El uso de TU no es una práctica normalizada, actualmente se está considerando. Los casos más comunes de TU son para las colecciones y las leyes, tratados y códigos. Se considera que las RCAA2R no prescriben reglas para la creación y mantenimiento de archivos de autoridades. Se utilizan los términos de la Lista 2 como DGMs en el área 1 de la descripción; pero como es una regla optativa, se podría considerar su uso como formas de expression.

Se está de acuerdo en que podrían utilizarse las DGMs como elementos identificadores en los TU.

Podrían utilizarse las DGMs en el área 5, pero se considera que en el área 1 y en TU sería más efectivo para los usuarios y finalmente se considera que para un VIAF, la práctica sobre TU debe normalizarse en América Latina.

Perú

Si se aplican las reglas para la creación de Títulos Uniformes

Es una práctica normalizada que se utiliza como TU el nombre más conocido. Se incluyen como elementos el título y el idioma. Los TU se utilizan a nivel de obra. También se utilizan las RCAA2 para la creación de registros de autoridad y se elaboran con el programa módulo de autoridades.

Las DGMs si se utilizan como formas de expresión en el área 1 de la descripción. Seria ideal si se pudiesen utilizar las DGMs como elementos identificadores en el TU. Se considera interesante utilizar DGMs más específicas, como los términos que aparecen en los designadores especificos del material (DEM) y se considera que contar con un VIAF ahorraría tiempo a los catalogadores en la tarea del registro de autoridades. Se manifiesta interés por el VIAF.

Venezuela

Sí se usan en música, para partituras y grabaciones sonoras. No es una práctica generalizada en todas las unidades de información. La Biblioteca Nacional, como Sistema Nacional de Bibliotecas, ha utilizado TU lo más completos posibles; las demás bibliotecas de acuerdo a sus políticas y necesidades. Se utilizan con el objetivo de reunir traducciones, selecciones de obras literarias, para obras anónimas, para Biblia, tratados y especialmente para leyes. Es una práctica normalizada establecida para el registro en la base de datos, especialmente para leyes, libros raros y manuscritos y en todos los casos en que se consideran necesarios para facilitar la búsqueda de información a los usuarios. Se utiliza como TU el más conocido o el que aparece en fuentes autorizadas. Se incluyen todos los elementos necesarios según sea el caso, por ejemplo: idioma, versión, fecha. No se utilizan TU de autor/título, solo se hacen asientos secundarios de autor/título cuando se requieren.

Para normalizar se utilizan las RCAA2R y el control de autoridades es muy importante tanto para la Biblioteca Nacional de Venezuela como para la Biblioteca del IESA que mantienen bases de datos de autoridades, normalizadas de acuerdo al Formato MARC Autoridades y LC Authorities. Otras unidades de información consultan mediante el OPAC los asientos autorizados, aunque no mantienen una base de datos de autoridades. Las DGMs se utilizan solamente en el área de la descripción, pero no a nivel de TU.

Comentario:

En general la práctica catalográfica latinoamericana muestra que, la mayoría de los países informan que sí se utilizan los Títulos Uniformes, principalmente para leyes, obras literarias y sagradas escrituras; no se utilizan para música en todos los países. En la mayoría de los casos se utiliza como Título Uniforme el título más conocido y se recurre a fuentes de consulta para determinarlo.

Se emplean las reglas para la colocación y la conformación de los Títulos Uniformes, pero en cuanto a la estructura, es decir en cuanto a los elementos que se incluyen se tienen algunas políticas propias. En general no se utilizan Títulos Uniformes de autor/título a nivel de obra y expresión; en algunos casos lo que se elabora, son asientos secundarios de autor/título.

Se utilizan las RCA2 para normalizar los asientos y llevar el control de autoridad. Se plantea la necesidad de creación de Agencias Nacionales Bibliográficas que se ocupen de establecer políticas al respecto. Algunas bibliotecas si mantienen archivos de autoridades.

En cuanto a DGMs, por lo general se utilizan todos los términos de la lista 2 con excepción de "texto" en monografías, ni "manuscrito" en las tesis procesadas como tales. En algunas bibliotecas se han creado otros términos y se utilizan como DGMs. En un caso se utilizan como formatos de entrada de datos y como filtros en las búsquedas.

En general, no se han utilizado DGMs como formas de expresión; sólo en una biblioteca se ha utilizado un término de la lista 2 de DGMs como elemento identificador en el Título Uniforme. La mayoría de las bibliotecas está de acuerdo en que las DGMs podrían ser elementos identificadores en los TU. Aunque se reconoce la estrecha relación entre DGMs y descripción física, se considera que en el área 1 de la descripción y en los TU son más efectivos para los usuarios. Se plantea que las DGMs son términos genéricos y se prefieren las DEM (designadores especificas del material) para la descripción física.

Se indica que para el VIAF, los registros deben ser lo más completos posibles y que la práctica sobre TU debe normalizarse en América Latina.

Segunda Parte:

Recomendaciones del Grupo Latinoamericano:

En la discusión del Grupo 5, ya en Buenos Aires, se contó con la valiosa participación del Señor Patrick Le Bœuf, quien aportó su experiencia y punto de vista, sobre la temática analizada.

La propuesta del Grupo de Trabajo 5 Títulos Uniformes y DGMs fue la siguiente:

Títulos Uniformes

Después de una amplia discusión se llegó al siguiente consenso:

1. Incorporar la terminología de los FRBR en la definición, uso y glosario del Código Internacional de Catalogación en lo referente a Títulos Uniformes.
2. Mantener el objetivo y la estructura de los títulos uniformes (esto es mantener la colocación de los TU)Se recomienda mantener las especificaciones actuales de las RCAA2R para el nuevo código en cuanto a: títulos individuales, títulos colectivos,

leyes, sagradas escrituras y otras obras litúrgicas y obras musicales en un futuro código internacional de catalogación.

4. Para la aplicación deTítulos Uniformes en música se apoya la propuesta de Frankfurt de conformar un grupo especializado para la investigación del tema, en coordinación con el IAML (International Association of Music Libraries)

5. Recomendar la contribución de cada país latinoamericano a la Lista IFLA de anónimos clásicos.

6. Se está de acuerdo en el punto 5.5.1 de documento preliminar de la Declaración de Principios Internacionales de Catalogación de dic. 2003 que dice:

> "El título uniforme deberá ser el título original o el título que se encuentre más frecuentemente en las manifestaciones de la obra. Bajo ciertas circunstancias predefinidas, puede preferirse, como base para el asiento autorizado, un título comúnmente utilizado en el idioma y escritura del catálogo, en vez del título original."

Considerando que en el documento final del código propuesto, las "circunstancias predefinidas" deberán estar especificadas claramente.

De no utilizarse el título en lengua y escritura original como título uniforme, se considera necesario hacer las referencias correspondientes.

7. En cuanto a las adiciones se considera conveniente que se apliquen lengua y fecha no solo en caso de solución de conflictos sino como una práctica usual.

DGMs

1. En cuanto a las DGMs se considera mantener su uso en el área 1 de la descripción y que no se incluya como adición en Títulos Uniformes.

2. Para la compilación de una lista de DGMs del nuevo código se propone procurar que los términos incluidos sean realmente genéricos y no específicos, separando formas de expresión y manifestación.

3. Se recomienda que las designaciones específicas de material (medio físico o soporte) sean desplegadas de manera prominente y puedan utilizarse como puntos de acceso o como mecanismos de filtrado en búsquedas.Se reconoce que las Reglas nunca podrán resolver todas las situaciones, por lo que se recomienda seguir los principios y luego aplicar el sentido común y el criterio profesional para resolver casos específicos.

Todos en la Reunión estuvieron de acuerdo con esta perspectiva.

APPENDICES
=
APENDICES

2nd IFLA Meeting of Experts on an International Cataloguing Code
August 17-18, Buenos Aires, Argentina

AGENDA
17 August 2004 - Day 1

- **8:30-9:00** Registration

- **9:00-9:30** Welcome and introductions – IFLA: Barbara Tillett (Division IV: Bibliographic Control) – IMEICC2 Planning Committee: (Ana Cristán, Ageo García, Irene Münster)

- **Ceremonial welcome:** Dr. Eduardo Zimmermann (Universidad de San Andrés)

- **9:30-10:00** Paris Principles - Barbara Tillett (USA/IFLA)

- **10:00-10:30** ISBD - Mauro Guerrini (Italy)

- **10:30-10:45** Break

- **10:45-11:30** FRBR terminology and concepts - Patrick Le Bœuf (France)

- **11:30-12:15** Virtual International Authority File (VIAF)- Barbara Tillett (IFLA)

- **12:15-1:30** Presentation, overview, and initial discussion of the draft Statement as approved in Frankfurt – Barbara Tillett (IFLA)

- **1:30-2:30** Lunch

- **2:30-3:00** Recommendations from Europe & Latin American discussion from listserv on Personal Names - Group 1A: Kazuko Rankine (Trinidad & Tobago - Group 1B: - Julia Margarita Martínez Saldaña (Mexico)

- **3:00-3:30** Recommendations from Europe & Latin American discussion from listserv on Corporate Names - Norma Mangiaterra (Argentina)

- **3:30-4:00** Recommendations from Europe & Latin American discussion from listserv on Seriality Issues - Ageo García (USA)

- **4:00-4:15** Break

- **4:15-4:45** Recommendations from Europe & Latin American discussion from listserv on Uniform Titles and GMDs - Sonia Gutiérrez (Costa Rica)

- **4:45-5:15** Recommendations from Europe & Latin American discussion from listserv on Multipart Structures - Catalina Zavala (Peru)
- **5:15-5:30** Working Groups Logistics
- **8:00-** Conference dinner –courtesy of OCLC, Inc.

AGENDA
18 August 2004 - Day 2

- **9:00-1:00** Working Groups (focus on topics and prepare recommendations from Latin America's perspective)
- **10:30-10:45** Break
- **1:00-2:00** Lunch
- **2:00-2:15** Report from Working Group on Personal Names - Group 1A: Kazuko Rankine (Trinidad & Tobago)
- **2:15-2:30** Report from Working Group on Personal Names - Group 1B: Julia Margarita Martínez Saldaña (Mexico)
- **2:30-2:45** Report from Working Group on Corporate Names - Norma Mangiaterra (Argentina)
- **2:45-3:00** Report from Working Group on Seriality Issues - Ageo García (USA)
- **3:00-3:15** Report from Working Group on Uniform Titles and GMDs - Sonia Gutiérrez (Costa Rica)
- **3:15-3:30** Report from Working Group on Multipart Structures - Catalina Zavala (Peru)
- **3:30-4:00** Compile recommendations and discuss Statement of Principles – Ana Cristán, moderator
- **4:00-4:15** Break
- **4:15-4:45** Continue discussion and identify next steps
- **4:45-5:00** Closing and Farewell

2ª Reunión IFLA de Expertos sobre un Código Internacional de Catalogación
agosto 17-18, Buenos Aires, Argentina

PROGRAMA
17 agosto 2004 - Día 1

- **8:30-9:00** Registro de participantes

- **9:00-9:30** Bienvenida y presentaciones - IFLA: Barbara Tillett (División IV: Control Bibliográfico), Comité de Planeamiento IMEICC2: Ana Cristán, Ageo García, Irene Münster

- **Acto de Apertura** – Dr. Eduardo Zimmermann (Universidad de San Andrés)

- **9:30-10:00** Principios de París - Barbara Tillett (EE.UU./IFLA)

- **10:00-10:30** La Norma ISBD - Mauro Guerrini (Italia)

- **10:30-10:45** Pausa

- **10:45-11:30** Los conceptos y terminología de los FRBR - Patrick Le Bœuf (Francia)

- **11:30-12:15** El Fichero Virtual Internacional de Autoridades (VIAF) – Barbara Tillett (EE.UU./IFLA)

- **12:15-1:30** Presentación, panorama y debate inicial del documento preliminar de la Declaración aprobado en Francfort

- **1:30-2:30** Almuerzo

- **2:30-3:00** Recomendaciones de Europa y discusión latinoamericana de la lista: Nombres Personales - Grupo de Trabajo 1A: Kazuko Rankine (Trinidad & Tobago)- Grupo de Trabajo 1B: Julia Margarita Martínez Saldaña (México)

- **3:00-3:30** Recomendaciones de Europa y discusión latinoamericana de la lista: Nombres Corporativos - Norma Mangiaterra (Argentina)

- **3:30-4:00** Recomendaciones de Europa y discusión latinoamericana de la lista: Serialidad - Ageo García (EE.UU.)

- **4:00-4:15** Pausa

- **4:15-4:45** Recomendaciones de Europa y discusión latinoamericana de la lista: Títulos Uniformes y Designación General de Material (DGM) - Sonia Gutiérrez (Costa Rica)
- **4:45-5:15** Recomendaciones de Europa y discusión latinoamericana de la lista: Estructuras Multiparte - Catalina Zavala (Perú)
- **5:15-5:30** Logística e instrucciones para los Grupos de Trabajo
- **8:00-9:00** Cena de la conferencia – cortesía de OCLC, Inc.

PROGRAMA
18 agosto 2004 - Día 2

- **9:00-1:00** Grupos de Trabajo
- **10:30-10:45** Pausa
- **1:00-2:00** Almuerzo
- **2:00-2:15** Informe del Grupo de Trabajo sobre Nombres Personales - Grupo de Trabajo 1A: Kazuko Rankine (Trinidad & Tobago)
- **2:15-2:30** Informe del Grupo de Trabajo sobre Nombres Personales - Grupo de Trabajo 1B: Julia Margarita Martínez Saldaña (México)
- **2:30-2:45** Informe del Grupo de Trabajo sobre Nombres Corporativos - Norma Mangiaterra (Argentina)
- **2:45-3:00** Informe del Grupo de Trabajo sobre Asuntos sobre Serialidad - Ageo García (EE.UU.)
- **3:00-3:15** Informe del Grupo de Trabajo sobre Títulos Uniformes y DGMs - Sonia Gutiérrez (Costa Rica)
- **3:15-3:30** Informe del Grupo de Trabajo sobre Estructuras Multiparte - Catalina Zavala (Perú)
- **3:30-4:00** Compilación de las recomendaciones y discusión sobre la Declaración de Principios – Ana Cristán (moderadora)
- **4:00-4:15** Pausa
- **4:15-4:45** Continuación de las discusiones e identificación de los pasos a seguir
- **4:45-5:00** Clausura y Despedida

WEB SITE = SITIO WEB

Before the 2nd IFLA Meeting of Experts on an International Cataloguing Code (IME ICC2) took place a Web site was set up by the staff at the Library of Congress. The site was populated with information in both English and Spanish and offers background documentation, presentation documents and follow-up reports, as well as the marked-up version of the Statement of International Cataloguing Principles drafted in Frankfurt as amended by the IME ICC2. This site is expected to be maintain throughout the IME ICC process and will provide links to the future meeting web sites as well as to the previous meeting. The URL is: http://www.loc.gov/loc/ifla/imeicc2.html

The proceedings of the 1st IFLA Meeting of Experts on an International Cataloguing Code, all code comparisons, and the summarised results can be found at the IME ICC1 Web site that is maintained by Die Deutsche Bibliothek. The site contains the final draft of the Statement of International Cataloguing Principles including translations of the English original into Bulgarian, Croatian, Czech, Finnish, French, German, Greek, Hungarian, Italian, Japanese, Korean, Lithuanian, Portuguese, Romanian, Russian, Slovak, Spanish (Spain), and Spanish (Latin America). In addition, you can find there all presentation and background papers: http://www.ddb.de/news/ifla_conf_papers.htm

Previamente a que se produjera la Segunda Reunión IFLA de Expertos sobre un Código Internacional de Catalogación, el personal de la Library of Congress estableció un sitio web con información tanto en inglés como en español. Allí se pueden encontrar la documentación preliminar, los textos de las ponencias y los informes posteriores, como así también las versione revisada del documento preliminar de la Declaración de Principios Internacionales de Catalogación redactado en Francfort.

Se espera que este sitio continúe desarrollándose durante todo el proceso completo de la IME ICC y que brinde los enlaces a los sitios web de los futuros encuentros como así también el del encuentro anterior. La URL es: http://www.loc.gov/loc/ifla/imeicc2.html

Las ponencias de la Primera Reunión IFLA de Expertos sobre un Código Internacional de Catalogación, todas las comparaciones de los códigos y el resumen de los resultados pueden encontrarse en el sitio web de la IME ICC1. El sitio contiene el documento preliminar conclusivo de la Declaración de Principios Internacionales de Catalogación, incluyendo traducciones del original en inglés al alemán, búlgaro, checo, coreano, croata, eslovaco, español de España y español de América Latina, finlandés, francés, griego, húngaro, italiano, japonés, lituano, portugués, rumano y ruso.

Además también se puede encontrar todos los textos de las ponencias y de la documentación preliminar: http://www.ddb.de/news/ifla_conf_papers.htm.

IMEICC2 PLANNING COMMITTEE MEMBERS = MIEMBROS DEL COMITE DE PLANEAMIENTO

Barbara Tillett, Ph. D. Chair
Library of Congress USA

Ana L. Cristán
Library of Congress USA

Estela Chahbenderian
Universidad de San Andrés (Argentina)

Beth Davis-Brown
Library of Congress USA

Elena Escalano Rodríguez
Biblioteca Nacional de España

Ageo García Barbabosa
Tulane University (USA)

Fernanda Guedes de Campos
Biblioteca Nacional, Portugal

Mauro Guerrini
Università di Firenze (Italy)

Gunilla Jonsson
National Library of Sweden

Jaesun Lee
National Library of Korea

Norma Mangiaterra
Universidad Nacional de La Plata (Argentina)

Ana María Martínez
Universidad Nacional de La Plata (Argentina)

Irene Münster
Duke University (USA)

Graciela Spedalieri
Universidad de Buenos Aires (Argentina)

Carlos A. Zapata Cardenas
Biblioteca Luis Angel Arango (Colombia)

WORKING GROUP MEMBERS = MIEMBROS DE LOS GRUPOS DE TRABAJO

WORKING GROUP 1A – PERSONAL NAMES = GRUPO DE TRABAJO 1A – NOMBRES PERSONALES	
Kazuko Rankine (Trinidad&Tobago) **Leader = Directora**	
Nel Bretney (Barbados) **Co-Leader = Co-Directora**	
Rosemarie Runcie (Jamaica) **Co-Leader =Co Directora**	
Russell Reid (Anguila)	Magdalena Robin (Dominica)
Jane Grell (Anguila)	Davina Jones (Dominica)
Jacqueline Farquahr (Antigua)	Françoise Beaulieu Thybulle (Haiti)
Wilamae Johnson (Bahamas)	Leona Bobb-Semple (Jamaica)
Lolita Herbert (Barbados)	Jaesun Lee (Korea)
Joy Ysaguirre (Belice)	Gloria Cummings (Guyana)
Lusiola Castillo (Belize = Belice)	Anique Silvestre (Martinique)
Suley Mattos Vahia (Brasil)	Blanca Hodge (St Maarten)
Madelyn Francisco (Curaçao)	Jane W.F. Smith (Suriname)
	Beth Davis-Brown (USA = E.U.A.)

Working Group 1B – Personal Names = Grupo de Trabajo 1B – Nombres Personales	
Julia Margarita Martínez Saldaña, (México) **Leader = Directora**	
Estela Chahbenderian (Argentina) **Co-Leader = Co-Directora**	
Elena Escolano Rodríguez (Spain) **Co-Leader = Co-Directora**	
José Roberto Arze (Bolivia)	Maria Emilia López (Guatemala)
Ana Maria Quiroz (Chile)	Esperanza Molina Mercado (México)
Gloria Mejia (Colombia)	Lissette Ruiz (Nicaragua)
Manuel Roa Santana (Dominican Republic = República Dominicana)	Gloria Samamé Mancilla (Perú)
María Ángela Romero (El Salvador)	Elena Escolano Rodríguez (Spain = España)

Working Group 2 – Corporate Names = Grupo de Trabajo 2 – Entidades Corporativas	
Norma Mangiaterra (Argentina), **Leader = Directora**	
Mauro Guerrini (Italy), **Co-Leader = Co-Director**	
Felipe Martínez (México), **Co-Leader = Co-Director**	
Elsa Barber (Argentina)	Maria Teresa Uriate (Nicaragua)
Rosa López (Colombia)	Nitzia Barrantes (Panamá)
Araceli García Carranza (Cuba)	Luisa Vigo-Cepeda (Puerto Rico)
Evelyn Ortega (Honduras)	Yanira Feo (Venezuela)
Mauro Guerinni (Italy = Italia)	

Working Group 3 – Seriality = Grupo de Trabajo 3 – Serialidad	
Ageo García (USA), **Leader = Director**	
Ana María Martínez (Argentina), **Co-Leader = Co-Directora**	
Maria Ramos (Panamá), **Co-Leader = Co-Directora**	
Elvira Arcella (Argentina)	Patricia Leiva (El Salvador)
Elena Montalvo (Bolivia)	Jorge Arturo Estrada (Guatemala)
Adrian Hypólito Nogueira (Brasil)	Patricia Gonzalez (México)
Miriam Guzmán Morales (Chile)	Maribel Otero (Nicaragua)
Maria Luisa Chaves Chaves (Costa Rica)	Carlos Javier Rojas Lázaro (Perú)
Wilson Vega Vega (Ecuador)	Ileana Rosa-Sotomayor (Puerto Rico)
	Maria de los Angeles Zavala (Puerto Rico)

Working Group 4 – Multipart Structures = Grupo de Trabajo 4 – Estructuras Multipartes	
Catalina Zavala (Perú), **Leader = Directora**	
Ariel Rodríguez (México), **Co-Leader = Co-Directora**	
Gabriela Jaureguiberry (Uruguay), **Co-Leader = Co-Directora**	
Alicia Roldán (Argentina)	Rosenda Ruiz (México)
Irma Isaza (Colombia)	Sergio A. Rodríguez (Puerto Rico)
Sonia Amaya (El Salvador)	Gunilla Jonsson (Sweden = Suecia)
Edith Bautista (México)	Jovagny Hernández (Venezuela)

Working Group 5 – Uniform Titles = Grupo de Trabajo 5 – Títulos Uniformes y GMDs	
Sonia Gutiérrez (Costa Rica), **Leader = Directora**	
Miriam Pirela (Venezuela), **Co-Leader = Co-Directora**	
Aurora Serrano (México), **Co-Leader= Co-Directora**	
Silvia Pisano (Argentina)	Héctor Chacon (El Salvador)
Graciela Spedalieri (Argentina)	Lidia Pérez de Salazar (Panamá)
Eloisa Vargas (Bolivia)	Ana María Talavera (Perú)
Patrick Le Bœuf (France = Francia)	

PARTICIPANTS = PARTICIPANTES

COUNTRY/PAIS	NAME/NOMBRE	INSTITUTION/INSTITUCION
ANGUILA	Russell Reid	Anguila National Library Service
ANGUILA	Jane Grell	Anguila National Library Service
ANTIGUA & BARBUDA	Jacqueline Farquhar	Antigua State College
ARGENTINA	Elvira Arcella	Biblioteca Nacional
ARGENTINA	Elsa Barber	Universidad de Buenos Aires
ARGENTINA	Estela Chahbenderian	Universidad de San Andrés
ARGENTINA	Norma E. Mangiaterra	Universidad Nacional de La Plata
ARGENTINA	Ana María Martínez	Universidad Nacional de La Plata
ARGENTINA	Silvia Pisano	Universidad de Buenos Aires
ARGENTINA	Alicia Roldán	Biblioteca Central Universidad Católica Argentina
ARGENTINA	Graciela Spedalieri	Universidad de Buenos Aires
ARUBA	Astrid Britten	Biblioteca Nacional de Aruba
BAHAMAS	Willamae Johnson	College of the Bahamas
BARBADOS	Nel Bretney	University of the West Indies
BARBADOS	Lolita Y. Herbert	National Library Services Public
BELIZE	Joy Ysaguirre	National Library Services
BOLIVIA	José Roberto Arze	Universidad Mayor de San Andrés
BOLIVIA	Elena Montalvo	Biblioteca y Archivos Nacional de Bolivia
BOLIVIA	Eloisa Vargas Sánchez	Museo Nacional de Etnografía y Folklore
BRAZIL	Suely Mattos Vahia Loureiro	Fundação Biblioteca Nacional
BRAZIL	Adriana Hypólito Nogueira	Universidade de São Paulo
CHILE	Miriam Guzmán Morales	Biblioteca Nacional de Chile
CHILE	Ana María Quiroz	Biblioteca Nacional de Chile
CHILE	Patricia Riquelme	Biblioteca Nacional de Chile
COLOMBIA	Irma Isaza Restrepo	Escuela Interamericana de Bibliotecología
COLOMBIA	Rosa Francisca López Rodríguez	Biblioteca Luis Ángel Arango
COLOMBIA	Gloria Mejia de Botero	Universidad Javeriana
COSTA RICA	Maria Luisa Chaves Chaves	Sistema Nacional de Bibliotecas

COUNTRY/PAIS	NAME/NOMBRE	INSTITUTION/INSTITUCION
COSTA RICA	Sonia Gutiérrez Chinchilla	Universidad de Costa Rica
CUBA	Eliades Ignacio Acosta Matos	Biblioteca Nacional "José Martí"
CURAÇAO	Madelyn M. Francisco	Univ. of the Netherlands Antilles
ECUADOR	Ana Vargas Bautista	Universidad Cristiana Latinoamericana
ECUADOR	Wilson Vega Vega	Biblioteca Ecuatoriana Aurelio Espinosa Polit
EL SALVADOR	Sonia Haydeé Amaya	Universidad Francisco Gavidia
EL SALVADOR	Héctor Chácon Argueta	Universidad de El Salvador
EL SALVADOR	Patricia Leiva	Biblioteca Nacional de El Salvador
EL SALVADOR	Ana Marta Ramírez	Biblioteca Nacional de El Salvador
EL SALVADOR	María Angela Romero Pineda de Arevalo	Universidad de El Salvador
GUATEMALA	María Emilia López Madrazo	Universidad del Valle de Guatemala
GUYANA	Gloria Cummings	Caribbean Research Library
HAITI	Françoise Beaulieu Thybulle	Bibliotheque Nationale de Haiti
HONDURAS	Gloria Esperanza Núñez Flores	Universidad Nacional Autónoma de Honduras
HONDURAS	Evelyn Patricia Ortega Vijil	Biblioteca Nacional de Honduras
JAMAICA	Leona Bobb-Semple	University of West Indies Library
JAMAICA	Rosemarie Runcie	University of the West Indies
MEXICO	Felipe Martínez Arellano	CUIB-Universidad Nacional Autónoma de México
MEXICO	Julia Margarita Martínez Saldaña	Universidad Autónoma de San Luis Potosí
MEXICO	Esperanza Molina Mercado	Universidad Nacional Autónoma de México
MEXICO	Rosenda Ruíz Figueroa	Secretaría de Educación Pública
MEXICO	Aurora Serrano Cruz	Biblioteca Nacional de México
NICARAGUA	Lissette del Pilar Ruiz Contreras	Universidad Centroamericana
NICARAGUA	Maribel Otero	Biblioteca Nacional Rubén Darío de Nicaragua
NICARAGUA	María Teresa Uriarte Arcia	Instituto de Historia de Nicaragua y Centroamérica
NICARAGUA	Antonia Zelaya	Biblioteca Nacional Rubén Darío de Nicaragua

COUNTRY/PAIS	NAME/NOMBRE	INSTITUTION/INSTITUCION
PANAMA	Nitzia Barrantes	Biblioteca Nacional de Panamá
PANAMA	Lidia Pérez de Salazar	Universidad de Panamá
PANAMA	María Ramos	Biblioteca Nacional de Panamá
PERU	Carlos Javier Rojas Lázaro	Biblioteca Nacional de Perú
PERU	Gloria Laurel Samamé Mancilla	Universidad Nacional Mayor de San Marcos
PERU	Ana María Talavera Ibarra	Pontificia Universidad Católica del Perú
PERU	Catalina Zavala Barrios	Biblioteca Nacional de Perú
PUERTO RICO	Carmen Amanda González-Pratt	Universidad de Puerto Rico
PUERTO RICO	Sergio A. Rodríguez Sosa	Universidad de Puerto Rico en Humacao
PUERTO RICO	Ileana Rosa-Sotomayor	Universidad de Puerto Rico
PUERTO RICO	Luisa Vigo-Cepeda	Universidad de Puerto Rico
PUERTO RICO	María de los Angeles Zavala-Colón	Universidad de Puerto Rico, Bayamón
REPUBLICA DOMINICANA/ DOMINICAN REPUBLIC	Manuel Roa Santana	Instituto Tecnológico de Santo Domingo
REPUBLICA DOMINICANA/ DOMINICAN REPUBLIC	Leovigildo Rodríiguez	Pontificia Universidad Madre y Maestra
ST. MAARTEN	Blanca Hodge	Philisburg Jubilee Library
SURINAME	Jane W.F. Smith	University of Suriname
TRINIDAD & TOBAGO	Kazuko Rankine	The University of the West Indies
URUGUAY	Gabriela Jaureguiberry	Biblioteca Nacional de Uruguay
VENEZUELA	Yanira Feo	Ministerio de Relaciones Exteriores
VENEZUELA	Jovagny Josefina Hernández de Álvarez	Biblioteca Nacional de Venezuela
VENEZUELA	Miriam Pirela	Biblioteca Lorenzo Mendoza

AUTHORS, EDITORS, CONTRIBUTORS, AND TRANSLATORS = AUTORES, REDACTORES, COLABORADORES Y TRADUCTORES

Amelia Aguado de Costa	aguado@isis.unlp.edu.ar
Estella Chahbendarian	estela@udesa.edu.ar
Ana Lupe Cristán	acri@loc.gov
Elena Escolano Rodríguez	escolanoeer@bne.es
Patrick Le Bœuf	patrick.le-boeuf@bnf.fr
Pino Buizza	gbuizza@comune.brescia.it
John D. Byrum	jbyr@loc.gov
Tom Delsey	tjdelsey@allstream.net
Ageo García Barbabosa	agarcia@tulane.edu
Mauro Guerrini	m.guerrini@leonet.it
Ann Huthwaite	a.huthwaite@qut.edu.au
Gunilla Jonsson	gunilla.jonsson@kb.se
María Emilia López Madrazo	biblio@uvg.edu.gt
Ana María Martínez	ammarti@netverk.com.ar
Filiberto Felipe Martínez Arellano	felipe@servidor.unam.mx
Ingrid Parent	ingrid.parent@nlc-bnc.ca
Rosenda Ruiz	rosenda@prodigy.net.mx
Graciela Spedalieri	gspedali@pd.state.gov
Barbara B. Tillett	btil@loc.gov